国会運営の法理

――衆議院事務局の視点から

国会運営の法理

――衆議院事務局の視点から

今野彧男　著

信山社

推薦の言葉

鬼塚　誠（衆議院事務総長）

この度、今野彧男さんの一連の論文が、関係各位の御尽力によって集成され、『国会運営の法理――衆議院事務局の視点から』として刊行の運びとなった。

通読すると、古典的文献である『国会運営の理論』の精髄を語らんとする気迫をひしひしと感じることができる。それは、著者である鈴木隆夫・元衆議院事務総長の、自他ともに許す唯一無二の語り部、今野さんをおいてはなし得なかったことであり、倦むことのない努力の道程にただ頭を垂れるばかりである。

『国会運営の理論』は、国会法の制定・施行から昭和三〇年の大改正に至る理論的源泉の書でもある。三〇年改正が国会法の実質的な完成型となったことに鑑みれば、時代の制約を包含しながらもなお、「議事法解釈における強力な磁場を形成する」*と評されるのは蓋し当然のことであろう。

『国会運営の理論』の衣鉢を継ぐともいうべき本書が、議事法研究の一助として広く座右に置かれることを期待するとともに、事務局への愛情溢れる叱咤激励の書でもある本書が、大いなる敬意と叱咤激励に応え得る批判力をもって読み継がれ、『国会運営の理論』と同様、永く研鑽の糧となるべきことを期待するものである。

二〇一〇年三月

＊赤坂幸一「事務局の衡量過程のÉpiphanie」(『逐条国会法』第一巻)(二〇一〇年、信山社)所収

刊行に寄せて

大石　眞（京都大学公共政策大学院長）

このたび、長く衆議院事務局議事部にあって、絶えず円滑な議事運営に心を砕かれた今野彧男氏の一連の珠玉の論考が一書に纏められ、広く世に布かれることになった。今野氏は理論的実務家として第一線で活躍されてきた方で、学界の一隅に位置を占めて来たにすぎない私は、実は、直接の面識を得たものではない。今でも依然そうである。私にとって、今野氏は、いわば誌面を通して片想い的に存じ上げていた存在なのである。

そう言えば、駆け出しの研究者の頃、名著の誉れ高い鈴木隆夫氏の『国会運営の理論』を求めて古書店を漁ったことを懐かしく想い出すが、その時に似た想いを抱くこともある。しかも、今野氏は、最近、元衆議院事務総長の鈴木氏に秘書として仕えた得がたい経験から、「昭和の議会を支えた蔭の功労者」として同氏を顕彰する一文を公けにされた（議会政治研究八六号、二〇〇八年。初出一覧14参照）。まことに不思議な巡り合わせとしか言いようがない。

私は、以前から議会制度に関心を注いできた者として、時おり法律雑誌「ジュリスト」や専門誌「議会政治研究」に掲載される今野彧男氏の御論考が、いずれも豊かな実務智識に裏付けられた、鋭い理論的な指摘に充ちていることに、密かに感じ入っていた。とくに、本書の冒頭に収められた「会期不継続の原則についての一考察」――ジュリスト一〇〇三号（一九九二年。初出一覧1参照）に掲載されたもの――に接した時の畏怖にも似た想いを抱いたことを、今でも忘れることができない。

もちろん、今野氏の業績は、初出一覧が語るように、すでに早くから同誌を飾っていたわけであるが、その八四二号に「両院協議会の性格――審査委員会か起草委員会か」（一九八五年、初出一覧4参照）という作品を私が見い出したのは、迂闊にもこの時が初めてであった。その反省もあって、その後は、今野氏の関連作品には必ず目を通すように心掛け、かつて公刊した拙著『議会法』（有斐閣、二〇〇一年）の第四章「国会の手続と運営」に付した参考文献の欄でも、その多くを紹介させていただいたことがある。

その今野彧男氏が、議会政治研究七七号に寄せた「国会の法規・慣例において検討を要する問題点――審議形骸化の起因と経過」（二〇〇六年。初出一覧12参照）という論考の中で、私なども早くから与してきたいわゆる国会法違憲論について、「理論的にも、また実際の両院間の不均衡な状態からも、無視できない」と評しつつ、ひとまず「現行の国会法規や実際の運営面においても、検討を要するいくつかの問題点がある」として、議員発議案に対する会派の事前承認――いわゆる機関承認の制度――や委員会における会派別の発言時間割当などを問題視し、「五五年体制の負の遺産とも言うべき偏った慣行を見直すこと」の必要と、その上での法規の全面的な再検討の必要を説かれた時は、年来の私どもの主張と共通していることを知り、わが意を得たりと密かに小躍りしたものである（この点は、拙稿「立法府の機能をめぐる課題と方策」佐藤幸治先生古稀記念『国民主権と法の支配・上巻』〈成文堂、二〇〇八年〉所収を参照されたい）。

いま改めてこれらの業績を通覧するにつれ、常に議院の先例や慣行と対話し、理論的・原理的に考察するという今野氏の学究的な姿勢には、学ぶところが多い。その集大成である本書に『国会運営の法理』の名が冠せられたのは、自ら敬仰される鈴木氏の『国会運営の理論』に因んだというより、原理的・法理的な思考を重んじる今野氏の心意気をむしろ託したものと、私は推し量っている。

さて、本格的な政権交代が行われた現在、国会両議院でもこれまでの与野党が攻守所を変え、互いに戸惑っているように見えるが、議事運営や議院規則の解釈などをめぐっても諸説が入り乱れ、一種の混乱状態を呈することも稀ではないようである。このような困難な時期に際し、今野彧男氏の『国会運営の法理』は、議会に身を置く実務家にとってはもちろんのこと、学界に籍を置いている研究者からみても、あるべき解決の拠りどころを指し示す、厳しいが頼もしい座右の書となるに違いない。

二〇一〇年三月

目次

国会運営の法理——衆議院事務局の視点から

◇ I　会期制度

一二　議員辞職勧告決議と対象議員への対応
――院議不服従は懲罰事犯である――

国会運営の法理

――衆議院事務局の視点から

Ⅰ　会期制度

一　会期不継続の原則についての一考察

一　会期不継続の適用の態様

わが国の国会は、会期制度を採用し、活動期間を会期中に限っている。会期はそれぞれ独立した存在とされており、一会期における議院の意思はその会期の終了とともに段落し、次の会期には継続しない。従って、後の会期の意思は前の会期の意思に拘束されない。これが、いわゆる会期不継続の原則である。

会期不継続の原則については、法規上に明文規定はないが、国会ではこれを憲法が会期制度を設けたことに由来する不文の原則と考え[1]、運営の基本原則の一つとしている。こうした従来の理念を踏まえて実際の取扱いを見た場合、この原則の適用の態様は、概ね次の三つに分類することができるように思われる。その第一は議決意思の不継続、いい換えれば「議決効力の不継続」であり、第二には議案その他の「案件の不継続」であり、第三には議事の不継続、つまり「審議過程の不継続」である。

第一の「議決効力の不継続」は、例えば衆参両議院が毎会期の冒頭に行う特別委員会の設置決議に見ることができる。特別委員会は、重要議案の審査のために設けられるもののほかは、長年にわたって設置が恒例化されているものがほとんどであるが、それらはすべて会期の終了とともに消滅し(閉会中審査の付託があったときは、次の会期の始まる前日まで存続する)、次の会期では改めて設置の議決が行われている。これは、特別委員会のような議院の構成に関する事項についても、特段の定めがない以上は会期ごとに独立の意思決定がなされるべきだとの考えに基づくものであり、このような取扱いは各委員会における小委員会や分科会の設置をはじめ、議事運営の各般にわたっている。

第二の「案件の不継続」は、国会法六八条本文に「会期中に議決に至らなかつた案件は、後会に継続しない。」と定められているように、議院に係属中の未決案件は、会期の終了と同時にすべて廃棄されることをいう。これも会期はそれぞれ独立しているとの観念に基づく制度であるが、しかしこれには例外があり、同条但し書は、国会法四七条二項によって閉会中審査に付された議案及び懲罰事犯の件は後会に継続する旨を規定し、特定の案件についてはは継続措置を認めている。この場合、案件の継続とともに、当該案件についてなされた議決の効力も、当然後会に継続するものとして扱うべきだとする説もあるが、現在の制度はこれを認めていない。

第三の「審議過程の不継続」は、右の案件不継続の例外として後会に継続した議案の取扱いに関し、特に会期不継続の原則を厳格に適用しようとする衆議院において理論化されているものである。参議院においては「後会に継続した議案については、議案そのものについて付随してなされた手続の効力も後会に継続するもの」(2)とし、委員会ではそのまま審査を続けることとしている(3)。衆議院ではこれと異なり、後会に継続するのは案件のみであって、先の会期及び閉会中における審査の効力は継続せず、従って後会では会期の初めに改めて付託手続がとられ、委員会では審査を最初からやり直し得るものと解されている(4)。ただこの理論は余りにも会期の独立性を意識し過ぎたものともいえ、また、議案を特に閉会中審査に付したことの意味を減殺することにもなるので、衆議院でも次の会期で実際に審査を振出しに戻すことはほとんど行われていない(5)。後会の冒頭において付託の更新は行われるが(6)、委員会審査は前回の審査の終わったところから始まるのが通例である。しかし理論上の建前としては、右の見解が維持されている。

二　会期不継続と憲法との関係

以上三つの態様のうち、会期不継続の原則の中核をなすものは、第一の議決効力の不継続であるが、国会では常に重要法案の継続・不継続が与野党の争点となるため、一般的には第二に挙げた案件の不継続が重視されることが多い。また、特に案件不継続の例外として後会に継続された議案の取扱いに関しては、学説的にも問題視され、しばしば論議の対象とされている。

現行制度では、甲議院で可決された議案が乙議院に送付され、そこで継続審査に付されたうえ後の会期で可決された場合、議案はその時点では成立せず、再び甲議院に送り返されることになっている。これは会期不継続の原則によって、先の甲議院の議決の効力は後会に継続しないため、当該議案を成立させるには、改めて同一会期内での議決が必要であるとの理論に基づく取扱いである。この取扱いは、国会法八三条の四の規定によって立法的に解決されており、議事手続としても定着しているのであるが、識者の間からはこれを不当とする批判が数多く出されている(7)。

右の批判は、概ね次のように主張している。すなわち、国会の会期制度が憲法によって設けられていることは認めるが、会期制度から直ちに会期不継続の原則が生まれるものではない。現に諸外国の議会の中には、会期制度を採用しながら、議員の同一任期中は議案や議事の継続を認めているところもある。わが国における会期不継続の原則は、旧帝国議会時代の慣行に倣ったものであり、専ら国会法によって定められた原則であるから、同法を改正してこの原則を緩和ないしは廃止することは可能である。従って、後会に継続された議案については、前の会期においてなされた議決もともに継続することとし、同一任期中であれば会期を異にしていても両院の議決の一致を以て議案を成立せしめるよう、制度を改めるべきである。それに反する現行の制度は、継続審査の持つ重大な意義を失わせている、というものである。つまりこれらの批判は、基本的に国会側の認識と異なり、会期不継続の原則を憲法上の原則とは認めない点に立脚しているといってよかろう。

こうした批判に対して、これまで国会側からは特に反論はなされていないが、筆者はかねがね右の説には一つの見落しがあるのではないかとの疑念を抱いて来たので、この際、敢えてその点について私見を述べてみたい。

見落しというのは、憲法における衆議院優越の規定についてである。周知のように、国会は二院制度の下で衆議院優越主義を原則としており、憲法五九条、六〇条、六一条及び六七条には、衆参両議院の議決が一致しなかった場合、又は衆議院が議決しても参議院が一定期間内に議決しなかった場合に、衆議院のみの議決を以て案件を成立せしめるための規定が設けられている。これらの規定が制定された第九〇回帝国議会における論議を見ると、五九条二項の「衆議院で可決し、参議院でこれと異なつた議決をした法律案は、衆議院で出席議員の三分の二以上の多数で再び可決したときは、法律となる。」との規定に関して、この「再び」というのは同じ会期をいうのか、次の会期に跨ってもよいのかとの質疑がなされ、これに対して提案者の金森国務大臣は「大体この憲法も、現在の憲法と同じような建前で、議会は一会期毎に、議事に関する限り運命を異にしていると考えます。だから同一会期でなければこの権利は行使できませぬ。」と答弁している[8]。つまりここでは、この規定の前提として会期不継続の原則の存在が明示されているのである。

これを受けて、衆議院の優越権が発動されるまでの参議院の審議期間として、五九条四項に定められた「六十日以内」、六〇条二項の「三十日以内」、六七条二項の「十日以内」との規定は、いずれも同一会期内の日数と解されており、会期を越えて通算されることはないものと考えられている[9]。この解釈に対する異論はこれまでのところ全く見受けられず、従ってこの点についての憲法解釈は既に確立されていると見て誤りではない。いい換えれば、これらの衆議院優越を定めた規定では、法律案、予算、条約、内閣総理大臣の指名のそれぞれの議決に関して、衆議院の議決の効力は同一会期内に限られ、次の会期には及ばないものとされているのである。

このように、既に会期不継続の原則を前提とした条文が憲法にある以上、この原則を憲法上の原則と称して差し支えないように思えるが、しかし論者の中には、衆議院優越の規定が働く場合はそれはそれとして、通常の場合には議案の継続とともに議決の効力も継続させてよいではないかと主張する者がいるかも知れない。だがその主張に従うときは、憲法に定められた国会の意思形成の手続の中で、衆議院の議決の効力が、あるときは後会に継続するがあるときは継続しないという二様の取扱いを認めることになるが、果してそのようなことは成り立つのであろうか。

いま、ここに一箇の条約案件があると仮定して、会期二〇日間を残した段階で衆議院から参議院に送付され、参議院で継続審査に付されたとする。次の会期の召集日から一〇日間が過ぎ、前の会期における衆議院の議決日（参議院が衆議院送付案を受け取った日）から開会中の期間を通算して三〇日間が経過したとしても、従来の憲法六一条の解釈に従う限り、この時点で当該条約案件が自然成立することはない(10)。ところが国会法を改正して、会期を異にしても両院の議決が一致すれば議案は成立することとした場合、右のケースで仮に後会の一一日目に参議院がこれを可決（承認）したときは、その条約は成立することになる。そうなると、前日までは継続していないとされていたはずの衆議院の議決が、翌日には継続していたことになるわけであるが、これは明らかに矛盾であろう。

この矛盾を解消するためには、衆議院の優越が作用する際にも、一般の場合と同様に議決の効力の後会継続を認めるよう、これまでの憲法解釈の変更が必要となる。しかし、国会法の改正によって憲法解釈を変更することの是非をさておいても、これもまた不可能ではないかと思われる。なぜならば、右の各条にある「六十日以内」、「三十日以内」又は「十日以内」との規定の前には、いずれも「国会休会中の期間を除いて」とあって、国会閉会中の期間には触れられていない。国会の休会とは、いうまでもなく一会期内に限られた事柄である。もしも前の会期における議決の効力の後会継続を認めるならば、ここに「閉会中」の文字も必要なはずである。従ってこれらの条文は、文理上からも、衆議院の議決の効力を一会期限りのものとして成文化されていると見ざるを得ない。

このように見て来ると、会期不継続の原則は憲法が会期制度を認めたことに加えて、これらの衆議院優越に関する規定が設けられたことによって憲法上の原則となっているのであり[11]、前記の批判のように国会法の改正のみによってこの原則を排除することは、不可能というべきではなかろうか。

三　会期不継続の緩和の方向

一般に会期不継続の原則を論ずる際は、国会法六八条本文の「会期中に議決に至らなかつた案件は、後会に継続しない。」との規定を以てこの原則の根拠とする例が多いが、前述のように会期不継続の原則の中核は、議決意思の不継続すなわち議決効力の不継続にあるのであり、右の案件不継続の規定はこれに関連する一態様を定めたものということができよう(12)。この六八条は、過去に三回の改正を経て来ている。制定当初の同条は、右の本文のみが規定されていて但し書部分を欠いており、一方に四七条二項による閉会中審査の制度が開かれていながら、後会への案件継続の措置については定めがなかった。このことは、旧議院法が二五条及び三五条により、議会閉会中に継続委員の審査に付した議案について、制度上は後会継続を認めていたのに比べて、却って当時は会期不継続の原則をより厳格に意識していたことを窺わせる(13)。

しかしこの点は第二回国会において直ちに改められ、但し書が追加されて、閉会中審査に付された案件の後会継続が認められた。その後、懲罰事犯の継続審査をめぐって衆参両院間に見解の対立が生じ、一たんは衆議院側の主張に従い、後会に継続する案件を議案に限るための改正が行われたが、第二八回国会に至って現行の但し書のように、「第四十七条第二項の規定により閉会中審査した議案及び懲罰事犯の件は、後会に継続する。」と改められた。

こうした経過を見ると、主に懲罰事犯の取扱いをめぐって案件不継続の態様が次第に緩和の方向を辿って来たことは明らかである。当初衆議院では、懲罰は会期中の院内の秩序を維持するために事犯者に対して科する処罰であるから、対象はあくまでもその会期中の行動に限るべきで、前の会期中の行動を後の会期で処罰することは会期不継続の原則に反すると主張していた。これに対して参議院では、懲罰事犯は概ね会期末の混乱から生ずるものであり、これを継続審査に付する途がないときは懲罰を科する機会が失われ、却って秩序の維持に支障を来たすと主張し、結局この方向で法改正が行われた。しかもこの第二八回国会における改正では、前の会期の終了日又はその前日に生じた懲罰事犯に対しては、新たに次の会期の召集日から三日以内にこれを取り上げることができることにし(一二一条の二)、更に閉会中に生じた懲罰事犯についても、同様の処置をとり得ることにした(一二一条の三)。これら一連の改正は、それまでの懲罰と会期不継続との関係を大きく変革したものといえよう(ただしここでも留意すべきことは、次の会期に継続できるのは懲罰事犯の審査であって、宣告された懲罰の効力ではないという点である。仮に三〇日間の登院停止の懲罰が科されて、その執行中に会期が終了した場合、懲罰そのものの効力はそこで消滅し、残余の停止期間が次の会期にわたってまで科せられることはない。すなわち懲罰の場合にも、議決効力の不継続には変わりはないのであり、この点については衆参両院ともに解釈を同じくしている)(14)。

これ以後は、第一〇三回国会の参議院において、従来常任委員会が国政調査を行う際は毎会期の初めに議長の承認を得ることになっていたのを、その承認なしに調査が行えるように同院規則七四条の三を改めたほかには(15)、会期不継続の原則に関連するものとして特に目立った改正は行われていない。しかし、国会内部においても、この原則の適用の態様が今後も現状のままでよいとは必ずしも考えられていない。

昭和四一年三月に衆議院事務局は「国会正常化に関する試案」(16)を発表しているが、その末尾部分で次のように提言している。

「一、会期制度の歴史的な背景と現在の英、米、仏、独、伊各国の長期会期制乃至議会期、立法期の制度に照して見ても、又議会の権限強化、慎重審議の面から考えても、同一議員の任期中における会期不継続を余りに厳格に解する必要はないと思われる。

二、(略)

三、従って、会期不継続の原則は尊重しつつ、少くとも国会の議決を要する議案については、議員の一任期を限度として一会期にその審議を終了しなかったものは、議案と共に前会期における審議が後会に自動的に継続することを認める(略)ことについて検討するものとする。」

この提言は、国会の混乱が専ら会期問題に基因していることにかんがみ、案件の自動的継続を認めれば、会期延長の必要性が減って混乱の多くが回避され、かつ時間的余裕も生じて審議の充実に益することになるのを意図したものである。ただこの文面だけでは会期不継続の適用の態様について、どの点をどう改めようとするのかやや不明瞭であるが、これを冒頭に記した三つの態様に対応させて解釈すると、次のようなことになろう。すなわち、第一の態様である「議決効力の不継続」については、国会運営の全般にわたって支配的な原則であり、憲法との関連もあるのでこれは今後も尊重して行く。しかし、第二の「案件の不継続」は国会法に基づく制度であるから、同法六八条を改正して、少なくとも国会の議決を必要とする議案は、会期中に未決に終わったものも議員の一任期中に限ってそのまま存続させることにする。更にこれに伴い、第三の「審議過程の不継続」については理論を変更し、議案とともに審査経過も自動的に後会に継続させるよう運用を改めて行く、というものである。この考えは、それまでの衆議院における会期不継続の認識に照らせば、理論の転換を意味する画期的な提案であったといえよう。

右の試案が発表された当時は、前年の第五〇回国会で日韓基本条約の審議をめぐって与野党が激突したように、国会では不正常な事態が頻発していた。試案は、こうした国会運営の混乱を解消するため与野党が話合いを進めて行く際の基礎資料として、衆議院議院運営委員会から同院事務局に作成が要請されたもので、従ってこの試案の中には「議院の秩序を正す問題」との項目があり、「議会主義の基礎である言論に最も逆行する院内における一切の実力の行使を絶対に排除すると共に、質疑を打切り討論を省略して一挙に採決する所謂強行採決はすべてこれを否定すること」についても提案されている。しかし、その後も与野党間では激しい対立の時代が続き、野党側は、案件の自動的継続を認めると、成立を阻止したい議案も結局は与党の強行採決によって原案のまま成立することになるのを恐れ、また与党側は、議案が存続したところで野党の実力行使がなくならない以上は強行採決も已むを得ないものと考えて、双方が案件不継続の緩和措置には消極的な姿勢を変えず、かくして試案全体も協議の過程で十分に生かされないまま現在に至っている。

だが最近の国会では、与野党間の対話と協調の関係が、かなり進展しているように見受けられる。先般(平成三年秋)開かれた第一二一回国会では、内閣が命運を賭けるとする政治改革関連三法案が提出され、野党側からも社会党から衆議院議員の定数是正を内容とする対案が提出されたが、いずれも衆議院段階で審査未了、廃案となった。その後、各党間でこの問題に関する超党派の協議会が設けられ、公職選挙法の改正を含む政治改革案の法制化に向けて、引き続き討議を重ねて行くことになっている。本来こうした立法のための政党間協議は、国会の正規の機関において国民環視の下になされるべきものであるが、しかし、たとえ任意の非公式機関であっても、そこでの与野党の協力態勢が一定の成果を挙げれば、それはやがて対話と協調の上に立つ正常な国会審議に転化されることが期待できよう。今後、与野党間の話合いによる運営が一層進展するときは、右の試案で提起された案件不継続の緩和は、「議会の権限強化、慎重審議の面から」当然取り上げられるべき課題であると思われる。

(1) 鈴木隆夫・国会運営の理論四二二～三頁、佐藤吉弘・註解参議院規則九七頁
(2) 佐藤吉弘・前掲書九八頁
(3) 参議院先例録(昭和六三年版)一七四頁、参議院委員会先例録(昭和六三年版)二七五頁
(4) 鈴木隆夫・前掲書四四一～二頁
(5) 衆議院委員会先例集(昭和五三年版)九〇頁
(6) 衆議院先例集(昭和五三年版)一八九頁、衆議院委員会先例集(昭和五三年版)八二頁
(7) 代表的な例として、宮沢俊義＝芦部信喜・全訂日本国憲法三九五～七頁、黒田覚「会期不継続の原則」(清宮四郎＝佐藤功編・憲法演習所収)一一四～一三頁、中谷敬寿「国会の会期制度」〈ジュリスト別冊法学教室〈第一期〉二号〉一〇三頁、松沢浩一・議会法三一七～九頁
(8) 第九〇回帝国議会貴族院帝国憲法改正特別委員会議事速記録一八号(昭二一・九・二〇)三九頁
(9) 林修三「国会の意思決定手続」清宮四郎＝佐藤功編・憲法講座3五六頁
(10) これに類する事例が第五二回国会にある(第五一回国会内閣提出・条約二号)。
(11) 林修三氏は著書『憲法の話』の中で、会期不継続の原則の根拠として、憲法の衆議院優越についての規定を挙げている(二四一～二頁)。
(12) 鈴木隆夫・前掲書四二三～四頁
(13) 第九一回帝国議会衆議院国会法案委員会議録(速記)第一回(昭二一・一二・一九)六頁、大池書記官長の説明参照。
(14) 衆議院先例集(昭和五三年版)四二七頁、佐藤吉弘・前掲書三二一頁
(15) 衆議院では常任委員会の国政調査は、会期ごとに議長の承認によって議院から権限を委譲されて行うものとしており、従って議長の承認の効力もその会期限りのものとされている(鈴木隆夫・前掲書三二一～二頁、四二五頁)。

⑯　議会制度百年史・議会制度編二五六〜六〇頁

二　国会における立法期の認識の変遷
――会期不継続の原則の緩和に向けて

一　はじめに

昭和五一年一二月に、衆議院は現行制度の下で初めての任期満了による改選期を迎えたが、直前の第七八回国会の会期末に、参議院では一部の委員会から議案についての閉会中審査の要求が出された。国会では、会期中に議決に至らなかった案件はすべて廃棄されるのが原則とされているが、各議院において特に閉会中審査の付託が議決されたものについては、例外的に委員会で審査を続行することが可能であり、その案件は後会に継続することになっている(国会法四七条、六八条)。第七八回国会の会期終了日は同年一一月四日であり、衆議院議員の任期満了日は一二月九日であったから、その間の一ヵ月余りは通常の閉会中の期間と変らず、参議院はもとより衆議院においても閉会中審査を行うことは可能であった。問題は、衆議院議員の任期が切れた時点で、その後の閉会中審査はどうなるのか、また、審査対象の議案はどう扱われることになるのか、という点にあった。

衆議院の委員会が、総選挙を目前にした時期に閉会中審査を行うことは実際には考えられないが、仮りに行った場合、任期満了の日を境に衆議院自体が一時的に存在を失うのであるから、当然その時点で審査は打ち切られ、議案も消滅することになる。しかし一方の参議院は、機関としてはそのまま存続しており、活動能力も保持している。そこで、こういう場合には参議院としてどう対処すべきかが同院の議院運営委員会理事会で協議された。その結果、「閉会中に衆議院議員の任期が満了したときは、以後、継続審査中の議案の審査は行わず、当該議案は次の国会に継続しない[(1)]」ことを決定した上で、委員会の申出通り閉会中審査を認めることにした。その際、この決定の理由として参議院は、「衆議院が解散又は任期満了による総選挙によって一新されたときは、衆議院はもとより国会も新たなものとなり、前の国会とは同一性を失うことになるため」との見解を明らかにした。

ここで参議院が、衆議院の更新によって国会全体も更新されるとの判断を示したことは、極めて重要である。従来わが国の国会活動は、会期中心に運営されており、会期を超える長期間の活動の継続性については、否定的な見方が大勢を占めていた。そのため、欧米諸国の議会が「議会期」又は「立法期」の名の下に、議員の任期一杯の継続的活動を実現しているのに比べて、わが国では国会活動が余りにも短期間の会期に区切られ、審議に連続性が乏しく非効率であるという批判が、識者の間からはしばしば提起されて来た。しかし、わが国では旧憲法以来、現行憲法においても、常会、臨時会、特別会の区別を定めて会期制の採用を明確にしていることと、これに関連して、会期は毎回独立した存在であり、前の会期と後の会期の間には意思活動の継続性はないとする、いわゆる「会期不継続の原則」が認められて来たことから、議会期又は立法期の存在を容認してこれを導入するには、制度や慣例に抵触するところが多いとして、これまで国会内ではこの点の改革論議は殆ど進まない状態が続いていた。

ところが、前記の参議院の見解は、衆議院議員の総選挙を挟んだ前と後とでは、国会としての同一性が失われるとしたことで、わが国においても衆議院議員の一任期が一立法期を意味するということを、いわば憲法解釈として公的に認めたものといってよいであろう。これは見方によっては、わが国の議会制度を論ずる上で、画期的な判断であったといえるのではなかろうか。しかし、右の決定に際して「立法期」という用語が全く使われなかったためか、この事実は当時においても、またその後においても、特段の関心を集めることなく今日に及んでいる。そこで本稿では、旧議会以来の立法期に関連する論議の経緯を振り返りながら、改めてこの決定の持つ意義について考察してみることにしたい。

二　帝国議会時代の論議

一般に議会期とは、議会が同じ議員で成り立っている期間、すなわち総選挙から解散又は任期満了までの期間をいい、立法期とは、議会が立法活動を継続的に行える期間の単位を指すものとされており[2]、言い方は異なるにしても、いずれも公選議員の任期を基準にした期間、つまり選挙によって区切られた期間についての呼称である。

二院制度の下で、現在のわが国の衆議院と参議院のように、双方が公選制の議院であって、しかも選挙時期と任期とを異にしているような場合は、会期を超える長期の活動期間として両院共通の立法期を設定するには、両院間の見解の統一が必要となろう。その点、明治憲法下の旧帝国議会では、公選制の衆議院に対し、一方の貴族院は非公選制であったから、衆議院議員の一任期を以て一立法期と見なすことに、格別の無理はなかったと考えられる。恐らくそのためであろう、明治二三年一一月の帝国議会開設に先立つ準備段階で、同年八月に臨時帝国議会事務局が作成した衆議院成立及開会規則案には、「立法期ノ第一会期」(二条)、「立法期ノ第二会期」(二四条)といった字句があり、当初は「立法期」という語の使用が予定されていた[3]。しかし同年一〇月に勅令を以て正式に公布された衆議院成立規則では、二四条の方に「議員一任期ノ第二会期」という表現はあるが[4]、「立法期」の文字は消えていた。これは明らかに制定者である政府が、公布を前にこの語の使用を意識的に排除した結果であろう。

一方、開設時の帝国議会では、会期毎の議会回次をどのように数えて行くのか、予め具体的には決めずに発足した。そのため取り敢えず最初に召集された常会を第一期、次の明治二四年の常会を第二期と称したが、同年末の衆議院解散を受けて翌二五年五月に召集される特別議会を前に、以後の呼称の方法が検討された。その際、当時の貴衆両院の書記官長は、連名で内閣総理大臣宛に概要次のような伺書を送っている。

「議会会期ノ計算方及其ノ称呼ハ欧洲諸国ニ於テハ衆議院議員ノ一任期ヲ以テ一立法期ト為シ、一立法期中ニ於テ通常会、臨時会等ノ小別ヲ為スヲ以テ通例ト為スモ、帝国憲法ニ於テハ立法期ナルモノヲ認メズ、従テ欧米ノ例ニ拠リ難キヲ以テ、議会ノ回数ヲ追フテ第何回議会ト称セムコト可然乎、此段奉伺候也[5]」

この伺に対し、内閣側が同意を与えたので、それ以後は常会、臨時会、特別会の別を問わず、通し番号的に議会回次を数えるのが慣例となった。右の文書の中で、両院の書記官長が「帝国憲法ニ於テハ立法期ナルモノヲ認メズ」と断定的に述べていることは、注目に値する。

前々年の準備段階では、疑いもなしに用いられていた「立法期」の語が、ここでは議会側の憲法解釈として明白に否定されているのである。

本来、議会は国政に対して民意を反映させることを目的とした機関であるが、明治憲法とこれに付属する議院法の制定に際して、当時の藩閥政府は、議会の影響力が国政全般に及ぶのを極力阻止するため、その権限に様々な制約を設けた。活動期間を短期に抑えたのはその一つであり、常会の会期を憲法四二条に三箇月と明記したほか、開会・閉会はもとより、臨時会・特別会の会期、会期の延長、停会等もすべて勅命によることとした。つまり、活動期間については議会側に一切自律権を認めず、政府の意思によって左右し得ることにしていた。このような政府の立場から見ると、議会側が会期を超える期間の単位を、単に呼称の上で用いることさえ、危険な要素と判断されたのであろう。準備段階の規則案から立法期の文字を削除し、更に憲法上も立法期の観念は認められないという意識を議会側にまで植えつけたという点に、当時の藩閥政府の強固な意図と、周到さとを見ることができる。

会期毎の呼称を、常会、臨時会の別を問わずに回次を追って第何回帝国議会と称したことは、「一会期を以て一議会とする」という観念を、最も端的に表現したものといえる。一回一回の会期が一個一個の議会であり、それが会期独立の意味であり、その認識が会期不継続の原則の根拠でもあった。帝国議会では召集される度に、貴衆両院はそれぞれ一定の成立手続（議席の指定、部属の決定等）をとることが必要とされ、それなくして議会の開会はあり得なかった。ということは、会期を終えて議会が閉会されると、両院はそれぞれ成立以前の状態に戻ることになる。そこから、権威ある学説として、「閉会ハ独リ両議院ヲシテ活動スルコト能ハザル状態ニ置クノミナラズ、実ニ両議院ノ成立ヲ終止シ、帝国議会ヲ解体セシムルノ効果ヲ有ス。閉会後ハ各議員アレドモ両議院無シ、帝国議会無シ(6)」という説まで唱えられていた。こうした認識の下では、活動期間としての立法期を想定する余地はないであろう。

しかし、そうした帝国議会にあっても、当初から現在の閉会中審査と同様に、議案についての継続審査の制度が設けられていた。すなわち議院法二五条及び三五条によって、各議院は例外的に議案の継続措置をとることが認められていたが、但しそれは政府の要求によるか又はその同意を経ることが条件とされていた。議会の活動を会期内に厳しく制限して置きながら、なおかつ議案の継続審査を認めていたのは、当時の諸外国の議会では既にこうした取扱いが広く制度化されていたことと、政府側が政府提出議案について、場合によっては閉会後も審査も継続せしめる必要があると考えたからではないかと推定される。しかし、実際には帝国議会の全期間を通じて、貴衆両院で継続審査は一度も行われなかった。法的に政府の同意が必要とされる状態の下では、予め政府の対応を推察して、継続審査を求める動議がなかなか可決されず、可決されても政府がこれに同意を与えなかったからである。このため衆議院では、政府の同意がなくても自律的に継続審査が行えるように、度々議院法の改正を試みたが、その度に貴族院で握りつぶされた。

その貴族院が、昭和二年の第五二回議会で「閉会中議案審査ノ継続ニ関スル規則」を衆議院に先んじて議決、制定した(7)。旧議会においても重要議案は概ね衆議院で先議されており、このため貴族院の審議は会期の後半に偏るのが通例であったが、特にこの頃は議案件数の増加に伴い、貴族院では審議日数が不足する事例が増えて来ていた。そこで同院では「将来重要かつ大部の法案に対して十分に審議する時日がないため、閉会中に継続して審査する必要が生ずる場合に備えて」実施の細目を定める規則を設けたものである。その際、継続審査のあり方をめぐって、貴衆両院間で見解の対立が生じた。それは、衆議院が解散によって活動能力を失っている間に、貴族院で継続審査を行い得るか否か、という問題である。

旧憲法四四条二項には「衆議院解散ヲ命令セラレタルトキハ貴族院ハ同時ニ停会セラルヘシ」と定められていたが、この場合の停会は実質的には閉会であるという点では、両院の解釈は一致していた。しかし貴族院では、通常の閉会と同義である以上、衆議院の解散によっても議員資格を失わない貴族院では、議院法二五条に基づく継続審査を行うのは可能であると考えた。これに対し衆議院では、「議会意思は両院の意思の合致によって作らるるのであるから、衆議院の解散の如き、一院が其の存在を失って居る際に、他院のみが議会意思の作成過程を継続すること」は不合理であり、許されない[8]と主張した。当時、この議論が具体的にどこでどのような形で交されたのかは不明であるが、右の規則制定の際の貴族院本会議における質疑応答[9]を見ると、そうした状況があったことが窺える。

前記のように、帝国議会では開設当初から欧米の議会のように「衆議院議員ノ一任期ヲ以テ一立法期ト為ス」という考え方は採らず、憲法上も立法期の存在を認めないという解釈に立っていたが、ここで初めて衆議院では、同院議員の任期が他院の活動の継続性に対して一定の規制力を持っているということに気付いたといってよいであろう。言い換えれば、わが国においても立法期に類する期間の観念が成り立ち得ることを、このとき衆議院は認識したわけである。しかし貴族院では、こうした衆議院側の見解に反発する空気が強く、この対立を保留したまま、右の継続審査の規則を一方的に制定した。同じ時期に衆議院でも同趣旨の規則を制定する動きがあったが、最終的に院議決定に至らなかったのは、あるいは以上のような対立が解消されなかったためとも考えられる。

他方、こうした貴衆両院間の見解の対立に際して、当時の政府側はどのような解釈を示していたかというと、第五二回議会の時点では、貴族院の本会議でこの点について質問された政府委員(法制局長官)は、「衆議院が解散又は任期満了を迎えた場合には、貴族院の継続委員は自然消滅するのが適当と解している」旨を答弁して、衆議院側の見解を支持している。ところがその後、昭和一〇年の第六七回議会で、衆議院提出の議院法中改正法律案（継続委員を廃して、常置委員会制を設ける内容を含む）が貴族院の委員会で審査された際の政府委員は、同法案の成立に反対する意図から、衆議院が解散された際にも貴族院の継続審査は行われ得るかのような見解を述べていて、一貫していない(10)。要するに旧憲法下の政府は、両議院が閉会中に継続審査を行うことに対して、終始消極的な姿勢を貫いており、議会の活動を毎回の会期内に厳しく制限する態度を崩さず、その立場から時々の答弁を使い分けていた。このため、会期を超える議会活動の継続性、ひいては立法期の認識につながる論議は、旧体制の下ではその後も深まることなく、敗戦後の制度改正にまで持ち越された。

三　現行制度下における論議

昭和二一年の新憲法制定により、わが国の議会制度は大きく変革された。旧憲法の下では、政治の中心は政府にあり、帝国議会はその協力機関的地位にとどめられていたが、新制度における議会は名称も国会と改め、国権の最高機関と位置付けられて、国政の中心的役割を担うことになった。新たな議院内閣制の実現、貴族院に代る公選制の参議院の創設、二院制度の下での衆議院優越主義の採用等の改革については、改めてここに記すまでもないが、ただ、国会の意思活動を原則として会期中に限る会期制度と、会期不継続の原則に関しては、従前の理念が踏襲された。また、毎会期の呼称についても、旧議会時代の例に倣って、常会・臨時会・特別会の別なく回数を追って第何回国会と称する方式が継承された。

新国会は旧議会に比べて、大幅に自律権を拡大した。毎会期の召集と衆議院の解散とは、天皇の国事行為として従前の制度が残されたが、常会の会期は憲法ではなく法律に一五〇日間と規定され（国会法一〇条）、従って国会の意思のみによって変更が可能となり、臨時会・特別会の会期決定、会期の延長、国会の休会も両議院一致の議決により決定し得ることになった（同一一、一二、一五条）。会期は召集日から起算され（同一四条）、各議院は即日活動が開始できるようになり、旧制度では議会開会の要件であった議院成立の観念は、法規上の意味を失った。議長、副議長は勅任される必要がなく、各議院の本会議において選出されるとそのまま議員としての任期中その地位にあることになり（同一八条）、また旧議会では任期が一会期内に限定されていた常任委員も、選挙直後の国会の冒頭で一度選任されれば、議員としての任期中は原則として引続き在任することに改められた（同四二条）。

議案の継続審査については、前記のように旧議会同様、未決議案は会期の終了と共にすべて廃棄されるのが原則とされたが、各議院で閉会中審査の議決をしたものは後会に継続する制度が継承された[11]。その場合、旧議会では政府の同意が不可欠の要件であったが、それも排除された。従って、各議院は自主的に議案の継続審査を行うことが可能となった。

これら一連の改革を総合的に眺めると、新制度では各議院の活動期間について、従来の厳格な会期中心の考えを改め、議員の任期を視野に入れた長期のものに、制限を緩和し機能を拡大させたと見ることができよう。なかんずく常任委員会制度が採用され、「議員は少くとも一箇の常任委員となる」（同四二条二項）ことが義務付けられ、しかもその常任委員は「議員の任期中その任にあるものとする」と定められたことの意義は軽視できない。それは、単に毎会期の冒頭に委員の選任手続を繰り返して来た手間を省いたということではなく、会期中に限っていた委員活動の権能を、議員としての任期中必要に応じて継続的に行使する可能性を保証したものであり、それまでの会期制の枠を大きく踏み越えた改革であった。これらにより、従来の会期独立の性格は、少なからず希薄になったはずである。

しかし、このことは当時の国会関係者の間では、殆ど自覚されなかったように見受けられる。一つには、常任委員会制度が連合国軍総司令部（ＧＨＱ）からの要請に基づいて導入され、特に委員の任期に関しては具体的な指示に従って定められた経緯があり[12]、理論面の整理が不足していたことと、他方、当時の指導層には依然として旧来の会期意識が根強く残っていたためと推察される。新国会発足後も、会期制度の意義は従前と変らぬものとして強調され、会期不継続の原則も憲法上の不文の原則として重視され続けた。

当時は学界に置いても、国会の活動期間についての認識に、それ程の変化はなかった。昭和二三年三月に宮沢俊義東大教授が著した『新憲法と国会』には、「立法期の概念は日本では認められない」（一一五頁）との記述がある。それが昭和三〇年の同教授の著述『日本国憲法』では、議案の継続審査に関連して、「立法期を超えて継続すること、すなわち、衆議院議員の総選挙をはさんだ前後の会期間に継続をみとめることは（略）許されない」（三八五～六頁）とあり、明白に立法期の存在を認める記述に変っている。この間に、国会では継続審査のあり方をめぐって、衆参両院間で数度にわたる論議が交されていた。

新国会になって最初の衆議院解散は、昭和二三年一二月に召集された第四回国会で行われたが、それを前に参議院では解散後の閉会中における継続審査の可否が検討された。当初参議院では、旧貴族院と同様に可能説を前提とした上で、突発的に起きる解散の事態にも対応し得る方法を模索したようである[13]。しかし結論的には、両議院の議決を必要とするものを除いて、閉会前に調査中の事件で議長が特に指定したものに限り可能であるとの判断に立ち、それを立法的に裏付ける国会法改正案を可決して衆議院に提出したが、衆議院はこれに同調せず審議未了にした。この時の衆議院の態度は、基本的には前記の昭和二二年当時の貴族院に対する主張と同趣旨であった。すなわち、二院制度の下で一院がその存在を失ったときは、国会の意思活動というものはあり得ない、特に新制度では衆議院の解散中に緊急の必要があれば参議院の緊急集会が開かれることになっていることから見ても、参議院にとって解散中に可能なのは緊急集会のみであり、他の一切の活動は許されるべきではない、というものであった。そこで参議院は、右の国会法改正案が不成立に終る見通しとなった段階で、国会法四七条二項に基づき、同院限りの案件につき閉会中審査を議決し、これを実行した[14]。衆議院側には、こうした参議院の措置を不当とする考えが残ったが[15]、以後はこれが先例となった。

旧議会時代の継続審査は、対象が議案に限られていたから、衆議院解散中の継続審査については、貴族院は当然議案の審査を可能としていた。しかし右の経緯に見られるように、新制度下の参議院では、最初から国会の議決を要する議案を対象から除外していた。その理由については、理論的に明確な説明は行われなかったが、恐らく両院平等主義を原則としていた旧議会とは異なり、新憲法下の国会では衆議院優越主義が採用されたため、衆議院が欠けている期間中に、国会の意思形成に関わる活動を、第二院である参議院が続けるのは適当でないとの判断があったためではないかと考えられる。しかし、この点については学説的にも異論が残り、その後に発表された諸論文の中にも、国会の議決を要する案件を含めて、衆議院の解散中に参議院が閉会中審査を行うことは可能であるとの説が散見された[16]。

こうした事態を踏まえて、参議院では昭和三五年の第三五回国会閉会後の議院運営委員会理事会で、「衆議院の解散による閉会中においては、議案の継続審査は行わない」ことを正式に決定した。具体的には、衆議院の解散が事前に予測できる場合であっても、各委員会は議案についての継続審査を要求することはできない、しかし、調査事件については要求できることとした[17]。これは第四回国会以来の参議院の姿勢を、改めて確認したものである。だがこの場合も「行わない」こととした理由が、法的に不可能であるためか、あるいは法解釈上不可能とまではいえないが、現行の二院制度の趣旨から見て行わない方がよいと考えられたためなのか、必ずしも明らかにはされなかった。

その後、昭和五一年に至って、衆議院の任期満了に伴う総選挙を控えた第七八回国会の会期末に、参議院が重要な決定を行ったことは冒頭に紹介した通りである。このとき、参議院側から衆議院側に示された論拠は、概略次のようなものであった。

一、先に参議院では、衆議院解散による閉会中には国会の議決を要する案件の継続審査はできない旨を決定しているが、これは衆議院の解散により国会を構成する一院の存在がなくなり、国会の機能が停止するからである。

二、今回の閉会中における衆議院議員の任期満了の場合も、解散の場合と同様に、衆議院は一旦消滅した後、総選挙によって一新されるが、これにより衆議院はもとより、国会も新たなものとなり、前の国会とは同一性を失うことになる。

三、従ってこのような場合には、参議院で継続審査中の議案は、衆議院の任期が切れた時点で廃案となり、総選挙後の国会には継続しないものと考える。

以上のような参議院の見解に対して、衆議院側には全く異存はなかった。

これまで見て来たように、旧議会以来の議論は、衆議院が解散された際の閉会中に、貴族院又は参議院では議案の継続審査が可能かどうかという、いわば第二院の権能という観点からのみなされていた。しかし右の第七八回国会における参議院の決定は、これを両院に跨る国会活動の継続性の観点から見直して、衆議院議員の任期の更新が参議院を含めた国会全体の更新を意味するということを、理論的に明確にしたものであった。これによって、わが国にもわが国なりの立法期が存在することが、国会当局の法的解釈において認知されたといってよいであろう。旧議会以来の論議は、ひとまずこれで決着を見た。次には、この認識を今後の国会運営の上にどう生かして行くかが問題になろう。

四 今後の検討課題

明治憲法下の帝国議会では、立法期の存在は認められなかったが、前述のように、これは多分に当時の政府が、議会の活動を極力制限する意図から発せられた解釈であった。現在の国会と政府の関係は、当時とは一変している。従って、今日の国会が立法期の制度を確立して、その期間中に何らかの継続的活動を実現するのは、不可能ではない。但し、わが国では国会の会期制が憲法上の制度であることと、憲法には会期不継続の原則の一態様である「議決意思の不継続」を前提とした条文もあり[18]、今直ちに西欧諸国並みの立法期制を全面的に導入するというのは不可能である。

昭和四一年三月に衆議院事務局では、「国会正常化に関する試案」を発表したが、その中で「国会の議決を要する議案については、議員の一任期を限度として一会期にその審議を終了しなかったものは、議案と共に前会期における審議が後会に自動的に継続することを認める」ことを提言している[19]。ここで「議員の一任期」とあるのは、上述の経緯から、衆議院議員の一任期、すなわち一立法期と解することができよう。これは、会期不継続の原則のいま一つの態様である「案件の不継続」の廃止を、会期末の混乱防止と共に「議会の権限強化、慎重審議の面から考えて」提案したものである。案件の不継続は国会法六八条に規定されているが、同条は旧議院法三五条を踏襲したものであって、現行憲法とは直接の関わりを持たない。従ってこの規定を削除すれば、各議院において成規に発議又は提出された議案は、一立法期間中、自動的に審議を継続させることが可能となる。差し当り、わが国で立法期の観念を積極的に活用するには、右の提案の実現が考えられる。

現状では、会期終了時に継続措置がとられなかった議案は廃棄されるため、会期中それらの議案の審議に費された少なからぬ時間と労力は、すべて無に帰することになっているが、このことの非効率性、不合理性は何人にも否定できない事実であろう。ただ、こうした考えに対しては、会期毎に継続案件が選別されて審議対象が整理されるのは意義のあることで、もしも議案の自動継続を認めれば、未決議案が累積して毎会期の取扱いが却って煩瑣になる、との反論が出るかも知れない。しかしその場合は、国会法五六条三項及び四項を適用して、付託委員会において不用な議案については「議院の会議に付するを要しない」と決定して、廃棄して行く方法がある。この規定は、本来山積する議案を整理する目的で設けられたものであるが、国会発足以来、両院を通じて唯の一度も適用されたことがない。この規定を活用すれば、必要視される議案のみが長期に継続して、両議院それぞれの審議が有効に生かされることになるのではなかろうか。

立法期の認識に関連して、現在の問題としていま一つ触れておきたい点は、参議院の通常選挙が行われる期間中の閉会中審査についてである。任期六年の参議院では、三年毎に議員の半数が改選されるが、残り半数の非改選議員が存在するので、その期間中も機関としての活動は可能とされている[20]。従って、その閉会中に議案の審査を継続することは法規上何ら問題はなく、過去の事例においても認められているが、第四〇回国会以降、参議院ではこれを行わないのを例としている[21]。これは、同院が半数改選による議員の構成の変化を重視して、制度上は六年間の任期中その任にあるものと定められている正副議長等の役員や常任委員について、三年毎に全員を改めて選任している慣行に合わせて、審議対象の議案についても、改選期を迎える度に一新するのが適当と判断してとられている措置であろう。昭和六一年の国会法改正によって新設された参議院の調査会が、存続期限を半数議員の任期満了の日までとしているのも、同様の趣旨から出たものと考えられる。

これに対して一方の衆議院では、参議院の通常選挙の期間中も、毎回のように議案について閉会中審査の手続をとっている。その中には、通常選挙前の国会で受け取った参議院提出法律案を、選挙後の国会に継続して議決し、新構成の参議院に送って成立させている事例もある。こうした衆参両院の取扱いを比較すると、衆議院では解散又は任期満了の時期を除いて、常に議案の継続措置をとり得るとしているのに対して、参議院では衆議院の更新の時期に加えて、自院の三年毎の改選期にも全議案を廃棄しているため、議案の継続性という点では、参議院の方が衆議院よりも頻繁に、従って短期的に、審議を区切っていることになる。

しかし、もともと参議院の方が衆議院よりも議員の任期が長く、半数毎の改選が繰り返され、解散も行われない体制が採られているのは、「衆議院よりも高い程度の継続性を期待する趣旨[22]」からであり、「その機能を発揮するためには継続性・安定性の性格を持つことが望ましい[23]」と考えられたからにほかならない。してみると、右のような通常選挙の時期に、自院議員の発議案を含めて議案の継続審査を行わないとする先例は、参議院の制度本来の目的に添わないものと言えるのではなかろうか。議院に法規上認められている権限は最大限に行使すべきだとする立場からも、こうした取扱いは見直されてもよいように思われる。

国会審議の形骸化が指摘され出して以来、既に二〇年に近い。最近の国会では、参議院の本会議場に押しボタン投票装置が新設され、また両院それぞれに「行政監視」の名を冠した常任委員会が設けられる等、設備や組織の面での改革が進められている。しかし、国会の中心的な業務である議案審議の充実のための改善策は、余り表に現われて来ない。国民が国会に求めているのは、各議院が持てる権能を十二分に活用して、立法府にふさわしい白熱した政策論議を重ねてくれることである。そうした声に応える意味からも、立法期の存在が確認された今、会期不継続の原則を見直して、議案の自動継続を含めた審議の連続性の実現に向けた改革が検討されてよいのではなかろうか。

(1)　参議院先例録(昭和六三年版)一三九頁
(2)　水木惣太郎『議会制度論』三八五頁
(3)　『日本立法資料全集3議院法』四四三頁、四四五頁
(4)　議会制度百年史・議会制度編二八八〜九頁
(5)　衆議院先例彙纂(昭和一二年七月改訂)一頁、貴族院先例録(第一回議会〜第六五回議会)一五〜六頁
(6)　上杉慎吉『新稿憲法述義』四一九〜二〇頁

(7) 前掲・議会制度百年史三二九頁

(8) 田口弼一『委員会制度の研究』五一七頁、五二三頁

(9) 第五二回議会貴族院議事速記録七号(昭二、一、二六)三九～四二頁

(10) 第六七回議会貴族院議院法中改正法律案特別委員会議事速記録一号(昭一〇、三、一九)一〇頁。

(11) 制定当初の国会法六八条には、後会継続についての但書規定が欠けていたが、これは第二回国会における改正で追加された。

(12) 西沢哲四郎『国会法立案過程におけるＧＨＱとの関係』(憲法調査会事務局)六頁

(13) 長谷川喜博「衆議院の解散と参議院の継続審査」(ジュリスト一五四号)四一頁

(14) 当時の経緯については、鈴木隆夫『国会運営の理論』四三〇～四頁に詳細な記述がある。

(15) 衆議院の解散又は任期満了による閉会中に、参議院が同院限りで処理する案件につき閉会中審査を行うことに関して、衆議院では、「国会の一院たる衆議院がその存在を失えば、国会の一切の機能は停止されるものであり、この場合には憲法の例外として規定した参議院の緊急集会のみが許されるのであって、国会法第四七条第二項による閉会中審査をなすことは許されない」(鈴木隆夫・前掲四二九～四三〇頁)との見解を、その後も維持していた。しかしこの主張は、昭和三三年の国会法改正によって、懲罰事犯についても継続措置が認められるようになったことから、法的に否定されたと見ることができよう。懲罰事犯を継続審査に付し得るか否かについては、初期の国会で議論があり、一時、閉会中審査に付して後会に継続することができるのは議案のみとする法的措置がとられたが、それでは会期末に生じた懲罰事犯に対処する方法がないとの理由から、右の改正が行われた。その際これに併せて、国会法一二一条の二の規定が新設され、前の会期の終了日又はその前日に生じた事犯については、次の会期の冒頭で懲罰の対象に取り上げることができることとし、但し、この処置は「衆議院にあっては衆議院議員の総選挙の後最初に召集される国会において、参議院にあっては参議院議員の通常選挙の後最初に召集される国会において」は適用しないことが定められた。これらの規定から、次のような

事例が想定できる。衆議院の解散又は任期満了の直前の国会で参議院に懲罰事犯が生じた場合、参議院ではこれを閉会中審査に付して、総選挙後の特別(臨時)国会に継続させることが法的に可能である。又、その事犯が会期の終了日か又はその前日のものであれば、特別(臨時)国会の冒頭で参議院はこれを懲罰の対象に取り上げることが許される。つまり、このような事例においては、衆議院が存在するか否かは、参議院の活動に何らの影響を与え得ないわけである。衆議院はこうした法改正を認めたことによって、前記のような見解を放棄したことになろう。

(16)　黒田覚『国会法』一〇六頁、水木惣太郎・前掲三八七頁、長谷川喜博・前掲四〇～一頁

(17)　前掲・参議院先例録一三九頁

(18)　拙稿「会期不継続の原則についての一考察」(ジュリスト一〇〇三号)一〇一～二頁を参照されたい〔本書第一章〕。

(19)　前掲・議会制度百年史二六〇頁

(20)　宮沢俊義著・芦部信喜補訂『全訂日本国憲法』三六八～九頁

(21)　前掲・参議院先例録一三八頁

(22)　宮沢俊義・前掲三六八頁

(23)　佐藤功『憲法(下)』六七〇頁

三　国会閉会中の委員会活動について

——常置委員会構想の挫折と現行制度との関係

一　はじめに

現行の国会法では、会期終了後の閉会中の委員会活動と、そこで審査の対象とされた案件のその後の取扱いについて、次のように規定している。

第四七条　常任委員会及び特別委員会は、会期中に限り、付託された案件を審査する。

常任委員会及び特別委員会は、各議院の議決で特に付託された案件（懲罰事犯の件を含む。）については、閉会中もなお、これを審査することができる。

（三、四項略）

第六八条　会期中に議決に至らなかった案件は、後会に継続しない。但し、第四七条第二項の規定により閉会中審査した議案及び懲罰事犯の件は、後会に継続する。

これらの規定に基づいて、衆参両議院は個別に閉会中審査（この場合の「審査」には、調査も含まれる[1]）を行うが、その取扱いには両院間で若干の相違がある。衆議院では、基本的に閉会中審査を、会期中の活動とは性格の異なる特別の審査型態と考えており[2]、そこに付託される案件は、会期中に委員会が審査又は調査の対象としたものに限定されないとしている。衆議院でも、通常は各委員会からの申出に基づいて閉会中審査の付託は行われる。しかしそれ以外にも、会期中に未付託の状態にあった議案や、委員会が議長の承認を得て実施しようとしなかった国政調査事件についても、議院の意思で閉会中審査に付することができることとしている[3]。その場合、付託される委員会にとっては、会期中における審査又は調査の継続ではなく、新たな案件への対応になる。つまり、衆議院では閉会中審査が、必ずしも継続審査（又は継続調査）を意味するとは限らない。更に、右の六八条但書の規定によって議案又は懲罰事犯の件が後会に継続する際、当該案件は閉会期間の終了と共に、一旦議長の手もとに還付されるものと解されており[4]、そのため次の会期では、改めて所管の委員会に付託し直す手続を必要としている。

これに対して参議院では、参議院規則五三条に「委員会が、閉会中もなお特定の案件の審査又は調査を継続しようとするときは、理由を付して文書で議長に要求しなければならない。前項の要求があったときは、議長は、これを議院に諮らなければならない」と規定し、これを委員会が閉会中審査を行う場合の唯一の要件としている。従って、委員会からの継続要求に基づいてのみ行われる閉会中審査は、そのすべてが継続審査又は継続調査であり、閉会中審査と継続審査とは用語としていわば同義語に近い。同時に、参議院では衆議院と違って、会期中の委員会活動と閉会中のそれとの間に、本質的な差異を認めていない。閉会中審査の付託がなされた場合、その案件に関する限り委員会の活動は会期中から閉会中へと連続するものとされ、案件が後会に継続した際は、審査内容も手続の効力も、そのまま次の会期に引き継がれると解されている。従って衆議院のように、次の会期で改めて付託手続がとられることはない[5](特別委員会は会期毎に設置されるので、その場合は改めて付託し直される)。

このように、衆参両院では等しく国会法四七条及び六八条の規定に基づいて閉会中審査を行いながら、用語の解釈が微妙に異なり、また、適用対象の範囲についても異なった解釈に立って運営を行っている。本来、国会法は、両院に共通する事項のうち主要な点については、それぞれの議院規則に任せず、法定しておく方が適当と考えられて制定されたものであり、従って同法に規定されている条文の解釈・運用は、原則的には両院間で一致していなければならないはずであるが、右のような相違点は、どちらかといえば各議院の自律権の範囲内の事柄ともいえ、両院関係に特に支障を来たすものでもないので、これまで殆ど重視されることなく見過されて来た。

しかし、こうした両院間の解釈の相違がどうして生じたのか、その原因を探ってみると、そこには興味深い事実が浮かび上って来る。それは一言でいうと、戦後の新国会発足の際に、衆参両院が閉会中の委員会活動について、それぞれに思い描いていたイメージが異なっていたということに帰するのであるが、更に時期を遡るとその背景には、旧憲法下の帝国議会の末期に、当時の衆議院が執拗に実現を図って果たせなかった常置委員会制度との関連がある。今、改めてそれらの経緯を振り返ってみると、既に半世紀以上の歳月を隔てているものの、そこには、現在の国会の活動を考える上でも参考とするに足る、いくつかの問題点があるように思われる。以下にその概要を述べてみたい。

二　帝国議会における継続審査についての認識

最初に、旧帝国議会時代の貴衆両議院では、閉会中の各議院の活動について、どのように認識していたかを瞥見しておきたい。

周知のようにわが国の議会では、旧憲法以来会期制度を採用しており、議会活動は原則として会期内に限るとされて来たが、旧議院法にはその例外として、次のような規定が設けられていた。

第二五条　各議院ハ政府ノ要求ニ依リ又ハ其ノ同意ヲ経テ議会閉会ノ間委員ヲシテ議案ノ審査ヲ継続セシムルコトヲ得

第三五条　帝国議会閉会ノ場合ニ於テ議案建議請願ノ議決ニ至ラサルモノハ後会ニ継続セス但シ第二十五条ノ場合ニ於テハ此ノ限ニ在ラス

(右の二五条に「議会閉会ノ間委員ヲシテ議案ノ審査ヲ継続セシム」とあるように、旧議院法では条文上でも閉会中の審査が直ちに継続審査を意味していた。この点で、前記のような参議院の解釈は、当時の考え方を殆どそのまま踏襲したものといえる。反対に、今日の衆議院がこれと異なる見解に立っているのは、後述のように、議院法時代の考え方を意識的に転換したためである)。

これらの規定によって、旧議会においても制度としては閉会中の委員会活動が認められていたのであるが、実際には五六年間に及ぶ帝国議会の期間中に、継続審査は両院を通じて一度も実施されたことがなかった。それは、右の二五条に基づく政府からの要求が全く行われなかったことと、議院側の審査継続の提議に対して、政府が常に同意を与えなかったためである。

しかし、制度が存在する以上、それが実施された場合に備えて、貴族院では第五二回議会(昭和二年)に「閉会中議案審査ノ継続ニ関スル規則」(以下「継続審査規則」という)を制定した(6)。衆議院でも同じ時期に同様の規則を立案したものの、議決には至らずに終っているが、実施された場合の具体的な手続等に関しては、理論面を含めて、かなりの検討が進められていた(7)。それらの資料を通覧すると、旧議会における閉会中の委員会活動についての認識は、今日の衆参両院が実際に行っているそれとは、次のような点で大きく異なっていた。

第一に、右の二五条の規定により、継続審査の対象は議案に限られていたが、この場合の議案とは法律案、憲法改正案及び貴族院令改正案(貴族院のみ)の三種であり、これらはすべて特別委員会に付託されるものであったから、継続審査を行うのは特別委員会のみと考えられていた。更に貴族院の継続審査規則四条には、「議院ハ審査ヲ継続スヘキ委員ヲ改選シ又ハ其ノ数ヲ増減スルコトヲ得」と規定されていたので、会期中にその議案の審査に当った委員が、そのまま閉会中も審査に携わるとは限らなかった。継続審査の付託に際して、委員の全員が入れ替えられることもあり得たわけである。

第二に、継続審査は会期切れによる審議日数の不足を補うため、特に閉会後も議案の審査を続行させようというものであり、政府がそれを要求する場合は、当該議案の重要性とともに緊急性についても考慮されているはずであるから、付託を受けた特別委員会は可能な限り審査を急ぎ、閉会中に結論を出して、次の会期の冒頭には本会議に報告するのが当然と考えられていた。今日の国会では、議案を閉会中審査に付することは、単にそれを次の会期に継続させるためであり、閉会中に実質的な議案審査を行うことは極めて稀であるが、旧議会ではむしろ早急に審査を終了させるのが、付託された委員会の義務と解されていたのである。貴族院の継続審査規則九条には「閉会中委員会議案ノ審査ヲ終ラサルトキハ其ノ委員ハ次ノ議会ノ開会ト同時ニ解任セラレタルモノトス」と規定してあったが、この規定の意味は、閉会中に審査を完了しなかったような委員は、次の会期に存続させても無益であるから、交替させるべきだとの趣旨であった(8)。

第三に、右の貴族院の継続審査規則九条の規定の反対解釈として、閉会中に議案の審査を終了した場合は委員の解任がないわけであるから、特別委員会は次の会期に入っても消滅せず、本会議において当該議案が議決されるまでは存続するものと考えられていた。これは現在の取扱いと比較して、非常に異なる点である。昭和二年当時の衆議院が草案として用意していた継続審査規則の九条には、「閉会中委員会ノ審査終ラサルトキハ委員長ハ次ノ会期ニ於テ其ノ経過ヲ報告スヘシ」とあり、閉会中に審査を終了した場合はもとより、終らなかった場合にも、貴族院とは違って委員の在任を認め、特別委員長の経過報告を義務付けることにしていた。現在の国会では、衆参両院ともに会期不継続の原則を重視して、特別委員会の設置議決の効力はその会期中に限られるとし、閉会中審査の付託を受けた場合でも次の国会の召集日の前日で特別委員会は消滅し、議案は後会に継続しても特別委員会は存続しないものと解している。参議院ではこの見解に基づいて、閉会中に特別委員会が議案の審査を終了した場合、次の会期でそれを議院に報告するのは「元委員長」であることを、同院規則百四条二項に明記してもいる。この点で会期不継続の原則は、旧議会でよりも現在の国会において、却って厳しく適用されているということができる。

以上のように、帝国議会時代の貴衆両院では、議会閉会中の継続審査に関して、それを行うのは特別委員会であり、そこでは積極的に議案の審査を急いで閉会中に結論を出すのが本務であり、その特別委員会は、次の会期で議院が継続議案を議決するまでは存続するものと認識されていた。但し、前記のように継続審査が行われたことは一回もなく、従って確立された先例がないので、ここでは文献上に残された解釈を摘記するにとどめるしかないが、右の最後の点の、特別委員会の後会存続の認識がなぜ現行制度に継承されなかったのかは、探究を要する問題であろう(9)。

三　常置委員会制度創設の動き

旧議院法二五条の規定は、一見、貴衆両議院に継続審査を行う権限を認めたものではあったが、その本旨は、政府が議案について継続審査を必要とした場合には、議院が必ずそれに応ずることを義務付けた点にあり、反対に議院側が実施しようとするときは政府はこれを拒否できることになっており、権力の均衡を著しく欠いたものであった。この点は、帝国議会発足当初から問題視され、衆議院では早くも第一回議会に、各議院の議決のみで継続審査が可能となるように、この二五条を改める内容を含む議院法改正案が発議されている。そしてこの改正案は、その後も第一〇回議会まで、毎年のように繰り返し提出された。

しかし明治憲法体制は、最初から議会の権限を極力抑制する意図を以て整備されており、特に帝国議会の活動期間については、議会側に自律権を一切認めず、終始政府のコントロールの下に置くものとしていた。従って、各議院が閉会中に自主的に議案審査を行うのを可能とするような改正は、制度の根幹に触れるとして、これに反対する意見も強かった(第八回及び第一〇回議会でこの改正案は衆議院を通過したが、いずれも貴族院で否決された)。

旧議会の常会の会期は、憲法四二条に三箇月と明記され、その上、勅令によって決せられることになっていた会期の延長や臨時会の召集等も、その日数は最少限度にとどめられていたから、旧議会の活動期間は極端に短かかった。試みに前後五六年余にわたる帝国議会の全会期の実数を総計すると、四八一九日間であり、これから算出される一年間の平均開会日数は、僅か八六日間に過ぎなかった(憲法に定められていた三箇月にも達していないのは、衆議院が会期中に解散されたためである)。残りの九ヶ月余は、議会活動が一切許されず、両議院は全くの休止状態に置かれていたのである。

こうした実情は、国民の意思を国政に反映すべく選挙によって選出されている衆議院議員にとって、甚だ不本意なものであったことは想像に難くない。そこで長期にわたる閉会の期間中に、継続議案の審査に加えて、「議会ノ職務権限ニ関スル事項」すなわち次の議会のための準備・研究や、更には政府の予算執行状況の調査等、今日の国政調査に類する行為を、議院独自の判断で行えるように、制度を改めようとする動きが出て来た。明治憲法には、現行憲法六二条のような両議院に国政調査権を認める規定は設けられていなかったが、基本的に議会が行政監督の権限を持つということは、制度本来の機能として当初から認められていた。この機能を閉会中に発揮して、活動期間の幅を実質的に拡げようとしたわけで、こうした意見は第四九回議会(大正一三年)及び第五二回議会(昭和二年)に議院法改正案として提起されたが、いずれも衆議院を通過するまでには到らなかった。

大正時代の中頃から昭和時代初期にかけて、わが国でも政党組織が次第に整備されて来るにつれ、議会(衆議院)で多数を占める政党の総裁が内閣を組織するいわゆる政党内閣が、原敬内閣以後、護憲三派内閣(加藤高明内閣)から犬養毅内閣まで続いた。昭和期に入って経済恐慌等による社会不安を契機に、軍部の台頭が目立つようになり、昭和六年には満州事変が勃発し、翌七年には海軍将校らが犬養首相を殺害するいわゆる五・一五事件が発生した。

この時期、議会では政友・民政両党間の政権抗争が激化し、特に第五六回議会(昭和四年)と第五九回議会(昭和六年)には、衆議院で大乱闘が繰り返され、国民の間に議会不信、政党不信の声が拡まっていた。そこに発生した五・一五事件は、組織的なテロ集団が国政の中心である首相官邸を襲ったことで社会を震撼させただけでなく、犬養の後継者として政友会総裁に就任した鈴木喜三郎に組閣の大命が下らず、政党内閣に終止符が打たれたことによって、政界に大衝撃を与えた。事態を憂慮した政党幹部や長老政治家たちは、これを議会政治の重大危機ととらえ、緊急に自浄能力と政権担当能力を示すことで、議会の威信を回復しなければならないと考えた。

事件直後の昭和七年六月、当時の衆議院議長秋田清の提唱で、衆議院内に議会振粛各派委員会が設けられ、帝国議会の組織運営の各般にわたる改善策が協議された。この委員会は、早くも翌月の七月一五日に、議会振粛要綱を取りまとめて発表している(10)。その内容には、議長・副議長の権限の強化や、立法府予算の大蔵省所管からの独立などが盛り込まれているが、その中で衆議院が最重要課題としたのが、常置委員会制度の創設であった。

常置委員会とは、今日では全く耳慣れない名称になっているが、これは、議会が活動できない期間中にその権限の一部を代行させるものとして、第一次世界大戦後のドイツにおいて創出された制度である。大戦に敗れて帝制を廃止したドイツが、民主体制を強化する意図の下に、議会の休止期間中（通常の閉会中に限らず、任期満了又は解散中の場合も含む）にも、議会内にあってその権利を擁護し、行政府の活動を監視するための常設機関として新設したもので、その規定がワイマール憲法に設けられたことから、わが国でも知られるようになった。この制度は第二次大戦後の東・西ドイツ議会においても継承され、他にも形態に若干の差異を持ちながら、現在、主に中南米諸国の議会で採用されている[11]。

議会振粛各派委員会では、このドイツの制度を参考にして、従来からの継続委員制を廃止して、これに代りわが国でも常置委員会制を導入し、前記のような長期に及ぶ閉会期間中にもこれが活動することで、議会の存在感を高め、国民からの信頼回復に結びつけたいとしたのである。その際、衆議院では要綱の作成に続いて、関連する法規（議院法、衆議院規則）の改正についても具体的な案文を起草し、要綱の印刷物に併載してこれを公表した。その案によると、常置委員は毎年の常会の終りに選出され、次の常会で改選されるまで在任すること、常置委員の数は衆議院では七二人とすること、常置委員会は毎週一回開会するほか、委員長が必要と認めたときは随時開会できること等が規定されている。委員数七二名とは大委員会であるが、これは、外交、法律、財政等の数部に分けて、分科会的な運営を行うことを想定していたためである。とりわけ注目すべき点は、この常置委員会の職務権限である。

議会振粛要綱に基づく議院法の改正項目は三〇数ヶ条に及ぶが、その中で、各議院の委員は全院委員、常任委員、特別委員及び常置委員の四種類とする（二〇条）ことに改めるのに続き、次のような規定を設けることにしていた。

第二〇条ノ三　常置委員ハ左ノ事件ヲ審査スル為議院ニ於テ選挙シ次ノ常会ニ於テ改選セラル、マテ其ノ任ニ在ルモノトス

一　議院ニ於テ閉会後引続キ審査ヲ要スト議決シタル議案

二　閉会中政府ヨリ審査ヲ要求シタル議案

常置委員会ハ審査スヘキ議案ノ有無ニ拘ラス政府ニ出席ヲ求メ其ノ所管ニ属スル事件ニ付説明ヲ求メ又ハ質問ヲ為スコトヲ得

右の条文の第一項は、議院独自の意思で議案の継続審査を可能にすることを主眼としたもので、特に目新しいものではない。瞠目すべきは、第二項である。ここでは「審査スヘキ議案ノ有無ニ拘ラス」つまり、第一項による継続審査の付託議決又は政府からの要求がない場合でも、自主的に委員会を開き政府側を出席させて質問できることとしている。一旦常置委員会が構成されれば、そこでは閉会中と雖も国政万般について所管の閣僚や政府委員を呼んで、随時質問が出来ることになるわけである。これは当時の各議院の委員会が、会期中に活動する際にも与えられていなかった権限である。

帝国議会当時の運営は、両院ともに本会議中心に行われており、委員会は付託された案件の審査のみを行うものとされていたから、国政一般についての質問は本会議で行われ、例外として予算委員会では総括的な質疑が認められていたものの、他の委員会では付託議案に直接関係する問題以外は採り上げられなかった。更に言えば、右のような権限は、会期外の活動としては現在の衆参両議院の委員会でさえも獲得していないものである。冒頭に掲げたように、現在の国会法四七条二項では、委員会は各議院の議決で特に付託された案件についてのみ、閉会中も審査できることになっており、その付託議決がなかった場合には、閉会中の活動は許されないのが原則である。実際上も、前の国会の末期に議事が紛糾して閉会中審査の付託がなされず、各議院とも次の会期まで正規の委員会活動が行えなかった事例もある。そうしたことを考え合わせると、このときの衆議院の構想がいかに画期的なものであったかが理解できよう。

第六四回議会の昭和八年二月一七日、衆議院ではこれらの条項を含む議院法中改正法律案が超党派の議員によって発議され、翌日の本会議において全会一致で可決され、貴族院に送られた（改正案の第二〇条ノ三は、大意は変らないが字句の一部が変更されていた(12)）。貴族院ではこれを特別委員会に付託し、四回にわたって討議したが、審査未了とした。貴族院における論議も、当然、常置委員会の問題に集中した。当時の法規では、各院の議員はそれぞれ他院に出向いて発言することが許されなかったから、衆議院提出の法律案についても、貴族院で説明し質疑に答えたのは国務大臣や政府委員であり、彼らはもとよりこうした常置委員会が設けられることを望まなかったので、この制度は会期制を定めた憲法に違反する疑いがあるとして、反対意見を述べた。

衆議院では事前に、非公式に貴族院との間で協議の場を設けており、貴族院も衆議院がこの法案を全会一致で可決した事情を無視するわけには行かなかった。しかし本来、貴族院は衆議院と共に二院制議会を構成していながら、特権階層の保守的立場を代弁して、衆議院の進歩的決定を抑止するための機関であることを自任していたから、政府が成立を望まない法案を、容易に通過させることはなかった。

だが、衆議院も簡単には諦めなかった。次の常会の第六五回議会の昭和九年三月二〇日、衆議院は全く同一の議院法改正案を、前回同様第一読会で即日全会一致で可決し、貴族院に送付した。そして、この法案も握りつぶされると、更に翌年、第六七回議会の昭和一〇年三月六日、同一の改正案を三たび全会一致で可決して貴族院に送り、成立を迫った。しかし依然として貴族院の牙城は固く、これも阻止されてしまった。

当時、貴族院で交された常置委員会違憲論に対して、衆議院では次のように主張していた。憲法が会期制を採用している以上、議会活動が原則として会期内に限られるのは当然であるが、閉会中の常置委員会の活動は、法律上は議会活動の単なる予備的乃至準備的行動に過ぎない。従ってこれは帝国議会の会期を三箇月と定めた憲法四二条や、憲法七条に定める天皇の召集大権を侵犯するものではない。既に議院法二五条は、そうした予備的乃至準備的行動を行うものとして継続委員の存在を認めている。常置委員会は継続委員会よりも広い権限を持ち、また政府の同意を必要としない等の相違点こそあるものの、本質的な差異はないと考えられる以上、継続委員が許され、常置委員は不可というのは論理的に矛盾する。従って常置委員会は、憲法に違反しない[13]。

これに対し政府側は、貴族院の委員会において、議会の活動期間である会期が憲法の規定によるか又は勅命によって決められるものである以上、議院の決定のみで閉会中の活動が可能となるのは、わが国の会期制度に違反し、違憲の疑いがあると繰り返し述べている。しかし、議院法二五条の継続委員との同質性を指摘されると、充分に説得力のある答弁が続けられず[14]、反対説の根拠は、専ら常置委員会が出来ると行政の効率性が妨げられるという点が強調され、結局、政府においても更に研究するということで、第六七回議会の審査も打ち切られた。

以上のように、衆議院は五・一五事件直後に作成した議院法改正案を、昭和八年、九年、一〇年と三年にわたり、常会の度にこれを全会一致で可決して貴族院に送り、執拗に成立を図った。この事実から、当時の政党と衆議院が、この制度の創設にどれほど熱意を傾け、そこに議会再生の願望を賭けていたかを感得することが出来る。衆議院は何としてでも閉会中の活動の場を確保し、行政監督の権限を拡大したかったのである。

しかし、昭和一〇年末に召集された第六八回議会で衆議院は解散され、翌一一年二月二〇日に実施された総選挙の僅か六日後に、二・二六事件が勃発して時代は急変する。以後、国政は軍部の動向に引きずられる形で進行し、議会の権限擁護の声は無視され、わが国はあたかもブレーキを失った車のように、戦争への急坂を駆け下りて行く。

このようにして、戦前の常置委員会構想は一旦は潰えたが(15)、敗戦後の占領下で、衆議院はその実現に再度挑戦することになる。

四　GHQの常置委員会制拒否と新国会法の規定

昭和二〇年八月、わが国はポツダム宣言を受諾して戦争を終結させた。この宣言には、敗戦後の日本の非武装化のほかに、民主主義的傾向の復活強化や、基本的人権尊重の確立等が謳われていたので、明治憲法体制は何らかの形での変革が不可避と考えられた。内閣法制局では、入江俊郎参事官を中心に、終戦直後の九月早々から憲法改正に備えての研究に入った。そこで検討された項目の中には、帝国議会の通常会の期間延長とともに、「常置委員会ノ問題」

が早くも取り上げられている(16)。

その後、一〇月九日に成立した幣原内閣に対し、マッカーサーが憲法改正の必要性を示唆したことから、政府部内に限らず民間各界においても、改憲に向けた動きが急速に活発化した。この時期、民主主義の復活・強化といえば、何よりも議会の権限の拡大であり、具体的には政府の議会に対する干渉の排除と、議会活動の長期化等が考えられたから、各界の憲法改正案は挙ってそのための規定を掲げた。とりわけ閉会中の機能整備は重視され、幣原内閣の憲法問題調査委員会における試案、いわゆる松本私案をはじめ、この時期に公表された政党や法曹団体による改正案のいくつかが、常置委員会制の導入を挙げている。その中には日本進歩党の案のように、ドイツ議会に倣って、衆議院の解散又は任期満了の場合にも、この機関に議会の権限を代行させようとするものもあった。僅か一〇年前には、貴族院で弊履の如く見捨てられた常置委員会制に、改めて時代の脚光が当てられた観がある。

幣原内閣に代る吉田内閣によって、政府の憲法改正案は昭和二一年六月二〇日、第九〇回議会に提出され、その中で新しい議会制度の基本型態が明らかにされた。これを受けて衆議院では議院法規調査委員会を設けて、同年七月から議院法に代る新たな国会法案の起草に取りかかった。上述のように各種の憲法改正案が常置委員会制の採用を認めていたことに力を得て、衆議院では多年の懸案であったこの制度を今こそ実現すべきものと考え、草案の中に次のような規定を挿入した(17)。

第三九条　各議院の委員は、常任委員、特別委員及び常置委員とする。
第四二条　常置委員は、閉会中法律執行の成績を調査し及び左の事件を審査するため、議院において選挙し、次の常会において改選されるまでその任にあるものとする。
一　議院において、閉会中引続き審査を要するものと議決した事件
二　閉会中内閣から審査を求められた事件

右の案では、衆議院の解散又は任期満了による閉会期間については除外し、通常の閉会中の活動について規定するにとどめているが、これは既に政府から提出されていた憲法改正案の中に、衆議院解散中の参議院の緊急集会の規定が設けられていたことを反映したものである。「法律執行の成績調査」とはいうまでもなく国政調査であり、条文中に「議案」の文字を用いず、審査の対象を「事件」としていることからも、常置委員会の主たる権能を国政調査に置いていたことが看取できる。

占領下の立法作業は、すべて連合国軍総司令部（GHQ）の承認を必要としたので、衆議院では一〇月末までに作成した国会法草案をGHQに送り、一一月初めから具体的な折衝に入った。当時の事情については、起草段階からGHQとの交渉を経て案文決定に至る全過程に携わった西沢哲四郎氏（当時衆議院書記官・議事課長）が、後に占領体制研究会で口述し、ま

た、内閣に設けられた憲法調査会でも陳述しているので、その詳細を辿ることができる。

GHQ側で国会関係法規を担当したのは、民政局国会課のジャスティン・ウィリアムズほか数名のスタッフであり、西沢氏の交渉相手は専らウィリアムズであった。GHQ側は第一次草案を検討した後、新国会はアメリカ連邦議会のような常任委員会中心の制度に改めることをはじめ、数点のサジェスチョンを行ったが、常置委員会については何ら反応するところがなかった。ところが第二次草案に対する指示の際に、突如ウィリアムズは、常置委員会は認められない、委員会は常任委員会と特別委員会の二種とし、これらの活動は開会中に限るものとする規定を設けるよう、強く主張した。これには、衆議院側は「非常なショックを受けた」と西沢氏は繰り返し述べている。

いわゆるマッカーサー草案の提示以来、GHQの政策はわが国の議会の権限拡大に積極的であり、時にその具体策は当方の予想を大きく上廻るものがあったので、衆議院では閉会中の活動についても当然GHQ側は理解を示すものと確信していた。それが裏切られて、衆議院の関係者は狼狽した。様々な手段を尽して再考を求めたが受け容れられず、やむなく衆議院では草案から常置委員会の事項を削り、ウィリアムズの指示に基づいて「常任委員会及び特別委員会は、会期中に限り付託された事件を審査する」との条文を挿入した第三次草案をGHQに提出する。すると、先方は一転して態度を和らげ、常任委員会及び特別委員会は特に議院で認めた場合には閉会中に活動してもよいという風に、前回の指示を変更して来た。これを見て西沢氏らは愁眉を開き、新たに認められた閉会中の審査活動によって、常置委員会的機能を代行させることが出来るのではないかと希望をつなぐことになる。

右のような経緯を辿って、現行の国会法四七条一項及び二項の規定が整備されるわけであるが、ではなぜ、GHQは常置委員会制の導入に反対したのか。西沢氏によると、交渉の過程でウィリアムズはその理由として、「国会が閉会中も活動すると、ガバメントが二つ出来ることになるので、それを怖れるのだ」ということを、重ね重ね述べていたという。「ガバメントが二つ出来る」とは、いうまでもなく、政府と国会が常時競合すれば、行政が混乱するという意味であろう。しかし、このウィリアムズの言は、額面通りには受け取れない。GHQでは憲法草案の中で、国会を国権の最高機関と位置付けており、それまでの衆議院との協議の中でも、一貫して政府に対して議会が優位を占めるように改善を勧告して来たのであるから、あたかも旧憲法下の政府と同様に、閉会中の国会の活動が行政の執行に障害を与えるというような理由を強調したというのは、腑に落ちない。

西沢氏はGHQの真意を、結局のところ「アメリカ式のスタンディング・コミティに来るために一段、二段と作戦を顧慮して来たのではないか」、つまり、米国流の常任委員会制度に落ち着かせるための駆け引きであったと推測している[18]。そうした側面があったかも知れないが、筆者はGHQが常置委員会に強く反対したのは、それがほかならぬドイツの制度であったからではないかと推察する。ワイマール憲法は、制定直後から、「二十世紀における優れて民主主義的な憲法」という国際的評価を受けていたが、その憲法の下でヒトラーのナチス政権は合法的に誕生した。その後ヒトラーは、いわゆる授権法によってワイマール体制を事実上崩壊させており、こうした経緯から戦勝国側では、この時期、ワイマール憲法を過去の空想的産物としてしか見ていなかったのではないか。更には、敗戦国の日本が制度改革の一部に、同じく敗戦国であり旧同盟国でもあったドイツの制度を採用しようとしていることに、GHQは不快感を抱いたのではなかろうか。彼らはそこに旧枢軸体制の残影を見て、警戒意識を働かせていたのかも知れない。ウィリアムズは、そのような疑念を日本側に率直に伝えるのが憚られて、「政府が二つ出来るのはよくない」というような、言いふるされた理由を述べたのではないかと、筆者は考える。

ともかくもこのようにして、新国会における各議院の閉会中の活動の根拠が定められたわけであるが、以上に述べたような曲折を抜きにしてこれを見た場合、新規定は審査の対象に国政調査事件をも含ませたものの、手続的には旧議院法二五条の規定から政府の干渉を排除して、議院独自の判断でそれを可能にしたものに過ぎないと言える。制度的には、旧議会のものが一部手直しされて、新国会に継承されたと見なすのが自然に思える。しかし当時の衆議院の関係者は、そのようには認識しなかった。衆議院が求めていたのは飽くまでも常置委員会であり、それを構想する間に、議院法二五条の継続審査制は廃棄すべきものとの固定観念が生まれていた。実際に「議会振粛要綱」においても、また、議院法規調査委員会がまとめた「新憲法ニ基キ国会法ニ規定スル事項」においても、常置委員会を設置する代りに「継続委員制度ハ廃止スル」旨を明記しており、これらにより、国会法案の立案過程で、従来の継続審査制は既に衆議院の関係者の念頭からは消えていた。前記のように議院法二五条は、政府側の意思によって一度も適用されたことがなく、事実上死文化していた条文であり、それはいわば旧憲法下における政府の議会支配を象徴する規定であった。その制度の復活・継承は、当時の衆議院にあってはもはや論外であったといえよう。そこで衆議院では、新たに認められた閉会中審査に、旧来の継続審査とは違った概念を与えることになる。すなわち、新規定四七条二項に「閉会中もなお」とあるのは、同条一項の「会期中に限り」と規定されていることの例外として、閉会中もなお審査し得ることを定めたものであり、「閉会中も引き続き」の趣旨ではないという解釈に立って⒆、そこでは主に国政調査を行うものとして、関連の規定を整備して行く。当初の国会法四七条及び六八条には、議院法二五条及び三五条にはあった「議案」の文字がなく、更に六八条は「会期中に議決に至らなかった事件は、後会に継続しない」とあるのみで、但書部分を欠いていた（但書は第二回国会における改正で追加された）。これでは議案を閉会中審査に付しても、その議案は次の会期に継続しないわけであるから、後会における継続審査自体が存在しないことになる。西沢氏は後にこの点について事務局のミスで見落していたと述べているが(20)、第九一回議会における国会法案審議の際に、大池眞書記官長は「かかるものは次の会期に継続せしめてもよくはないかとの議論もありましたが、……次の会期に改めて提出の手続をとっても、それほど面倒はないと考えられます」と説明しており(21)、但書部分の欠落は自覚されていた。つまり、このとき衆議院では、閉会中審査の対象として議案は重視せず、そこでは専ら行政監督のための国政調査を行うものと想定していたのである。

しかし、こうした衆議院側の考えが、当時の貴族院には全く伝わらなかった。貴族院は既に議院自体の廃止が確定的となっており、国会法案作成段階でのＧＨＱとの折衝にも殆ど関与しておらず、その間、衆議院側からは断片的な連絡や説明を受けるにとどまっていた。前にも述べたように、旧議会時代の両院関係では、一院の議員が他院に出向いて発言することは許されなかったから、国会法案の審議においても、右のような条文解釈の機微が貴族院に伝わらなかったのは、やむを得ないものがあったともいえる。それでも、貴族院の国会法案特別委員会では、衆議院書記官長の経歴を持つ中村藤兵衛委員が、四七条二項について「これは現在の継続委員というものと性質が違うのか、同じなのか」と質問しており、これに対し植原悦二郎国務大臣が「少し性質が違うと思う」と答弁している[22]。結局、貴族院では、従来の制度と大差なく、閉会中審査の重点は議案審査に置かれるものと認識し、これがそのまま新生の参議院に引き継がれた。

現在、国会法四七条四項では「第二項の規定により閉会中もなお審査することに決したときは、その院の議長から、その旨を他の議院及び内閣に通知する」と定めているが、この条文は国会発足当初の参議院規則五四条に、「議院の議決により、委員会が閉会中もなお審査又は調査を継続することに決したときは、議長は直ちにこれを衆議院及び内閣に通知する」とあったのを、昭和三〇年の改正の際、国会法に引き上げて規定したものである。衆議院では同様の規定を衆議院規則に設けなかったが、このことも、衆議院が閉会中審査の対象を専ら一院限りの調査活動と考えていたことを示している。参議院が最初から右の規則五四条を必要視したのは、昭和二年制定の貴族院の継続審査規則五条に、「閉会中委員ヲシテ議案ノ審査ヲ継続セシムルコトニ決定シタルトキハ議長ハ之ヲ政府及衆議院ニ通知スヘシ」とあったのに倣い、両院交渉を必要とする議案について継続審査を行うからには、この規定が不可欠と考えたからであろう。

このように、国会発足当時の衆参両院では、閉会中の委員会活動について、一方は主に国政調査を行う特種な審査の場と考え、他方は旧議会同様に議案の継続審査に主眼を置くという風に、互いに異なったイメージを抱いていたのであり、それが両院間の取扱いの相違を生んで、そのまま今日に至ったということができる。

五 国会発足後の展開

新国会が発足して最初の閉会中審査は、第二回国会終了後の閉会中に行われた。その際、衆議院では司法委員会、運輸及び交通委員会、財政及び金融委員会の三常任委員会が、会期中には議長の承認を得て調査しようとしなかった事件について、閉会中審査の申出を行い、その付託を受けている(23)。これは閉会後の期間を、会期中とは違った別種の活動期間として、それぞれの委員会が認識していたことの現れと見てよいのではなかろうか。

しかしその後、回を重ねる毎に、閉会中の国政調査は、国会法制定時に衆議院の関係者が意気込んで期待したようなものではなくなって行く。最初の閉会中審査の付託の際、衆議院では「列車内の治安維持対策の件」とか「関門国道隧道工事調査に関する件」といった具体的な事件を調査の対象に挙げていた。しかしこれでは調査活動が余りにも狭い範囲に限定されるので、各委員会では閉会中にも所管事項の全般にわたって対応できるように、会期中の国政調査承認事項に合わせて、包括的な項目を列記して閉会中審査の付託を受けるようになる。これは委員会にとって必要な措置ではあったが、反面、このことにより、閉会期間を利用して会期中には出来なかった特定事件の調査を集中的に行おうとする姿勢は後退する。その他にも、閉会中の国政調査活動が低調化して行った理由として、次の二点が考えられる。

一つは、国会の会期が長期化した結果、相対的に閉会期間が短くなり、旧議会時代とは反対に、閉会後はむしろ活動を休止したいとの気運が広まったことがある。帝国議会時代の会期日数は、前記のように平均して年間八六日間に過ぎなかったが、新憲法によって自律権を拡大した国会は、最初の昭和二二年が合計二六六日間（最後の帝国議会の九〇日間を含む）、次の昭和二三年が二六一日間というように、会期日数を著しく増大させた。それだけ閉会中の活動に向ける意欲が減少したといえる。

二番目には、議院内閣制が採用され、内閣総理大臣は国会議員の中から国会の指名で選ばれることになり、更に国務大臣の過半数が国会議員によって占められることになった結果、政府と与党は一体感を強め、与党議員は政府を擁護する立場から、野党側の閉会中の活動を極力抑制するようになった点が挙げられる。国会法は独立回復後の昭和三〇年に大幅な改正が施されるが、その際、改正案の立案段階で、与党側から四七条二項による閉会中審査の対象は議案に限ることにし、国政調査は除外したいとの提案がなされている[24]。この点は野党側の反対によって実現しなかったが、実際の運営面でも、与党に所属する委員長が、野党委員による閉会中の委員会開会要求に、なかなか応じようとしない事態が起きて来る[25]。新憲法の下で強化されたはずの国政調査権も、与党の同意がなければ行使できないというのは一つの矛盾であり、そうした傾向は「議院内閣制の議会が抱える共通の悩み」[26]といわれているが、それが早い段階から閉会中の国政調査の上に現れ、その機能を薄めて行く。

しかしそれでも、昭和二〇年代には、両院を通じて閉会中審査はかなり頻繁に行われていた。特に第一九回国会(昭和二八年一二月召集)後の閉会中には、会期中の審議が終始混乱したことへの反省もあって、両院を通じて各委員会は精力的に活動した。委員会によっては毎週一回のペースで開会し、閉会中審査の開会数が二〇回を超えたものもいくつかあり、参議院の委員会では、その間に付託議案を議了した例も残している[27]。

その後、昭和三〇年に自民・社会二大政党によるいわゆる五五年体制が成立し、保革対立の時代に入り、特に昭和三五年の第一次安保騒動の前後から、国会運営は次第に変容する[28]。国会は会期末を迎える度に、重要法案の取扱いをめぐって、会期を延長して政府案を成立させようとする与党と、これを廃案に追い込もうとする野党が対決し、その妥協点の一つとして継続審査の道が探られる。このため閉会中審査は、閉会期間を利用して行う委員会活動という本来の趣旨から離れ、専ら議案を次の会期に継続させるための手続と認識され、実質的な議案審査は稀に決算案件が取り上げられる以外、全くといってよいほど行われなくなる。同様に閉会中の国政調査も、台風災害等の被害状況調査や、特に社会の注目を集める時事問題等に関して、例外的に一、二の委員会が開かれるほかは、一般的な問題については概ね次の会期まで見送られる。

こうした状態が両院を通じて定着し、五五年体制が終結して多党化時代を迎えた後も、基本的には変らずに続いている。

六　おわりに

近年、バブル経済の崩壊以来、政府における財政、金融政策の失敗が指摘され、加えて公務員による関連業界との癒着、天下り人事の横行、更には薬害エイズ問題、官官接待等の不祥事件が相次いで表面化し、国民の間から国会の行政監視機能の強化を求める声が高まった。これに応えて第一四一回国会(平成九年)において国会法が改正され、衆議院では決算委員会を改組して決算行政監視委員会とし、参議院でも新たに行政監視委員会を設けて、機能整備を図った。行政監視の機能は、通常の立法のための審査機能のように、会期中に限って発揮されればよいというものではなく、本来、年間を通して適時適切に発動されることが必要であろう。しかし右の委員会は、いずれも国会法四一条に規定された常任委員会であり、従って同法四七条一項により、原則的に「会期中に限り、付託された案件を審査する」機関であって、同条二項に基づく閉会中審査は、飽くまでも例外的に認められる行為である。そうした限られた権限の下で、果たしてどれだけ実効性のある行政監視が可能なのか、今後の両委員会の活動が注目される。

これとは別に、昨年(平成一一年)の第一四五回国会では、国会法が新たに改正され、衆参両院は「日本国憲法について広範かつ総合的な調査を行うため」、個別に憲法調査会を設置することになった。この憲法調査会は、各議院の内部規程において「会期中であると閉会中であるとを問わず、いつでも開会することができる」こととされている[29]。通常の委員会と憲法調査会とでは機関としての性格は異なるが、各議院の中に、開会、閉会の期間を通して活動を継続させることのできる常設の機関が設けられるのは、明治二三年にわが国の議会制度が創設されて以来、初めての出来事である[30]。この憲法調査会の存在が、従来から半ば絶対視されて来た会期制度や会期不継続の原則と、どう整合性が保たれるのか不明な点はあるが、厳格な制約の下で例外的にしか認められて来なかった閉会中の活動に、これは一つの突破口を開くことになるのかも知れない。

前述のように昭和時代の始めに、衆議院では常置委員会制度を導入して、旧憲法下にありながら、議会閉会中に随時自主的に行政監督権を発揮できる体制を作りたいと考えた。その際、常置委員会に与えようとした権限は、今日の国会が両議院の委員会に閉会中審査の権限として与えているものを超えるものがあった。また、敗戦後の新国会発足の際にも、当時の衆議院は同様の機関を設置して、閉会中の活動の権限強化を図ったが、ＧＨＱによって阻まれたことも、既に見て来たとおりである。

これらの過去の歴史と、最近の国会法改正の経緯を考え合わせると、今後の国会における閉会中の委員会活動のあり方については、なお改革の余地があるように思われる。

(1) 佐藤吉弘『注解参議院基則(旧版)』一四二～三頁
(2) 鈴木隆夫『国会運営の理論』四一九～二〇頁、松沢浩一『議会法』四二二～三頁
(3) 鈴木隆夫・前掲書四二八～九頁
(4) 鈴木隆夫・前掲書四四一頁
(5) 松沢浩一・前掲書四二四～五頁
(6) 議会制度百年史・議会制度編三三九頁
(7) 田口弼一『委員会制度の研究』四九八～五二六頁
(8) 田口弼一・前掲書五一八～九頁
(9) この問題については、本文中に詳しく述べる余裕がなかったが、これも、衆議院が継続委員制を廃止して、その職務を常置委員会に包含させようとしたことと関連がある。もしそれが実現していたならば、特別委員会の後会存続は当然あり得ないことになる。
(10) これらの経緯については、大曲薫「昭和初期における議会改革の試み」(レファレンス四七八号所収)、村瀬信一『帝国議会改革論』一二五～三六頁を参照されたい。
(11) 「常置委員会制度に関する各国憲法の立法例」(憲法調査会事務局・昭和三一年三月)参照。な

お、西ドイツ議会では一九七六年に通年会期制を採用したことに伴い、常置委員会は既に廃止している。

(12) 衆議院を通過した議院法中改正法律案では、次のようになっていた。
第二〇条ノ三　常置委員ハ左ノ事件ヲ審査スル為議院ニ於テ選挙シ次ノ常会ニ於テ改選セラル、マテ其ノ任ニ在ルモノトス
一　政府ヨリ閉会後引続キ審査ヲ要求シタル議案
二　議院ニ於テ閉会後引続キ審査ヲ要スト議決シタル議案
三　閉会中政府ヨリ審査ヲ要求シタル事項
常置委員会ハ審査スヘキ事件ノ有無ニ拘ラス政府ニ出席説明ヲ求ムルコトヲ得

(13) 村瀬信一・前掲書一九三頁

(14) 第六七回帝国議会・貴族院議院法中改正法律案特別委員会議事速記録一号八～一二頁

(15) 太平洋戦争の開始直前の昭和一六年五月以降、貴衆両院では閉会中に活動する組織として、それぞれ貴族院調査会、衆議院調査会を設置した。この時の調査会を指して、衆議院が長年にわたって求めて来た閉会中の活動を実現したもので、曲りなりにも常置委員会構想を具体化したものだとして、これを評価する見方がある。しかしこの調査会は、当時の時局に鑑みて、閉会期間を「無為に過ごしては申しわけない」(河野義克「議会よもやま話」週刊時事・昭和六二年連載8)との趣旨で、貴族院が先行して設置し、衆議院がこれに倣ったものであり、いずれも各会派の合意のみで発足させており、法規上の機関ではなかった。当初、衆議院側ではこれに常置委員会的活動を行わせる意図もあったようであるが、法的権限を与えていない以上は、それは無理な期待であった。結果として、戦時下の調査会は、概ね議会召集の直前に政府から提出予定議案についての説明を聴取するために開かれ、それによって会期内の審議時間を実質的に短縮することに役立ち、その他の面では、小グループ毎の勉強会的な運営が行われるにとどまった。従ってこの時の調査会は、議会の行政監督権の強化を目的とした常置委員会とは、

似て非なるものでしかなかったと筆者は考える。

(16) 入江俊郎『憲法成立の経緯と憲法上の諸問題』一一二頁

(17) 最初の国会法案要綱から第一次、第二次草案と進むにつれて、字句に多少の変更がある。これは第二次草案の規定である。

(18) 西沢哲四郎述「国会法立案過程におけるＧＨＱとの関係」（憲法調査会事務局、昭和三四年二月）四四頁

(19) 鈴木隆夫・前掲書四二九頁

(20) 西沢哲四郎・前掲資料三五～六頁

(21) 第九一回帝国議会・衆議院国会法案委員会（速記）（第一回）六頁

(22) 第九一回帝国議会・貴族院国会法案特別委員会議事速記録三号七頁

(23) 鈴木隆夫・前掲書四三〇頁

(24) 第二〇回国会・衆議院議院運営委員会議録五号四頁

(25) 第二六回国会・衆議院議院運営委員会議録四七号一頁

(26) 大山礼子『国会学入門』二〇二頁

(27) 参議院委員会先例録（平成一〇年版）二八〇頁

(28) 「衆議院50年の議事運営と今後の展望」（議会政治研究四一号所収）一～九頁参照。

(29) 衆議院憲法調査会規程九条、参議院憲法調査会規程九条。

(30) 国会法五五条の二による議事協議会と、昭和六〇年から各議院に設けられた政治倫理審査会も、会期中であると閉会中であるとを問わず開くことができることになっているが、これらは、必要に応じ、あるいは事案の発生を待って、不定期かつ短期的に活動する機関であって、長期にわたる審査の継続性は想定されていない。

Ⅱ 両院協議会

四　両院協議会の性格

――審査委員会か起草委員会か

一　はじめに

国会の議決を必要とする案件について、衆議院と参議院との議決が異なった場合、その不一致点を調整して国会としての統一された意思決定に導くための機関として、両院協議会の制度がある。この制度は旧憲法下の帝国議会時代にもあり、当時は貴族院と衆議院との間でたびたび設置されてその機能を果たして来たが、現在の国会になってからは、昭和二三年の

第二回国会から昭和二八年の第一六回国会までの初期の段階で、前後十数回、案件の数にして二八件について設置されたことがあるだけで、その後は三〇年以上も全く活用されずに今日に到っている。

このように両院協議会が長期にわたって開かれずに来た最大の理由は、選挙を重ねるたびに参議院の政党化が進み、衆参両院の会派構成が相似して来た結果、議案に対する両院の意思に不一致が生じなくなったためである。最近の国会でも、先議の議院の議決案を後議の議院が修正して回付する例が全くないわけではないが、それらは審議の遅れから来る施行期日の変更や、先議の院の議決後に生じた事情変更によるものが多く、その場合は、両院に跨る政党内部の連絡によって先議の院では回付案にことごとく同意しており、不同意の議決をする例は絶えてない。こうした実情は、両議院における政党構成が相似の状態にある限り、当分変化はなさそうに思える。

しかし、もともと二院制議会は、第一院に対する第二院の抑制と補完の機能に期待して維持されているものであり、その意味では両院間の議決の不一致は当然あるべきものと想定されている。両院協議会はそうした事態のために用意された制度であるから、これが長期にわたって忘れられた存在になっている現状は、そのまま二院制度の運用の不完全さを物語るものといえなくもない。敢えていえば、両院協議会が適度に活用されている国会運営の下で、はじめて二院制議会は十全の機能を発揮することになるのであって、参議院のあり方についてとかくの批判が見られる今日、そうした観点から両院協議会の制度全般を見直すことは、あながち無意味とはいえないように思える。

ところで、国会における両院協議会の実例は、前記のように初期の六年間に見られるのみであるが、当時の運営をふり返ってみた場合、両院協議会の基本的性格をめぐって衆参両院間に際立った見解の対立があったことが認められる。本稿ではこの問題に焦点を当てて、対立の原因などを探ってみることにする。

二　両院協議会についての二つの説

憲法及び国会法によれば、両院協議会が設置されるのは、法律案・予算・条約その他の国会の議決を要する案件と内閣総理大臣の指名に関して両議院の意思が異なった場合であるが（憲五九条〜六一条・六七条、国八四条〜八七条）、この際、論旨をわかり易くするために、事例を法律案等の議案に限って論ずることにしたい。

議案は一院で議決されると他院に送付され、そこで修正された場合は先議の議院に回付される。通常のケースでは、この回付案に対し先議の議院が不同意の議決をした場合に両院協議会に持ち込まれる。両院協議会では、両院間の議決の異なった部分について調整を行うわけであるが、その場合、当該議案を具体的にどのように扱い、どのような手続きで調整するかについては、法規上明確に定めたものがない。そこでこの手続きは慣例に従って進められるしかないのであるが、ここに二つの考え方がある。

その一つは、当該議案(内容的には回付案)を両院協議会に付託して調整のための審査を行わせる、というものである(ここで「付託」というのは、各議院において発議又は提出された議案を所管の委員会の審査に付する場合のように、上部機関が下部機関に対し予備的な審査を行わしめるために議案を委託する手続をいい、具体的にはそこに議案を送り込む行為をいう)。協議会では、一般の委員会と同様に付託議案を議題に供し、原案を修正する形で調整を行うことになる。この場合、調整が成功して議決される成案とは、当然、修正部分を含めた付託議案の全体を意味するものとなる。そしてこの成案は、協議委員議長の報告とともに協議会を請求した議院に送り返されて審議される、と考えるわけである。つまり、この場合は両院協議会を一連の議案審議の過程の中で、各議院の委員会、本会議に続く一種の「審査機関」と見ることになる。この考え方を仮に甲説と呼ぶ。

他の一つの考え方は、両院協議会は両議院の議決の異なった部分について調整するための機関であるから、原案をそこに付託する必要はなく、協議委員は両院それぞれの主張の中から妥協点を模索して、新たな調整案を作成すればよい、とするものである。この場合、議案の本件である回付案は協議会を請求した議院にそのまま保有されており、協議委員は相互の異見を持ち寄って議案本体とは離れた別個の妥協案を起草することになる。従ってここで決定される成案とは、原案から見ればその一部分のみに係わる妥協案である。この成案が両議院の双方で可決されたときは、当初から両議院の議決が一致していた部分と合体し、一個の議案として国会の議決が完結する。もしも両議院のいずれかが成案を否決したときは、その時点で成案は消滅する、と考えるのである。つまりこの考え方に立てば、両院協議会は妥協案作成のための「起草機関」ということになる。この説を乙説とする。

では、現在の国会では甲乙いずれの説を採用しているのであろうか。

いま、筆者の手元には二冊の文献がある。一つは鈴木隆夫著『国会運営の理論』(昭二八年、聯合出版社)(刊行当時、著者は衆議院事務次長)であり、他の一つは佐藤吉弘著『註解参議院規則』(昭三〇年、参友会)(刊行当時、著者は参議院委員部第一課長)である。右の二著は、いずれも議院事務局における実務家として多年の経験と豊富な知識を持つ二人の著者が、戦後の新しい国会の制度と運営を理論と実際の両面から詳述した解説書であり、刊行後約三〇年を経た今日もなお、国会関係者の間で高い評価を得ている文献である。

そこでこの際、両者の両院協議会に関する部分を対照してみると、鈴木氏は明らかに甲説を主張し、佐藤氏は反対に乙説に拠っていることがわかる。すなわち『国会運営の理論』では、両院協議会の請求の動議は同時に設置の動議と案件の付託の動議を包含している（同書四八一頁）というように、議案の付託を前提としており、また、成案とは両院の議決の異なった部分についての調整案のみでなく議案全体を意味することが強調され（同書五一一頁以下）、全体として両院協議会を一種の審査委員会と見る立場が貫かれている。これに対し一方の『註解参議院規則』では、議案の付託に関しては「両院協議会に原案というものがあるであろうか」（同書二五八頁）と疑問を呈し、また成案については、それが「両議院で可決されたときは、両議院の議決の異なった部分につき合意が成立し、さきの両議院の議決の一致した部分と一体となって国会の議決となる」（同書二五九頁）として、成案はもとの議案の一部分に係わるものに過ぎないとの見解に立っている。つまりこちらは、両院協議会の性格を成案の起草委員会と見る立場である。

右の両者は、どちらも個人による著述ではあるが、それぞれの所属する議院事務局内部での議論を踏まえて記述されたものに違いなく、その限りでは当時の各議院の公的見解から大きく隔たるものではないことが推定される。一体いずれの説が正しく、また実際の取扱いはいずれの説に従っていたのであろうか。

三　甲説の根拠

ここで、帝国議会当時の両院協議会の性格がどのようなものであったかをふり返ってみたい。帝国議会においても、貴族院と衆議院との間で両院協議会がしばしば設置されていたことは冒頭に述べたが、当時の協議会については旧憲法には何らの規定がなく、旧議院法の規定を根拠としていた。すなわち同法第五五条には「(略)甲議院ニ於テ乙議院ノ修正ニ(略)同意セサルトキハ両院協議会ヲ開クコトヲ求ムヘシ甲議院ヨリ協議会ヲ開クコトヲ求ムルトキハ乙議院ハ之ヲ拒ムコトヲ得ス」とあり、両院協議会の請求事由についてはこの条文以外に規定するところがなかったので、その設置に到る過程は現行制度に比して甚だ単純なものであった。現在の国会は二院構成の下で衆議院優越主義を原則としているため、議案についての両院交渉も複雑化しているが、この点旧議会は貴衆両院平等の原則に立っていたので、議案に関して両院のいずれが先議したものであるにせよ、後議の議院の回付案に対して先議の議院が不同意の場合は、必ず協議会が開かれることになっていた。すなわち旧議会の両院協議会では、審議の対象は議案に限られ、設置の原因は他院からの回付案に不同意と決した場合のみであり、その請求も応諾も両院平等に義務的であった。

而して両院協議会が設置された際に当該議案は具体的にどのように扱われたかといえば、議案は協議会に付託され、協議会の請求に応じた議院の議決案(つまり回付案)を原案とし、請求した議院の議決案（つまり先議の議院の議決案）を修正案として扱う慣例が確立されていた(1)。さらに、協議会での調整が奏功して成案が決定された場合、その成案なるものは調整部分を含めた付託議案の全体を意味するものと考えられていた(2)。つまり、旧議会における両院協議会は甲説に拠っていたわけである。従って鈴木氏の説は、当時の見解をほとんどそのまま踏襲したものということができよう。

昭和二一年の新憲法制定に伴い国会制度は大きな変貌を遂げ、それまでの貴族院に代り公選制の参議院が誕生したが、二院制度の枠組は維持された。このため両院協議会の制度も継続して活用されることになったが、両議院関係において衆議院優越主義が採用されたことから、議案の両院交渉のあり方も従前よりは複雑となり、そのための規定整備が行われた。しかし、新たな国会法、両議院規則、両院協議会規程等の制定過程を通じて、新国会における両院協議会の基本的性格をめぐり、改めて詳細な討議が行われた形跡は全くない。

国会関係法規の制定作業は、昭和二一年の第九〇回議会に政府から憲法改正案が提出されたのと前後して、内閣と衆議院の双方で議院法の改正問題を取り上げたのに始まる。その後この問題の検討は衆議院の主導の下に進められることになり、衆議院内に設けられた議院法規調査委員会はその年八月末に「新憲法ニ基キ国会法ニ規定スル事項」を決定して発表した。この中で両院協議会の規定については「現行規定ニ準シテ之ヲ定メ意見一致シタル場合ノミ成案ヲ作成スヘキモノトスルコト」とされたのみで、他には格別触れるところがなかった(3)。つまり両院協議会については、それまでは出席協議委員の過半数で成案を決定していた(旧両協規一一条)のを、全会一致の場合にのみ成案が成立することにし、その他は特に改正の必要を認めなかったわけである。この姿勢はその後も変更されることなく維持され、ただ成案決定の要件を全会一致とする考えは、第九二回議会での国会法案の審議過程で貴族院の修正により「三分の二以上の多数」に緩和されたものの、基本的には両院協議会は従前と「大同小異」のものとされて(4)、新国会に引き継がれた。第一回国会の冒頭で、衆参両院はそれぞれの議院規則と両院協議会規程を制定したが、ここでも協議会に関しては、衆議院側では従来のものと大差なく若干の規定を補充したに過ぎないと説明されたにとどまり(5)、参議院側でもほとんど議論らしい議論は行われなかった。こうして見ると当時の関係者は、旧議会から新国会への転換に際して両院協議会の性格を変更する意図は全く持たなかったのであり、新制度における協議会も甲説に拠って運営されることにいささかの疑いも抱かなかった様子が窺える。

帝国議会は開設以来五〇年以上の歴史を持ち、議事手続きの面では一定の慣行が確立されていたことから、衆議院では第一回国会の召集を前にして開かれた各派交渉会で「帝国議会における先例で、憲法、国会法に反しないものは、なお効力を有する」と決定され(6)、先例の面でも旧議会の慣行を尊重して行く姿勢が確認された。この方針は、当然その後の衆議院の運営においても基調をなしている。鈴木氏が、ひいては昭和三〇年当時の衆議院が、両院協議会の基本的性格の認識において甲説に立っていたのはこの故である。

四　乙説の根拠

新国会の発足に際して、衆議院が運営の細部にわたって多くの点を旧議会から継承したことは右に述べたとおりであるが、一方の参議院ではどうであったか。参議院は、かつての貴族院の施設をそのまま使用し、貴族院事務局の職員が引き続き参議院事務局を組織して出発したが、そこでは帝国議会時代の先例は一切が失われたものとして意識的にこれを排除し、新しく制定された法規のみを実際の尺度として議院の運営に当たることになった(7)。これは、特権階級である華族と勅選議員を中心に構成されていた貴族院から民主的な公選制の参議院へと、名称ばかりでなく実体的にも大転換がなされた以上無理からぬ事態ではあったが、衆議院とはその点で大きな相違があった。従って両院協議会についても、参議院では旧議会の先例には全く拘束されずに、新設の条文のみを手がかりとして解釈・運用に臨むことになった。

ところで新しい両院協議会規程は、第一回国会の冒頭に両議院の議決を経て制定されたが、その第八条は「協議会の議事は、両議院の議決の異った事項及び当然影響をうける事項の範囲を超えてはならない」と規定された。この条文は、帝国議会当時の旧両院協議会規程にはなく、明治三六年の第一八回議会で貴衆両院議長が取り決めた協定「両院協議会規程取扱方ニ関スル件」(8)の第三項に「両院協議会ノ議事ハ両院議決ノ一致セサル事項及当然影響ヲ受クヘキ事項ノ外ニ渉ルヲ得サルコト」とあったのを、そのまま生かして新規程に挿入したものである。この文言は旧議会当時の運営の中では、「両院協議会は付託事件につき協議するのである」が、「協議に於ける議論多岐に渉り、既に両院意思の一致せる点にまで議論を拡張すれば徒らに論争を繁くし、その結果収拾を困難ならしめるに至るを虞るる」(9)ために、具体的な協議の範囲は両院の議決の異なった部分に限られる、という趣旨の消極的な限定として解釈されて来ていた。しかしこれに対して参議院では、右の新規程第八条を積極的に解釈して、両議院で議決が一致した事項はもはや議事の対象にする必要はなく、協議会では「それを取り扱うことはできない」(10)(従って議案全体が協議会に付託されることはあり得ない)ものと判断した。さらに「成案とは、両院協議会において、両議院の議決の異なった部分についてて作成される妥協案である。従ってそれは、両議院の議決の異なった事項及び当然影響をうける事項の範囲を超えてはならないのである」(11)というように、この第八条が成案そのものの範囲——内容を限定するものと解釈した。これは、旧議会当時の先例にこだわらない限り、一応字句に即した妥当な解釈といえなくはない。この見解に立てば、両院協議会を通常の委員会同様の審査機関と見る見方は成り立たず、それは妥協案としての成案を起草するための機関ということになろう。すなわち乙説の誕生である。

次にいま一つの問題点として、参議院規則第一七八条が

「衆議院の回付案及び両院協議会の成案は、これを委員会に付託しない。

回付案に対する質疑討論は、その修正の範囲に限る。

成案に対する質疑討論は、成案の範囲に限る。」

と規定されていることが挙げられる。衆議院規則第二五三条もこれとほとんど同文で、ただ「衆議院」が「参議院」となっている点が異なるだけであるが、この両院同趣旨の規定は帝国議会時代にもあった、回付案及び成案は三読会を経るを要しないという趣旨の規定(旧貴規一九七条、旧衆規二一九条)を、委員会中心主義の新しい国会運営に適合するように改めたものである。回付案にしても成案にしても、それらの議案は一たんは各議院での委員会審査を経たものであるから、再度委員会に付託する必要はなく、本会議での審議の際にも、前回の議決の後に付け加えられた他院又は協議会による修正部分についてのみ質疑討論を行えばよい、というのがこの規定の趣旨である。

ここで、成案そのものが回付案中の修正部分と並んで質疑討論の対象とされているところ

を見ると、この場合の成案は、その全内容が協議会において妥協調整された修正意見ということになろう。その中には先に両院の議決が一致した部分は含まれていないことになる。とすれば、これは明らかに甲説に反した規定であり、まさしく乙説のものである。この規定が参議院規則の中にあるのはともかくとして、従前から甲説に依拠して来たはずの衆議院の規則の中にも明記されているのは甚だ奇異な事実であるが、なぜそうなったのか理由は明らかでない。恐らく新国会の発足を前に新たな衆議院規則を立案する際、作業を急ぐ余りにこの点について見落しがあったものと推定するしかない。

以上のように、現行の両院協議会規程、両議院規則の関係条文を子細に見ると、両院協議会の基本的性格については、甲説よりも乙説の方がよりよく適応しているように思える。佐藤氏の説は、これらの規定を重視して組み立てられたものであり、それは法規のみを尺度として出発した参議院の当初からの姿勢をそのまま反映したものといえよう。またこの説は、初期国会の事例における成案の取扱いの実際とも軌を一にするものであるが、その点については後述する。

五　衆議院における再議決の対象

以上、甲乙二説のそれぞれの根拠について述べて来たが、この両説の対立は、協議会の成案についてさらに両議院の議決が一致しなかった場合、衆議院における再議決の対象は具体的に何を指すべきか、の問題にまで必然的に発展する。一たん両院協議会が開かれた以上は、成案の成否にかかわらずもはや衆議院は憲法第五九条二項に基づく再議決権を行使できないとする説もあるが、学説の大半はそうした場合にも衆議院の再議決権を認めている。そこで、協議会の成案について先議の衆議院がこれを可決し、後議の参議院が否決した場合、再議決の対象となるのは成案なのか、それとも最初の衆議院議決案なのか、という問題が生ずる。鈴木氏(甲説)は前者を主張し、佐藤氏(乙説)は後者を主張している。

このことは、当時の衆参両院間に憲法解釈上の対立があったことを意味している。衆議院における再議決の対象が成案となるか、最初の衆議院議決案となるかは、成立する法律の内容を左右する問題であって、これを軽視するわけにはいかない。もしもこのときの議案が法律案ではなく予算か条約であった場合は、憲法第六〇条又は第六一条によって再議決を経ることなく議案は自然成立することになるのであり、その内容が成案なのか、それとも最初の衆議院議決案なのかは重大な相違である。万一この問題の解釈を明確にしないままに実例が生じたときは、国政上に大きな混乱を招くおそれさえある。

甲説は、協議会を一種の審査委員会と見て、議案はそこに付託されており、そこで議決される成案とは調整部分を含んだ議案全体であるとする。従ってこれが衆議院で可決されたときは、当然先の回付案に協議会での調整部分を加えられたものが衆議院議決案として参議院に送付されるのであって、この案こそが衆議院の最終意思であると主張する。そのため仮にこれが参議院で否決されたにしても、衆議院の最終意思が変るわけはなく、再議決の対象となるのはこの最終議決案(成案)であり、予算又は条約の場合であれば自然成立するのもまたこれ以外にないとする(12)。

一方の乙説は、協議会を調整案作成のための起草委員会と見るため、そこで決定された成案は本来の議案とは別個の案であって、これが両院で可決されて初めて協議会での調整が結実するのであり、衆参のいずれか一院がこれを否決すれば妥協は不調に終り、成案は議決の対象としては消滅する。従って衆議院が再議決の対象とするのは、最初の衆議院議決案以外にはあり得ないというのである(13)。

このように衆議院の再議決の対象をいずれと見るかは、成案の内容をどう認定するかにかかり、さらにそのことは両院協議会の基本的性格をどう認識するかにかかっている。協議会を審査委員会と見るか、起草委員会と見るかによって、結論はおのずから変って来るのである。従来この問題についての学説は、再議決の対象をあるいは成案であるといい(14)、あるいは衆議院の最初の議決案であるといい(15)、ここでも両説の対立が見られるが、問題を両院協議会の性格との関連の上で論じたものは、前記の鈴木氏と佐藤氏の所説以外には見当らない。

しかし右に見て来たように問題の根本は実にその点にあるのであって、これを除外して議論しても妥当な結論は得られないのである。

六　国会における実際の取扱い

さて、いよいよここで国会における両院協議会の先例に即して、実際の取扱いが甲乙両説のいずれに従っていたかを見ることにする。議案に関する両院協議会は、第二回国会で内閣提出による「国家行政組織法案」と「刑事訴訟法を改正する法律案」の二法案について開かれたのが最初である。これらはいずれも衆議院先議の議案で、参議院からの回付案に対し衆議院では不同意と決し、協議会に持ち込まれた。この二法案について衆議院が協議会を請求した際の会議録を見ると、そこでは先ず「国家行政組織法案」についての請求を議決し、その後に改めて「刑事訴訟法を改正する法律案」を先の協議委員に併せ付託する議決を行っている[16]。さらにこの協議会の会議録の末尾には、「付託議案」として右の二件名が明記されていて、議案を協議会に付託するという従前の慣行がここでは継承されているのを見ることができる[17]。

しかしながら、この二法案についての成案の取扱いを見ると、事情は一変している。この協議会では妥協が成立して成案が決定され、それは先ず衆議院で可決されて参議院に送られたが、実はこのとき原案は衆議院に残されたまま、協議会における妥協案を記載した「両院協議会成案」なる文書のみが、衆議院からの送付文を付して参議院に送られているのである。この扱いは、乙説による取扱いといってよい。甲説に従えば、成案とは協議会で調整された妥協案と当初から両院の意思が一致した部分との両方を含む議案全体のはずであるから、このときはもとの原案も妥協部分の文書とともに参議院に移管されるべきであったが、それが行われずに全く乙説に従った処置がなされたわけである。こうした手続きがとられた理由は、両議院の実務担当者間の打合せにおいて先に「乙説の根拠」の項で挙げた見解が支持されたからであろうが、それまでの衆議院側の解釈を考えると疑問の残るところである。それ以来第一六回国会までの間に、両院協議会は総計二七件の法律案について開かれ、そのうち三件を除く二四件について妥協が成立して成案が得られたが、それらはすべて協議会で新たに起草された独立の議案として先議の院から後議の院へと送付されている。その間、もとの議案本体は一院にとどめられていて、佐藤氏の所説のように「成案が両議院で可決されたとき……さきの両議院の議決の一致した部分と一体となって国会の議決を構成する」ものと理解され、実務上はその方針で処理されて来たのである。いい換えれば、佐藤氏の説は前述の「乙説の根拠」のほかに、これらの実例を踏まえて構成されているものである。

こうして見ると現在の国会では、両院協議会の基本的性格については乙説に立ってこれを起草委員会的機関と見なすのが、少なくとも国会初期の先例に徴する限り正しいといえそうであるが、しかし実はまだ問題が残るのである。

それは、昭和三〇年の国会法改正において、議案の両院交渉に関し「返付」の規定が新設されたことに関わる。従来、両院関係において、一院が議案を審議する際は、必ずその議案を所持していなければならないとする原則があった。これを原案保持主義とも議案所持主義ともいうが、制定当初の国会法には一部に不備があり、例えば衆議院先議の法律案を参議院が否決したような場合に、参議院はこれを衆議院に通知すれば足り、議案はそのまま参議院が保持していることになっていた。このため衆議院では当該法律案について両院協議会を求め、又は再議決をする際にも、その議案を所持していなかったことになる。この点は甚だ不都合であるとして、右の国会法改正の際に第八三条の二以下に議案の返付の規定を新設した。これにより原案保持主義が完全に復活したのであるが、この措置は国会法第六五条の奏上・送付の規定にも及んでいる。制定当初の同条の規定では両院で議決されて成立した議案は先議後議の別なく、すべて第一院である衆議院の議長から公布のための奏上等の手続きが行われることになっていたが、原案保持主義に立てば最後に議決した議院がその議案を所持しているのであるから、奏上等の手続きも後議の院の議長が行うべきであるとして、その旨の改正が行われた。そうなると、今度は協議会の成案が両院で可決された場合には、その成案を後議した議院の議決が国会における最後の議決であるから、当然奏上等の手続きはその議院からなされることになるが、過去の先例どおりに「成案」のみが送られて来ていて、議案本体は成案先議の議院にとどめられているとしたら、後議の院は奏上等の処置が行えないことになる。従って今後は成案が先議の院で可決されて後議の院に送付されるときは、従来の「成案」とともに議案本体も一括して送付されることにならざるを得ない。この取扱いは旧議会当時の成案送付の扱いと同一であり、つまり実質的には甲説の主張に合致して来るのである。

こうして見ると現時点では甲乙両説のそれぞれに根拠があり、いずれが正しいとも筆者としては断定し難い。強いていえば、両院の議院規則や両院協議会規程における関係条文が、制定を急ぐ余りに慎重な検討を経ないまま成文化されたと推測されることから、これらを改正して旧議会以来の甲説に拠るのが本来の立場ではないかと考える。

七 おわりに

冒頭に述べたように、国会における両院協議会の事例は、昭和二八年の先例以後は今日まで三〇年余にわたって一例も生じていない。このため、昭和三〇年当時に見られた鈴木説と佐藤説の対立、つまり甲乙二説の対立はその後も再検討される機会なく今日に及んでいる。

両院協議会は、両院が各々一〇名の協議委員を選出して組織し(国八九条)、議長には各議院の協議委員議長が毎会更代して当たり（国九〇条）、各議院の協議委員のそれぞれ三分の二以上の出席がなければ議事を開き議決することができない（国九一条）等、その構成・運営は両院平等を建前としている。国会は衆議院優越主義を原則としながらも、両院間の意思の不一致点を調整する際には、両院が公平な条件の下で可能な限り歩み寄り、妥協を図るべきものとしているのである。かかる理念の下に活動すべき両院協議会の基本的性格をめぐって、衆参両院の認識が極端に相違しているというのは問題であろう。殊に前述のように、甲乙二説の対立は憲法解釈にも及ぶ重要性を内包しているのであって、これが長期にわたり未解決のまま放置されているのは好ましい状態とはいえない。

　帝国議会の初期にも両院協議会をめぐって貴衆両院間に対立が生じ、これを解決するために第一八回議会に両院議長間で協定が交されるという事態があった[18]。新国会の発足に際しても、両院協議会はそれまでの議案のみを対象としていた機関から、内閣総理大臣の指名のような議案以外の重要案件をも取り扱う機関へと権限が拡大されたのであるから、本来であれば協議会制度の全般にわたって衆参両院間で抜本的な再検討が加えられてしかるべきであったと思う。しかし、当時は国会制度全体の改革の中で恐らく両院協議会は片隅の問題としか認識されず、討議らしい討議を経ないまま新制度へと移行したのが実情であろう。その結果、甲乙二説の対立が生じたともいえるのである。

最近の参議院改革の論議の中で、常に主要なテーマの一つに挙げられているものに、「党議拘束の緩和」がある。良識の府である参議院では個々の議員の自主性を重んじ、議案に対する表決に際して所属政党による拘束を余り厳しくすべきでないとの議論である。もしこれが実現することになれば、現状のような政党構成の下でも議案によっては衆参両院の議決が異なる事態が生じ、両院協議会が開かれる可能性も出て来る。その時に備える意味からも、両院協議会の基本的な問題について、適当な機会に両院間で十分な討議が交され、見解の統一が図られることを期待したい。

(1) 昭和一七年一二月改訂・衆議院委員会先例彙纂一九四頁

(2) 成案の解釈については、明治二一年から翌年にかけて枢密院で行われた議院法制定会議の中で既に論及されている。明治二一年九月一九日の会議で鳥尾小弥太顧問官が「成案トハ協議会ニ於テ原案ヲ修正シタルモノヲ云フカ又ハ更ニ調製シタルモノヲ云フカ」と質問したのに対し、起草者の一人である伊東巳代治書記官は「成案トハ協議会ニ於テノ修正又ハ調製ニ依リ更ニ成立チタルモノヲ総称シタルモノナリ」と答弁している(昭五二、衆議院事務局編集「枢密院会議筆記・議院法」四六頁)。このときの応答をもとに、帝国議会では両院協議会についての解釈を決定したとも考えられる。

(3) 議会制度七〇年史・資料編(昭三七・衆議院・参議院編集)七五～六頁

(4) 第九一回帝国議会、衆議院議事速記録一二号(昭二一、一二、一八)一三六頁の提出者田中万逸君の趣旨弁明参照。

(5)　第一回国会、衆議院議院運営委員会議録一号(昭二二、六、二七)一〇頁の大池眞事務総長の説明、同委員会議録五号(昭二二、七、九)三三～四頁の同事務総長の説明及び両院協議会規程に関する報告書参照。

(6)　衆議院先例集(昭和五三年版)五一三頁

(7)　寺光忠『国会の運営(参議院規則釈義)』(昭二二、刑務協会)序一頁、憲法調査会第二委員会第七回会議議事録九頁の寺光忠参考人の発言参照。

(8)　前掲「議会制度七〇年史」七四頁

(9)　田口弼一『委員会制度の研究』(昭一四、岩波書店)五五五頁

(10)　第一回国会、参議院議院運営委員会会議録七号(昭二二、七、一〇)一頁の河野義克参事の説明参照。

(11)　佐藤吉弘『註解参議院規則』二五九頁

(12)　鈴木隆夫『国会運営の理論』四六六頁、四七五頁、巻末図表。

(13)　佐藤吉弘・前掲二六〇頁

(14)　佐藤功『憲法(下)』(ポケット註釈全書、昭五九、有斐閣)七六三頁、林修三「国会の意思決定手続」(清宮四郎・佐藤功編集『憲法講座3』昭三九、有斐閣)五四頁

(15)　法学協会『註解日本国憲法(下巻)』(昭二九、有斐閣)九〇七頁、宮沢俊義＝芦部信喜(補訂)『全訂日本国憲法』(昭五三、日本評論社)四六六頁、黒田覚『国会法』(法律学全集、昭三三、有斐閣)一七五頁

(16)　第二回国会、衆議院会議録七九号(昭二三、七、五)一二二四～六頁

(17)　第二回国会、国家行政組織法案・刑事訴訟法を改正する法律案両院協議会会議録一号(昭二三、七、五)三頁

(18)　第一回議会――第六五回議会・貴族院先例録(昭和一〇年版)二六五～八頁

五　両院協議会の性格・再論

――第一二八回国会における政治改革関連法案の取扱いを顧みて

一　はじめに

去る一月末(平成六年)に閉幕した第一二八回国会では、数年来の懸案であった政治改革関連四法案が難産の末に成立したが、審議の最終段階で参議院がこれらの法案を否決したために、両院協議会に持ち込まれるという異例の事態が生じた。法律案についての両院協議会は第一六回国会以来四一年ぶりのことであり、今回の場合も議案の成立に一応の機能は果たしたものの、協議が紛糾したこともあって、この制度と運営のあり方には改めて一般の注目が集まった。

両院協議会は、国会の議決を必要とする案件について衆参両院の議決が異なった場合に、その対立点を調整して妥協に導くために設けられる協議機関である。この制度は旧憲法下の帝国議会時代に始まっており、当時は旧議院法、旧両院協議会規程等に基づいて貴衆両院間で度々活用されて来たが、新国会への移行に際しては、それらの規定の一部を手直ししただけで、基本的には旧来の制度を踏襲する形で衆参両院に引き継がれた。しかし、旧議会が両院平等主義を原則としていたのに対し、新国会では衆議院優越主義が採用されたことから、議案の取扱いを中心に両院関係は大きく変化した。従って、両院協議会のような衆参両院が共同して案件の処理に当る機関については、新国会発足の折に細部についてまで充分な再検討がなされるべきであったと思うが、そうした面での討議は殆ど行われなかった。その結果、この機関の基本的性格をめぐって、衆参双方の間に認識の相違、つまり見解の対立が生じてしまった。

筆者はこの点に着目して、先年、ジュリスト誌(八四二号)の誌面を藉りて「両院協議会の性格――審査委員会か起草委員会か」と題する小論を発表し、両院間での討議の必要性を指摘しておいた。幸いに拙稿は関係者の間で関心を呼び、両院の実務者間では議案の取扱いについて若干の検討が加えられた模様であるが、しかしその後の状況を見る限り双方の見解の統一には未だ程遠い様子が窺える。また、先般の政治改革関連法案についての両院協議会では、運営面において憲法解釈にも関連する新たな法律問題の発生も認められる。

そこで本稿では、先の拙稿中説明が不充分であった点を補足するとともに、新しく生じた問題についても敢て私見を述べて、重ねて両院間の討議の資料に供したいと思う。

二　原案保持主義に基づく付託

両院協議会に関する衆参双方の対立点の詳細については前稿を参照されたいが、概略を記せば次のようなことである。

衆議院では、両院協議会を一種の「委員会的審査機関」(1)と見なして、当該議案をそこに付託し、二院間の調整は通常の委員会審査の場合のように、原案を修正する形で行うものと考える。従って、協議会での妥協が成功してそこで決定される成案とは、修正部分を含めた付託議案の全体を意味するものとなる。

一方、参議院では、両院協議会は両院の意思の対立部分を調整して一致点を見出すための機関であるから、付託によって原案をそこに送り込む必要はなく、各院それぞれが異見を持ち寄って新たな妥協案を作成する、いわば成案の「起草機関」と見ている。従ってこの場合の成案は、原案中の一部分について新たに作成された案であり、本来の議案とは別個の存在ということになる。

右の二説の対立は、案件が両院協議会を経由した場合の通例のパターン、すなわち、成案が両院で可決されて議案が成立する場合か、成案がまとまらず又はまとまっても一院がこれを否決することで議案が廃案に終る場合には、事態に格別の影響を及ぼさない。問題が生ずるのは、衆議院優越主義の下で、協議会の成案が先議の衆議院で可決され、後議の参議院で否決された場合に、憲法五九条二項によって衆議院が法律案について再議決を行うという特殊な事例においてである(このような場合には、衆議院はもはや再議決権を行使できないとする説もあるが、学説的には可能説が大勢を占めている)。上述のように両院間では成案の内容についての認識が異なるために、この場合の再議決の対象についても、衆議院ではそれは議案全体を意味する成案であるといい、参議院では最初の衆議院議決案以外にはないといい、真向から見解が対立している。もしもこのときの案件が法律案ではなく予算か条約であれば、憲法六〇条又は六一条によって自動的に成立するものの内容に二説あることになり、混乱が起きるのは必至である。この問題は今日までのところ未だ実例が生じていないので表面化してはいないが、いわば国会の中に憲法運用上の争点があるわけであり、無視できない事情といえよう。

以上が両院協議会についての衆参両院間の対立の概略であるが、問題のポイントは「付託」にある。冒頭に述べたように、現在の国会における協議会の制度は、旧帝国議会当時の制度を基本的には踏襲した形で発足している（新旧の関係条文を対照すれば、この点に疑問の余地はない）。そこで、旧議会における協議会では、議案がそこに付託されていたか否かをまず検証する必要があろう。

明治三〇年から大正四年にかけて実に一七年間にわたって衆議院書記官長を勤めた林田亀太郎が、在職中に著した議院法の逐条解説書が遺っている。その中に、両院協議会で成案を得た場合の処理（五六条）について、次のように記した部分がある。

「協議案成立するときは即ち甲議院をして先づ之を議せしむ、甲議院之に不同意なるときは則ち止む、若し同意なるときは之を乙議院に移す、乙議院之に不同意なるときは則ち止む、若し同意なるときは之を上奏し、且之を甲議院に通知すべし。此の案裁可せられて法律となるべし。故に協議会を経て帝国議会を通過する議案は三たび甲議院の門に入り両たび乙議院の手を経一たび協議会に付せられ而して後に政府に提出（送付の意）せらるるなり。」[2]（傍点及び括弧内は筆者）

文語文は判りにくいが、実務経験者には一読で理解が可能であろう。つまり、林田書記官長が述べているのは、議案は常に一個の全体量として甲乙両院間を移動し、更に両院協議会にも出入りしているということである。成案即議案全体であり、これが両院で可決されて法律となるわけである。協議会に議案を付する行為を「付託」という語で表現したのがいつ頃からかは確認していないが、いずれにしても帝国議会では初期の段階から、両院協議会を一種の審査機関と見なして、そこに議案を送り込んでいた事実はこれにより明白であろう。

こうした認識に立って当時の協議会では、協議会の請求に応じた議院（乙議院）の議決案を原案とし、請求した議院（甲議院）の議決案を修正案として扱う慣例が確立されていた。これはつまり、付託された原案（回付案）に対して、先議の議院の議決案を修正動議（修正案とは案を具えた動議）として提出して審議するとの意味であり、通常の委員会審査の形式を協議会にも応用していたもので、何ら特異な方法ではない(3)。

旧議会においてこのような取扱いがなされていた背景には、貴衆両院の双方に原案保持主義の意識が強く働いていたことが推定される。原案保持主義とは、先議・後議の関係を基本とする二院制度の下で、一院が議案を審議する際は必ずその原案を所持していなければならず、所持していない方の議院はその間審議に関与できないとする観念である。これは、二院間における並行審議や相互干渉による混乱を未然に防ぐと同時に、議決の対象について、常にその所在と内容を明確にしておく必要から生まれた一種の原則ともいえるが、余りにも基本的で自明な事柄であるが故に、却ってこれを詳説したものが見当らない(4)。

この原案保持主義は、旧議会ばかりでなく現在の国会でも尊重されており（制定当初の国会法にはこの点で不備があったが、昭和三〇年の改正によって整備された(5)）、とりわけ常任委員会制度の導入によって委員会の権限が強化されたことから、今日では各院ともに内部機関である委員会にもこれを適用している。すなわち、議院に発議又は提出された議案は、原則として直ちに議長から所管の委員会に付託される（国会法五六条二項）が、「その委員会の審査は、独立に行われ、その内容には議院から一切干渉をうけない」(6)ものとされている。これを言い換えれば、委員会は付託により原案を所持することによって、当該議案についての審査権を専権的に行使し得るのであり、議院といえども、国会法五六条の三に基づいて中間報告を求める場合以外には、その審査に干渉できない。委員会が審査を終えて報告書とともに議案を議長の手許に還付して、はじめて議院はこれを審議できることになるのである。

旧議会では、こうした原案保持主義の観念を両院間に限らず、両院協議会にも適用することを当然のことと考え、議案をそこに付託していたのであり、現在の衆議院が協議会を委員会的審査機関と認識しているのも、同じ理由からである。このように見て来ると、議案の取扱い方針としては、これはこれで首尾一貫したものと見るべきではなかろうか。

現行の両院協議会規程八条は「協議会の議事は、両議院の議決が異った事項及び当然影響をうける事項の範囲を超えてはならない」と定めている。参議院では、この条文が両院間で既に議決が一致している事項についての協議を排除している点を重視して、これにより議案全体が協議会に付託されることはあり得ないと判断し、本条を以て協議会を成案の起草機関と見なす一理由としている。

しかし、先般の政治改革関連法案の例によっても明らかなように、現在の国会では、衆議院が可決し参議院が否決した議案についても両院協議会が開かれる。この場合、両院の議決が異なった事項とは議案の全体、全条項に及ぶわけであり、議事の範囲を超えると見なされる部分は存在しない。つまり協議の対象が参議院で否決された議案の場合には、右の条文は実効性のない規定となる。従ってこの八条は、両院協議会が後議の議院の修正に対し先議の議院が不同意の場合に限って開かれていた、旧議会当時の制度を前提としたものであって、これを以て現在の両院協議会の性格を決定づけるには不充分な規定と見ざるを得ないのではないか。先般の第一二八回国会の事態では、両院協議会における話合いが行き詰まり、いわゆるトップ会談によって多項目にわたる妥協が成立したのであるが、もしもその内容を本来の協議会の場で調整しようとした場合、議案を協議会に付託しておくことがむしろ必要とさえいえるのではなかろうか。前稿において筆者は、両院協議会を成案の起草機関と見なす説の根拠についても記述したが、右のような観点に立てば、再考の余地が少なくないように思える。

ただここで付言しておきたいのは、現在の国会では原案保持主義に対して例外が設けられている点である。その一つは議案の予備審査の制度(国会法五八条、衆規二九条、参規二五条)

であり、他の一つは近年参議院に創設された総予算についての委嘱審査（参規七四条の四）の例である。これらは原案を所持していない機関に対しても、一定の限度内で議案の審査行為を認めたものである。こうした制度との関連の上で、両院協議会についても原案保持主義の例外として、特別の審議形式を認めることは可能かも知れない。ただし、予備審査と総予算の委嘱審査は、ともに質疑の段階にとどめられ議決行為は許されないのに対して、両院協議会は明らかに議決機関であるという違いもある。

両院間での討議の際は、これらの点についても総合的に配慮して、再検討が進められることを期待したい。

三　両院協議会の打切りと衆議院の再議決

政治改革関連法案をめぐる第一二八回国会の会期末の状況を振り返ると、事態は概ね次のように展開している。

一月二一日に参議院が四法案を否決、これを受けて二六日に衆議院からの請求で両院協議会が設置されたが話合いは進まず、二七日の深夜に至り当日の議長であった衆議院側の市川雄一協議委員議長が協議の打切りを宣告、連立与党では直ちに土井たか子衆議院議長に再議決のための本会議開会を要求した。しかし同議長は協議の継続を希望し、翌二八日に細川首相と河野自民党総裁を個別に招いて斡旋案を提示、同日夕方から両首脳による会談が行われて妥協が成立、会期終了日の二九日に両院協議会が再開されて成案を決定、これを両院が可決して四法案が成立した。

以上のような経過の中で、当初から両院協議会に関しては協議の不調が予想され、その場合には、連立与党側は衆議院本会議において再議決を試みる可能性のあることが伝えられていた。

憲法五九条二項には「衆議院で可決し、参議院でこれと異なった議決をした法律案は、衆議院で出席議員の三分の二以上の多数で再び可決したときは、法律となる」とあり、続く三項には「前項の規定は、法律の定めるところにより、衆議院が、両議院の協議会を開くことを求めることを妨げない」と規定されている。この二項と三項の関係については、従来、これを二者択一的なものと見て、衆議院が一旦両院協議会を請求した以上は、成案が得られない場合でも、もはや再議決を試みることは許されないとする説があった。しかし、現在では学説的に右の説を支持するものは殆どなく、大多数が五九条三項に基づく両院協議会が開かれたあとでも、同条二項による衆議院の再議決を可能としている(7)。

先般の一連の事態の中では、衆議院の議院運営委員会理事会の席で野党側から右の点について疑念が表明されたと伝えられたものの、討議は尾を曳くこともなく、その後の運営は可能説を前提に進められているように見えた。また新聞その他が、政府・与党首脳会議では、両院協議会が不調に終るときは衆議院で再議決に持ち込み、更に成立を目指すことを決定したと報道した後も、その方針に法的な疑義を投げかける声は、少なくとも公式にはどこからも起きなかった。こうした経過を見る限り、先般の事態を通して、この問題の憲法解釈については、国会としても一応の結論を出したと判断してもよいであろう。

そこで、筆者が新しい法律問題としてここに提起したいのは、両院協議会が正常な形で終了した場合ではなく、不正常な形で終了するか又は中断している状態の下で、憲法五九条二項に基づく再議決が果して可能か、という疑問である。

前記のように、一月二七日の深夜、両院協議会は衆議院側の議長の打切り宣告によって一旦終了の形となり、その後の国会運営の焦点は再議決の本会議がいつ開かれるかに絞られていた。しかしこの段階で、右の協議会議長の宣告によって生じた事態が、再議決の議事に入るための法的要件を充たしているのかどうかについては、全く問題視されなかった。

国会法九二条二項には「両院協議会の議事は、前項の場合を除いては、出席協議委員の過半数でこれを決し、可否同数のときは、議長の決するところによる」と明記されている。前項すなわち同条一項の規定は、成案の議決要件を三分の二以上の多数と定めたものであり、これ以外の議事はすべて出席協議委員の過半数の支持を得て行われるべきことを定めたのが、右の規定である。この規定がある以上、協議が進展しないため成案を得るに至らないものとして協議会を終了させる場合も、当然、出席者の過半数の賛成を必要とする(8)。

一月二七日の協議会では、当日の議長は「それでは、議長の責任において申し上げたいと思います。このままでは、この両院協議会における成案は得られないものと思います。したがって、その旨両院議長に御報告いたしたいと思います。両院協議会を開きましたが、成案を得るに至らなかった、こういう御報告をすることにいたしまして、本日は、散会いたします」(9)と発言したにとどまり、採決は行っていない。この場合、出席協議委員の過半数がこの議長発言の趣旨に賛成であったかどうかは不明確であり、従ってこの段階で協議会が正規に終了したものと認めることはできないであろう(10)。現にその後の経過を見ても、参議院側の協議委員は右の打切り宣告に反発して翌日も協議の継続を要求しており、結果的に協議会は翌々日に再開されて成案を得たのであるから、一月二七日深夜の事態は、協議会が不正常な状態で一時中断されたものと見るのが妥当であろう。では、この中断状態の下で、衆議院の再議決は可能であろうか。

衆議院では、従来から両院協議会を審査機関と見なして、議案はそこに付託されているものと認識して来た。この理論に立てば、両院協議会が中断されている状態では、議案は依然として協議会が所持している。このため衆議院が再議決を行うには、協議会から議案の還付を受けなければならないが、正規の採決を経ていない状態では、仮に協議委員議長からの報告書が衆議院議長に提出されたにしても（成案が得られなかった場合でも報告書は提出される）、それにより議案の還付がなされたと見るわけには行かないであろう。これは、通常の委員会審査において、付託議案について可否の採決が未だ行われていない状態で、委員長が任意に報告書を提出したとしても、議長の手許に議案が還付されたことにはならないのと同断である。つまり、委員長が独自の判断で議案を議長に還付しようとするのは、職務権限を超えた行為であり、法的には無効である。従って、審査機関としての協議会が採決以前に中断された状態の下では、再議決の議事に入るのは不可能というべきであろう。

一方、従来の参議院のように、両院協議会を成案の起草機関と見た場合はどうか。この場合は、議案は協議会に付託されず、参議院からの返付を受けたまま衆議院議長の手許に保持されている。協議会の議事は、原案とは直接の関わりを持たず、原案から離れた場所で行われる。そこで、原案を所持している衆議院が、協議会での調整が余りにも遅滞したような場合、その結論を待たずに再議決を行うことも不可能とはいい切れない。勿論、片方で両院協議会を請求しておきながら、他の一方で再議決を行うというのは矛盾した行為であり、参議院軽視の批判が起きることも当然予想される。しかし、憲法五九条の二項と三項が二者択一の関係にないものとすれば、理屈の上では可能となり、また、先般の衆議院側の対応は、実質的に一日間の協議で協議会を打ち切って再議決を図ったのであるから、これに近いものであったことは否定できない。

こうして見ると、両院協議会が一方的に中断された場合に、協議会の性格に関して審査機関説をとれば再議決は不可能であるが、起草機関説をとれば可能になると、一応はいえそうである。ただし、従来衆議院は審査機関説に立っていたはずであるから、先般の経緯の中で両院協議会についての認識を転換したのでなければ、理論上の平仄が合わないことになる。

以上は原案保持主義の観点からのみ事態を見ての判断であるが、しかし、まだ次のような疑問が残る。

いま、先般の両院協議会が予算について開かれた協議会であったと仮定する。法律案についての協議会と予算についての協議会とでは、前者が衆議院の任意によって設置されるのに対して、後者が憲法上の義務に基づいて設置されるという点が相違している。しかしそれ以外には相違点はなく、一旦協議会が設置された以上は、そこで進められるべき議事手続に甲乙はない。双方ともに同一の法規、同一の先例によって運営される。従って、法律案についての協議会が衆議院側の一方的な打切りによって中断されるならば、予算についての協議会においても同様の事態は起こり得る。

では、予算についての協議会が先般の事態のように採決抜きで中断された場合、予算はいつの時点を以て自然成立が認められるのであろうか。憲法六〇条二項には「予算について、参議院で衆議院と異なった議決をした場合に、法律の定めるところにより、両議院の協議会を開いても意見が一致しないとき」は、「衆議院の議決を国会の議決とする」旨が規定されている。この「意見が一致しないとき」とは、当然、両院の意見の不一致が確定したときでなければならない。それが未確定の段階では、衆議院の議決を国会の議決とすることはできないであろう。両院協議会が衆議院側によって一方的に打ち切られても、参議院側が協議会の終了を認めず、協議の継続を要求する場合は、両院の意見の不一致は確定せず、従って予算の自然成立は発効しないのである。つまり、衆議院の優越権は、その段階では発動できないことになる。

両院協議会に付されている案件が予算の場合には、衆議院の優越が未だ発効しないにもかかわらず、それと同じ状態の下で、案件が法律案の場合には、優越権を発動させて再議決を行うことが可能になるであろうか。これは不可能といわざるを得まい。憲法五九条二項及び三項には、六〇条二項及び六七条二項のように「両議院の協議会を開いても意見が一致しないとき」との文言は明記されていないが、規定の趣旨は同一と解すべきであり、法律案の場合も両院協議会に持ち込んだ以上は、そこで両院の意見の不一致が確定しない限り、衆議院の優越権は発動できず、従って再議決は行えないと見るのが妥当であろう。すなわち憲法五九条三項によって設置された協議会においても、国会法九二条二項に基づく採決が行われて、出席協議委員の過半数により協議会の終了が正規に決定されるまでは、衆議院は再議決の議事に入ることは許されないはずである。

このように考えると、先の第一二八回国会の会期末の事態において、両院協議会を打ち切って再議決を試みようとした連立与党側は、憲法解釈上不可能な議事手続を衆議院議長に求めていた、ということになるのではなかろうか。

四　むすび

憲法は、予算、条約及び内閣総理大臣の指名に関して両議院の議決が異なった場合には、まず両院協議会を開いて調整を図るべきことを定めている。しかし右の三種の案件の場合は、両院の意思が一致しないときは結局のところ衆議院の議決が国会の議決になるのであるから、「両院協議会の制度がどれだけ実際に役に立つことができるか、いささか疑わしい」(11)との指摘もある。実例でもこれらの案件の場合は(条約についてはまだ事例がない)、形式的な協議が行われるにとどまり、協議会が手続上の通過的機関であるかのような印象を受けることさえある。

だが法律案についての両院協議会では、事情が異なる。法律案の場合は、協議会での妥協が不調に終ってもそのままでは案件は成立せず、衆議院は改めて三分の二以上の多数で再議決しなければ、議案を成立させることができない。三分の二以上の多数の確保が困難なときは、何としてでも成案を得るべく妥協しなければ、廃案に終るしかないのである。従ってこの場合は、協議会を単なる通過的機関のように安易に考えるわけには行かない。

このように見て来ると、両院協議会が審査機関か起草機関かの議論もさることながら、それは両院が終始協調の精神を以て、円満な運営に当ることを、最も基本的な性格とする機関であるということも、この際、再確認する必要があるのではなかろうか。

(1) 鈴木隆夫・国会運営の理論四七八頁
(2) 林田亀太郎・議院法一三〇―一三一頁
(3) 田口弼一・委員会制度の研究五六三頁、五六八頁
なお、この取扱いは第八回帝国議会に既に始まっている。大正一四年衆議院委員会先例彙纂二四三頁
(4) 次の書に僅かに触れた個所がある。鈴木隆夫・前掲書四六七頁
(5) 鈴木隆夫「自粛国会はどう運営されるか」時の法令一六二号一五―一六頁
(6) 佐藤吉弘・註解参議院規則六四頁
(7) 例えば、美濃部達吉・新憲法逐条解説九九頁、註解日本国憲法(下)八九八頁、佐藤功・憲法(下)七六四頁、黒田覚・国会法一七四―一七五頁

(8)　直近の事例では、第一二六回国会平成五年度一般会計補正予算(第一号)外二件両院協議会会議録一号(平成五・六・八)三頁

(9)　第一二八回国会公職選挙法の一部を改正する法律案外三件両院協議会会議録二号(平成六・一・二七)三五頁

(10)　成案を得られずに協議会議長の宣告だけで協議会を終了させた例が過去に一回あるが、これは会期最終日の時間切れ直前の議事であった。第七回国会地方税法案両院協議会会議録一号(昭和二五・五・二)一五頁

(11)　宮沢俊義＝芦部信喜・全訂日本国憲法四六四頁

六　両院協議会

一　最近の事例

この夏（平成一〇年）の参議院議員選挙で自民党が敗北した結果を受けて、橋本内閣が総辞職したことに伴い、七月三〇日に召集された第一四三回国会では、冒頭に衆参両議院で内閣総理大臣の指名選挙が行われた。衆議院では自民党の小渕恵三君を指名し、参議院では野党側が結束して民主党の菅直人君を指名した。そこで、憲法六七条二項に基づいて両院協議会が設けられ、双方の意見の調整が図られたが一致を見ず、規定により衆議院の議決が国会の議決となり、小渕恵三君が内閣総理大臣に就任した。

このように国会の議決を必要とする案件について、衆議院と参議院の議決が異なった場合に、その不一致点を調整して、統一した意思決定に導くための協議機関が両院協議会である。

憲法は、右の内閣総理大臣の指名のほかに、予算と条約についても、両議院の議決が異なった場合は、必ず両院協議会を開くこととしており(六〇条・六一条)、法律案については衆議院の任意によることを定めている(五九条三項)。また、これらを除いて、国会の議決を必要とする他の案件については、国会法八七条によって、後議の議院が先議の議院の議決に同意しないときは、先議の議院は両院協議会を求めることができることとされている。

両院協議会を請求された議院は、これを拒否できない。但し、法律案について参議院が衆議院に協議会を求めた場合に限り、衆議院はこれを拒むことができることになっている(国会八四条二項)。

両院協議会は、両議院が各々一〇名の協議委員を選出して組織し(国会八九条)、議長には各議院の協議委員議長が毎会更代して当たり(国会九〇条)、各議院の協議委員のそれぞれ三分の二以上の出席がなければ議事を開き議決することができない(国会九一条)等、その構成・運営は、協議が円滑に進むように両院平等を建前としている。しかし一方で、協議委員はそれぞれの議院の議決に賛成した会派の中から選出するのが慣例であり、また規程によって、協議会の議事は両議院の議決が異なった事項と当然影響を受ける事項という狭い範囲に制限されているため、案件によっては協議が終始対立して進展しない場合も少なくない。今回の内閣総理大臣の指名の際の両院協議会も、双方がそれぞれの指名者について指名の理由を強調しただけで、会議は僅か一四分間で不調に終わっている。

二　制度・運営の沿革

両院協議会の制度は、明治憲法下の帝国議会時代にもあり、当時は旧議院法の規定を根拠に、協議の対象を議案に限って開かれていた。すなわち、同法五五条によって、甲議院先議の議案が乙議院で修正されて回付され、この回付案に甲議院が不同意のときは、必ず両院協議会を開いて調整することが義務付けられていた。帝国議会では貴族院と衆議院との間で両院平等が原則とされていたので、どちらかの議院が否決した議案はそのまま廃案となり、双方が成立させる必要を認めながら議決が一致しなかった議案についてのみ、両院協議会が設けられ、その協議が不調に終わった場合は、やはりその段階で議案は廃棄された。

この点、新憲法下の国会では、様相が一変した。まず、両院協議会は前記のように、主として憲法の規定を根拠に設置される機関となり、協議の対象も議案に限定されず、内閣総理大臣の指名のような議案以外の重要案件も対象に加えられた。更に、新国会の両院関係では衆議院優越主義が採用されたことから、衆議院が先議した議案を後議の参議院が否決した場合にも、両院協議会を開くことができるようになり、そこで妥協が得られなくても、衆議院のみの意思で議案を成立させる道が開かれた。このように現在の両院協議会は、帝国議会当時とは違って憲法上の機関となり、協議対象が拡大され、法規的には設置される機会も増えたことから、旧憲法下よりは、国会審議の上で重要な位置を占める機関になったと見ることができる。

しかし、実際の運営状況を見ると、必ずしもそうは言えない。特に憲法で設置が義務付けられている予算、条約及び内閣総理大臣の指名に関して開かれる両院協議会は、そこで両院の意見が一致しないときは衆議院の議決が国会の議決となることが最初から確実なため、協議が形式化し、一種の通過儀礼のような印象さえ受ける。内閣総理大臣の指名についての協議会は、今回のものが三回目であるが、前二回の際もそうであった。また、平成元年七月に行われた第一五回参議院通常選挙以来、参議院では野党が多数を占めるいわゆる衆参ねじれ現象が生じたため、衆議院で可決した予算が参議院で否決され、両院協議会に持ち込まれる例が度々起きているが、それらの場合も、協議内容は双方が互いの主張を述べ合うにとどまり、調整のための具体的な提案等は全く行われていない(条約については、まだ事例がない)。

この点、法律案の場合は、若干事情が異なる。法律案については両院協議会を開いても意見が一致しない場合、衆議院は三分の二以上の多数で再議決しなければ、議案を成立させることができない。三分の二以上の確保が困難な場合にも法律案を成立させようとすれば、衆議院側は相当の譲歩を余儀なくされるが、参議院で否決された法律案の場合は、当然ながら参議院側は成立を阻止しようとするから、協議は難航する。第一二八回国会の会期終了間際（平成六年一月）に、政治改革関連四法案のために設けられた両院協議会がその例であり、この時は当時の複雑な政治情勢も反映して、双方の協議委員が激しく対立したまま一旦協議が中断された。そのあと与野党のトップ会談による妥協が実現し、それを踏まえて、形の上では協議会で成案を得たことになり四法案は成立したが、協議会自体の働きで成果を挙げたということにはならず、問題を残している。

このように参議院で否決された法律案について設けられた場合も、両院協議会は本来の機能を発揮しているとはいえない（憲法五九条四項によって、衆議院で参議院が否決したものと見なした法律案については、成案を得た例が一回ある）。結局のところ、現在の国会においても両院協議会が有効に機能しているのは、旧議会時代と同様に、両院の双方が共に成立させる意図を持ちながら、部分的に議決が異なった議案の場合に限られるといっても、誤りではないであろう。

両院協議会で出席協議委員の三分の二以上の多数で可決された成案は、先ず協議会を請求した議院に送られる。そこで可決されれば他院に移され、両院の可決によって案件は成立する（国会九二条・九三条）。第一回国会以来これまでの五一年間に、こうした手続きを経て成立した議案は、法律案が二八件あるに過ぎない。

三　再検討の必要性

現在の国会になって最初の両院協議会は、第二回国会の内閣総理大臣の指名について設けられた協議会であるが、このとき、両院間では各議院が指名した者以外の第三者についても、協議の対象にできるかどうかが論議された。その際、両院の事務局では、新しく制定された両院協議会規程八条の「協議会の議事は、両議院の議決が異った事項及び当然影響をうける事項の範囲を超えてはならない」という規定を挙げて、第三者は両議院の議決の異なった事項以外のものに該当するので、これを議題に供することはできないとの解釈で一致し、以後これが先例となっている。しかしこの点については、その後、学説的に批判が出、これを疑問視する声が高い。

右の八条は、帝国議会の初期に両院協議会に関して貴衆両院の議長間で取り決めた協定の中の「両院協議会ノ議事ハ両院議決ノ一致セサル事項及当然影響ヲ受クヘキ事項ノ外ニ渉ルヲ得サルコト」とあった一項を、そのまま生かして新規程に転用したものである。先に述べたように旧議会当時の両院協議会は、議案の一部について両院の議決が異なった場合にのみ開かれていたから、既に議決が一致している部分にまで議論を拡散させないようにするには、右のような制限が当然必要であり、それは今日でも同種の事例においては有意義である。

しかし現在の両院協議会は、衆議院先議の議案を参議院が否決した場合にも開かれ、また内閣総理大臣の指名についても開かれる。これらの事例では、両院の議決が一致している部分は、最初から存在しない。双方の議決は全面的に異なっていて、対立している。これに対して右の八条は、明らかに両院間で既に議決が一致した部分が存在することを前提として書かれた条文であるから、前提条件の異なる協議会の議事にも、これをそのまま適用することには無理があろう。言い換えれば、この八条の規定は旧議会時代の協議会に適合した規準であり、現在でも一部の協議会には有効であるものの、国会になって新しく拡大された権限に基づく協議会に対しては、必ずしも適合していない。それらの協議会では、議事のあり方について新しい規準が考えられるべきではなかろうか。その意味で、第二回国会当時の両院合意の解釈は、見直す必要があるように思われる。

このほかにも、ここでは詳しく触れる余裕がないが、両院協議会の基本的な性格に関して、これを議案の審査機関と見るか、それとも成案の起草機関と見るかという点で、二説の対立がある。両院協議会は、二院制議会にあっては不可欠の機関であるから、これをより有効に活用するために、制度・運営の全般にわたって再検討されることが望ましい。

〈参考文献〉

鈴木隆夫『国会運営の理論』四四四頁以下、松沢浩一『議会法』五九七頁以下、拙稿「両院協議会の性格」ジュリスト八四二号一五〇頁、同「両院協議会の性格・再論」ジュリスト一〇四五号五七頁。

Ⅲ　一事不再議の原則

七　国会審議における一事不再議の問題点
——保革伯仲時代に改めて考える

一　はじめに

一事不再議とは、議院が一たん議決した問題については、同一会期中に再びこれを審議しないという原則である。会期制度を採用している会議体にあっては、限られた期間内に同一問題を再三審議していては議事の非能率を招くし、また、そのつど議決が異なるようでは会議体としての意思が確定せず、議決の権威も失われる。このため、旧帝国議会以来、一事不再議は議院における重要な議事原則の一つと見なされて来た。

明治憲法三九条は「両議院ノ一ニ於テ否決シタル法律案ハ同会期ニ於テ再ヒ提出スルコト

ヲ得ス」と定め、また当時の貴衆両院の議院規則には、他院において既に会議に付した議案と同一の事件は議事日程に記載できない旨の規定(貴規六七条、旧衆規八六条)があった。これらの条文は、昭和二一年の憲法改正とこれに続く新国会法規の制定の際に排除されたが、その後、この原則を前提として国会法五六条の四に「各議院は、他の議院から送付又は提出された議案と同一の議案を審議することができない」との規定が設けられ、今日に至っている。

こうした経緯にも見られるように、現在の衆参両議院においても一事不再議の原則は基本的には重視されているのであるが、右のような法規の変遷に加えて、会期の長期化や案件数の増加、立法事項の複雑、多様化等の事情もあって、この原則の実際上の取扱いは必ずしも一様ではない。今日までの具体的な事例を辿ってみると、時代によってこの原則の適用の態様にも変化があり、また現に、衆参両院間には解釈、運用の上で明らかな相違点が存在する。そこで本稿では、過去の先例をふり返りながら、これまであまり記述されることのなかった実務的な観点に立って、この原則の運用上の問題点を二、三整理してみたいと思う。

二　単一の案件の再議

最初に、この原則の適用の対象となる「再議」とは、どういう事柄を指すのかをまず明確にしておきたい。

ひと口に再議といっても、①単一の案件が同一機関で反覆して審議される場合の再議と、②同一事項を内容とする二個以上の複数の案件が同一機関で相前後して審議される場合の再議との、二種類の再議がある。

単一の案件の場合を法律案の例で見ると、法律案はまず衆参のいずれか一院に発議又は提出され、原則として所管の委員会の審査を経た後、議院の会議にかけられる。そこで可決又は修正された場合は即日他院に送付され、これを受けた後議の議院でも同様の手順を踏んで審議が行われる。両院の議決が一致すれば法律案は成立するが、後議の議院が修正した場合はこれを先議の議院に回付し、そこでは改めて回付案を審議することになる。このように法律案はいくつもの審議段階を踏んで、成立に向けて機関から機関へと移動して行くわけであるが、一事不再議の原則はそれぞれの段階ごとに適用される原則であって、段階を異にした場合には適用がないものとされている[1]。

この段階の相違とは、委員会と本会議の区別はもとよりであるが、例えば回付案の審議の場合などにも該当する。先議の議院が後議の議院からの回付案を議題とする際は、同一の議案（他院による修正が加えられているが）を再び取り上げるわけであるが、これは前回とは審議段階を異にしているのであるから、再議とはいわない。両院協議会の成案を審議する場合も同様である。この意味で、多くの解説書が憲法五九条二項に基づく衆議院の再議決の場合を指して、憲法改正により新しく設けられた一事不再議の原則の例外と見なしているのは、必ずしも適当ではない。この場合の再議決は、一個の議案の審議過程としては明らかに前回の審議の繰返しではなく、後議の議院たる参議院の審議を経た後の新たな段階の審議に当るから、右の回付案や成案の場合と同様に、もともとこの原則の適用外のケースと見るべきであろう。

これらの場合と違って、同一段階(機関)で反覆して審議される例としては、各議院の委員会における再議を挙げることができる。衆議院規則には議案の再付託の規定(一一九条)があり、委員会が一たん審査を終了した案件について、議院は当該委員会に再付託し、審査のやり直しをさせることができることになっている。また再付託を待つまでもなく、委員会が自らの意思で前の議決を取り消して再議することも、先例として認めている(2)。委員会も一個の会議体である以上、基本的には一事不再議の制約を受けるのであるが、その組織上の地位が各議院の内部にあって本会議のための予備的審査を行う機関であるところから、そこでの審議に慎重を期する意味で、一定の場合に限り再議を許しているのである。この点は規則に再付託の規定を設けていない参議院においても、同様と解される。

これに対して、議院の最終意思決定機関である本会議では、一たび議決が行われたあとは、もはやその案件についての再議はあり得ない。懲罰事犯について除名に必要な三分の二以上の多数の賛成が得られなかった場合に、除名より軽い他の懲罰を科する際の再議はあり得るが、これは案件の性格上特別に認められた制度である(衆規二四六条、参規二四六条)。通常の案件では、仮に院議が錯誤に基づいていたにしても、その訂正は他院による修正か、又は別の案件によって行うしかなく、当該案件について審議がやり直されるということはない。

以上のように、単一の案件が同一機関で繰り返し審議されるという意味での再議は、法規に定められている場合か、又は先例として既に確立されている場合に限られるのであって、そのことが一事不再議の原則との関連で問題視されることはない。この原則の運用の面で議論の対象となるのは、常に、同一事項を内容とした複数の案件の相互関係における再議である。まずこの点を確認しておきたい。

三　複数の案件の相互関係における再議

同一事項に関する複数の案件の相互関係で一事不再議が問題になる代表的な例としては、

(1) 先行した法律案によって一たん議決された条項と同一の条項を、同会期中に別の法律案で更に改正するという、俗に「追っかけ改正」と呼ばれるケース

(2) 政府案と野党案のように、同一問題に関して複数の法律案が提出され、そのうちの一案が

議決されたあとの他の法律案、いわゆる「対案」の取扱いをめぐってのケースとがある。これらを順次取り上げてみたい。

(一)　追っかけ改正

旧憲法には前掲のように否決法案の再提出禁止の規定があったため、一事不再議といえばとかくその観点から解説されることが多いが、この原則の運用の実際は、むしろ可決法案の再議禁止にあるといって差し支えない。

議院において一事不再議の適用が論議された最も早い時期の事例の一つが、第九回帝国議会(明治二九年)にある。この議会で衆議院は、鉄道敷設法第九条の規定を二回にわたって改正して貴族院に送付した。これが貴族院で問題となり、同院では第二の改正案は再議に当るとして議事日程から削除している(3)。この時の論議によって、同会期中に同一条項を重ねて改正することは許されないとの認識が、両院間にかなり浸透したものと推定される。以後、同種の事例は帝国議会の全期間を通じて見当らない。

旧議会の会期は常会の場合でも三ヵ月(旧憲四二条)であり、そのうち実質的な審議期間は二ヵ月程度に過ぎず、その間に一度議決した法律案中のある条項を、再度改める必要はほとんど生じなかったといってよかろう。殊に旧憲法下では、議会閉会中でも緊急勅令によって事実上の立法措置が講じられたので、更にその必要性は少なかったと考えられる。反面、当時は一事不再議の原則が今よりも厳守しやすかったともいえよう。

周知のように、憲法改正によって国会はそれまでの天皇の協賛機関から、国の唯一の立法機関となった。常会の会期も五ヵ月に長期化され、更にそれを自律的に延長することも可能になった。かつては勅令や省令で措置されていた事項の大半が法制化され、その改廃はいちいち国会の議を経ることになり、このため審議件数も増大したが、それらの案件の中には、長期国会の間に一度議決した条項を再び改めようとするものも出て来た。この「追っかけ改正」の事例は、初期国会に早くも出現している。

第一回国会に、政府は地方自治体職員の給与改善等のための地方税法改正案を再度提出し(閣法六六号、一五〇号)、続く第二回国会においても、復興金融金庫法の資本金増額のための改正案を実に三回にわたって提出した(閣法八号、二四号、一四二号)。これらはいずれも敗戦直後の異常事態に対処するための緊急施策の法案であり、衆参両院はすべてを可決、成立せしめたが、しかし最初からこうした「追っかけ改正」の手続が是認されたわけではない。

前述のように、新国会の発足に際して一事不再議に関連する法規は排除されたものの、この原則はその後も不文の条理則として「精神的には生きている」(4)ものと認識されていた。従って第一回国会の地方税法の再改正案に対しては、野党側からこれは国会の権威を損うものとの批判が出、政府側もまた「将来はかかることのないよう十分注意する」旨を答弁している[5]。

しかし、結果としてこれらの実例は、その後の事例に道を開くものとなった。第一三回、一九回、二二回等の各国会に類似の事例が生じ[6]、第二四回国会では中選挙区制を前提として一度改正された公職選挙法に対し、新たに小選挙区制を導入する法案が提出され、双方の改正に重複する条項があったことから、改めて一事不再議の原則をめぐり与野党間に激しい論議が交された[7]。こうした経過の中で理論上の究明はさておき、集積された事例をいわば追認する形で、「既に議決のあった事項が法律として制定された後は、同一会期であっても、これを更に改正し、廃止することは一事不再議とはならない」[8]との見解が次第に定着して来た。つまり、先行する法律案が両院のいずれかに係属している間は不適当だが、それが法律として制定された後であれば、いわゆる追っかけ改正を行っても再議とは見ない、ということである。これは旧議会当時の解釈に比べれば、一事不再議の適用型態が少なからず緩和されたことを意味する。

現在では国会の長期化に伴い、会期の始めと終りとでは社会情勢に変化が生じ得ることから、事情変更が認められる場合の再議の容認は、学説的にはいわば定説となっている。追っかけ改正は、この事情変更による再議の一態様と見ることもできよう。最近の例としては、

第一〇一回国会でのパート減税をめぐる与野党協議の際にこれが問題となり、前記の見解が再確認されている[9]。

ところで追っかけ改正の審議が許されるといっても、実際の取扱いには十分な慎重さが必要であり、次のような事例は問題なしとしない。それは第五一回国会に起きた事例であるが、この国会に政府は「防衛庁設置法及び自衛隊法の一部を改正する法律案」(いわゆる防衛二法案)を二案提出した。第一案(閣法一五号)は昭和四〇年度の自衛隊員の増員案であり、第二案(閣法三七号)は更にそれに上乗せする次年度の増員案であった。つまり第二案は第一案に対する追っかけ改正案であり、本来これらは間隔を置いて審議されるべき関係にあったが、審査に当った衆議院内閣委員会では両案を同日に採決し[10]、翌日の本会議でも二案を一括議題とし順次可決している[11]。

この場合衆議院では、第一案によって一たん是認した自衛隊の総定員数を直ちに覆して、第二案による総定員数に意思を変更したことになる。こうした議事が肯定されるならば、理論上は第三、第四の増員案も引続き可決することが可能となり、それでは会議体としての意思は無制限にいつまでも安定しない。一事不再議の原則は、かかる事態を回避するためにこそ重視されて来たのである。

では、右のような場合にはいかなる手続が妥当かといえば、それは第一案に対して第二案の増員数を織り込む修正を施し、一案件にまとめ、第二案の方は議決不要として廃棄するのが正しい。同種の事例が第二六回及び三四回国会の衆議院大蔵委員会にあり、いずれの場合も適正な議事が行われている(12)。結局、この時の防衛二法案二件は参議院で審査未了となり、衆議院の議決は法律の制定に結びつかずに終ったが、一事不再議の原則を重要視する観点に立てば、この結果はむしろ幸いだったといえよう。

なお、ここで付け加えると、追っかけ改正が問題となるのは法律案中の主要な事項についてである。同一条項の改正であっても字句整理等の軽微なものについては、先行する法律案の成立前に処理されることもある(13)。

㈡　対案の取扱い

国会では、政府からある法律案が提出されると、これと前後して野党側から議員発議の形で対立する内容の法律案が提出されることがよくある。このように同一問題に関して提出者を異にした複数の法律案が併存した場合、これらを相互に「対案」と呼んでいる。この対案という語も慣用語であり、時によって解釈が異なることもあり得るが、通常、一議案が可決された場合、内容的にその案と重複する部分を持ちあるいは対立点を含む対案は、これを更に可決すると前の議決との間に矛盾を生ずるため、一事不再議の適用を受け、以後は審議の対象から除外される。こうした際の対案について、衆議院では帝国議会以来、特に「議決不要」という処理を行って来ている[14]。昨今この先例は必ずしも励行されていないが、これが意味するところは、衆議院では原則として一議案議決後の対案を、一事不再議に抵触する「一事」と見なして来たということである。これに対し、貴族院には議決不要の慣行がなく、また今日の参議院においてもこうした処理方法は存在しない。

ところで、前記のように国会法五六条の四は、他院から送付又は提出された議案と同一の議案は審議できない旨を定めている。この規定は、第一九回国会に両院がほぼ同一内容の議案を相互に提出し合い[15]、双方が一事不再議の原則に拘束されて他院の提出案を審議できず、両案を共に不成立に終らせたことから、こうした事態の再発を防ぐために昭和三〇年に新設されたものである。この規定の「同一の議案」の解釈をめぐって、従来、衆参両院の実務担当者間には見解の対立がある。

右の対立は、例えば衆議院が政府案を可決して参議院に送付した後に、野党が衆議院に提出していた対案を撤回して参議院に出し直そうとするような場合に、表面化する。この出し直しが実行されると、参議院では同院規則二五条によって当該議案を予備審査のため衆議院に送付することになる。しかし、衆議院ではこの議案は既に事実上処理ずみのものであり、一事不再議の原則によってもはや審議の対象にはできない。そこで衆議院側では、こうした出し直しを批判すると共に、「同一の議案」の意味を同一事項に関する議案というように広く解釈して、その中には対案も含めるべきだと主張している。

一方、参議院側では、議案の審議型態では衆議院と何ら変りなく、政府案と野党案とを対置させて論議することを当然視する。そのためには衆議院議決案を受け取った後であっても、新たな対案の発議は許されなければならない。そこで右の「同一の議案」を狭く解釈し、全くの同文か又は字句に多少の差異がある程度の同内容の議案に限定し、対案の如きはもとより含まれないとの見解に立っている。

以上のような対立は、しかし今日までのところそれほど重大視されることはなかった。一つには、両院の実務担当者が事前に調整し合い、できるだけトラブルの発生を防止して来た事情がある。更に両院における与野党の勢力比がほぼ一致していたので、野党提出の対案はほとんど常に議決に至らず、問題を顕在化させることがなかった。しかし昨年（平成元年）七月に行われた第一五回通常選挙の結果、参議院では与野党の議席数が逆転したため、両院間で議案を成立させるための条件が一変した。従来のように衆議院で可決された議案は、そのまま参議院でも可決されるという予測がつかなくなり、長年忘れられていた両院協議会の活用も話題となっている。こうした事態を迎えて、一事不再議の原則と国会法五六条の四との関係にも、再検討の必要が出て来ている。

先般開かれた第一一六回国会では、参議院で野党四党の共同提案による消費税廃止関連法案が議決され、衆議院に提出された。これに対し衆議院では、消費税見直しのための法案が与党によって検討されたものの発議には至らず、結局、参議院の廃止法案も審査未了に終っている。従来、国会で審議される案件の大半は衆議院先議が通例であったが、右のように、与野党対決の重要法案でさえ参議院の審議が先行するような例が増えると、対案の取扱いに関し、衆議院側ではこれまでの主張どおりに運営して行けるのかどうか、再考を要することになろう。

他方、次のような事態も懸念される。衆議院先議の法律案について、これを受け取った参議院が修正して回付すれば成立の可能性があるものを、「同一の議案」に該当しないとの解釈に従い、それに代る対案を議決して衆議院に提出するようなことがあれば、衆議院では一事不再議によりその議案を審議することができない。この場合は憲法五九条二項及び四項に基づき、衆議院が先の議決から六〇日経過した後に再議決する以外に、法律を成立させる道がないことになる。つまり、参議院側の見解には、運用次第で立法の方途を狭めてしまう危険がある。

衆参両院間の与野党逆転の状態は、今後必ずしも長期化するとは限らないが、本来国会法に規定された両院共通の事項について、双方の見解に不一致があるのは適当ではない。この機会に、右に述べて来たような対案の取扱いと「同一の議案」の解釈については、両院間で見解を統一する必要があるように思われる。

四　おわりに

一事不再議の原則が帝国議会では厳格に適用されていたのに比べ、現在の国会ではそれが若干緩和されている事態を見て、学説の中にはこの原則の重要性を疑問視するものも現れている(16)。しかし、この原則の適用例は上述のような事例にとどまらず、例えば、法律案と決議案あるいは法律案と請願というように異なる種類の案件の間の再議の場合とか、政府案の一部を取り出して議員立法で成立させる際の両案の議事の調整の場合とか、他にもいくつかのケースがある。更にいえば、この原則の影響は議事手続の細部にまで及んでいるのであり、これを安易に軽視するわけにはいかない。ただ、この原則に関連する事例は実に多種多様であり、それらを一律に体系づけることには困難が伴う。そのため実際に適用する際の判断は、とかくケース・バイ・ケースに陥りがちとなり、時には前後に矛盾を生じ、それがまた体系化を困難にさせる、といった側面もある。

しかし、国会が現行の会期制度と従来の運営方式を大きく変更しない限り、一事不再議の原則は今後も各議院において重視されて行くに違いないし、そうである以上、この原則の運用には、適正さと、より一層の一貫性が求められることになろう。それに応えるためには、衆参両院はこれまでの事例を集大成して理論化し、できれば両院に共通するルールを確立することが望ましい。本稿がそうした作業に多少とも役立てば幸いである。

(1) 鈴木隆夫『国会運営の理論』一五三～四頁。水木惣太郎『議会制度論』四八九頁
(2) 衆議院委員会先例集(昭和五三年版)一三五頁
(3) 第九回帝国議会貴族院議事速記録三三号(明二九・三・一一)三八六～八頁。なお、貴族院先例録(昭和一四年版)一一一号参照。
(4) 西沢哲四郎「国会法立案過程におけるGHQとの関係」(昭三四、憲法調査会事務局)一九頁
(5) 第一回国会参議院会議録六五号(昭二二・一二・八)一一九一頁の鈴木直人君による委員長報告参照。
(6) これらの事例については、第二四回国会参議院議院運営委員会会議録三一号(昭三一・三・二八)二一～四頁の林修三政府委員の説明参照。
(7) 第二四回国会衆議院議院運営委員会会議録二八号、同参議院議院運営委員会会議録三〇・三二号、同衆議院公職選挙法改正に関する調査特別委員会議録一二・一三・一五号参照。
(8) 鈴木隆夫・前掲書一五八頁
(9) 朝日新聞(昭五九・三・一三朝刊)「パート減税で協議申し入れ」、同(昭五九・三・一四朝刊)「パート減税、今国会で立法化に道」参照。
(10) 第五一回国会衆議院内閣委員会議録五〇号(昭四一・六・二四)三八頁
(11) 第五一回国会衆議院会議録六九号(昭四一・六・二五)一五〇八頁

(12)　第二六回国会衆議院大蔵委員会議録二三号（昭三一・三・三一）一〜二頁、第三四回国会衆議院大蔵委員会議録二一号（昭三五・四・二八）一四頁

(13)　衆議院委員会先例集（昭和五三年版）一三三〜四頁

(14)　衆議院先例集（昭和五三年版）三四七〜九頁、衆議院委員会先例集（昭和五三年版）一三五〜一四〇頁

(15)　この時、競合したのは、衆議院提出の「特定の公務員の営利企業への関与の制限に関する法律案（衆法九号）」と、参議院提出の「国務大臣等の私企業への関与の制限に関する法律案（参法二号）」であった。両案は全く同一の議案というわけではなく、制限範囲を異にしており、いわば対案の関係にあった。

(16)　清水睦『現代議会制の憲法構造』一二五頁参照。

八　一事不再議の原則の適用に関する考察

一　はじめに

一九九〇年(平成二年)一二月二七日、旧ソ連邦の国会に当たる人民代議員大会では、新設された副大統領ポストに、共産党政治局員兼書記のヤナーエフを就けることの可否をめぐって投票が行われた。当時の大統領ゴルバチョフは、政権掌握以来ペレストロイカを掲げて急進的な改革政策を推進して来たが、経済面での失敗からこのとき窮地に立っていた。既に数日前に、彼の片腕として改革路線を支えて来たシュワルナゼが閣外に去り、大統領は政権基盤を固めるために、対立して来た保守派の中から、実務官僚であるヤナーエフを副大統領に起用せざるを得ない状況にあった。

この日、午前九時から行われた投票で、ヤナーエフは出席者の過半数の支持は得たものの、議決要件とされる総議員(現在員)の過半数には達せず、副大統領人事は不承認と決せられた。当然、代議員の間からは人選のやり直しを求める声が上ったが、ゴルバチョフはこれを拒否して、重ねてヤナーエフの承認を要請した。再議である。午後三時半、再び投票が繰り返され、今度は前回よりも賛成が一四八票増えたことにより、ヤナーエフ副大統領は辛うじて承認された。

翌日の日本の新聞は、こうした人事の難航によって、ゴルバチョフ大統領の威信は更に傷ついたと論評していた。だが、この経緯によって威信を失墜させたのは、大統領よりもむしろ議会側であったといえるのではなかろうか。人民代議員大会は、一旦は正規に決定した議決意思を、その日のうちに覆えしたのであり、一五〇名近い代議員が最初の投票から僅か数時間の間に、大統領側の切崩しに遭って表決の態度を変更したのである。このような事態が起きるのでは、民意を代表する議会としての威信は保てないと思う。

各国の議会制度には、それぞれの国情に応じて固有の議事法則や慣行があり、こうした旧ソ連邦議会の議事手続きを見て、安易にその当否を論ずることは慎しむべきかも知れない。しかし、わが国の国会では、右のような事例はまず絶対に起きないといってよいであろう。旧帝国議会以来、わが国では「一事不再議の原則」を重要な議事原則の一つに数えており、議院において一旦議決した案件と同一の問題は、同じ会期中には再び審議できないものとされている。ましてや、同日中に同じ案件について審議をやり直すというような事態は考えられない。それは、限られた会期の中で同一問題を再三審議していては議事の能率性を損うし、また議決が度々変更されるようでは、会議体としての意思が安定せず、議決自体の権威も失われるからである。

現在の国会でも、衆参両院ともにこの原則を基本的には順守すべきものとしている。しかし、議院の議決の対象は多数あり、内容的にも複雑多岐にわたって相互に重複するものもあるから、何と何が一事に該当し、どのような場合にこの原則を適用するのが正しいのか、判断に迷う場合がしばしば起きる。そのため様々な局面でこの原則の適用が争点になり、これまでにも何度か会派間に激しい論議を呼んだことがある。

かつて内閣法制局長官や人事院総裁を歴任した佐藤達夫氏は、随筆の中で「もうそろそろ……すっきりしたルールを確立して、一事不再理（議）の論議こそ、今後は〝一事不再理（議）〟に願えないものか」（括弧内は筆者）と皮肉まじりに記していたが、佐藤氏がこのように書いてから三十年以上を経た今日でも、一事不再議に関して両院に共通するような「すっきりしたルール」が確立されているとはいえない。そこでここでは、旧帝国議会以来のこの原則に関する数多くの事例の中から、主要なものをいくつか取り出して、それらを具体的にふり返ってみることで、今後のルールづくりの参考に供したいと思う。

二　第一九回帝国議会における勅語奉答文事件

わが国の議会百年の歴史の中で、一事不再議の原則によって政局が左右された最も顕著な事例を挙げるとすれば、それは第一九回議会における勅語奉答文事件であったといえよう。この事件は、明治三六年一二月一〇日の開院式直後に開かれた衆議院本会議で、五日前に新任されたばかりの河野広中議長が、あらかじめ用意された勅語奉答文ではなく、政府弾劾の字句を入れた自作の案文を朗読したため、これが可決されてしまったというものである。

現在の国会でも会期の初めに開会式が行われるが、帝国議会の開院式は、現在の開会式よりも遥かに法的、政治的に重要な儀式であった。明治憲法の下では立法権は天皇に属し、帝国議会はその協賛機関と位置付けられており、議会が召集されても貴衆両院は直ちに審議には入れず、開院式で天皇が読み上げる勅語によって召集目的が示されて、初めて活動能力が与えられるものとされていた。従って開院式の勅語に対して協賛の意思を表明する奉答文は、概ね型にはまった短い文章ではあったが、単なる儀礼を超えた制度上の重い意味を持っていた。奉答文の案文は、衆議院ではこの事件以後には起草委員を選んで作成することに改められたが、それまでは事務局が起草したものを議長が各会派の代表を招いて示し、その了承を得た上で本会議に諮っていた。河野議長は、この各会派代表の招集を意図的にカットしたのである。

当時、ロシアは満州を事実上軍事占領してわが国に威圧を加えて来ており、これに危機感を覚えた国内では、対露強硬論が急速な高まりを見せていた。しかし、桂太郎内閣は大国ロシア相手の開戦には慎重にならざるを得ず、交渉による打開策を模索していた。そうした中、対外硬派の河野広中が衆議院議長に就任したのを機に、主張を同じくする議員たちがひそかに仕組んで、議長に右のような行動をとらせたのである。

可決された奉答文には「今や国運の興隆洵に千載の一遇なるに方て、閣臣の施設之に伴わず、内政は弥縫を事とし、外交は機宜を失し、臣等をして憂慮措く能わざらしむ」といった文句が含まれていたが、当日、河野議長はこの部分を特に声を張り上げて、悠然と読み上げたという。そのため、出席者は誰一人これが異例の奉答文とは気付かず、全員が異議なく賛成した。

本会議散会後、事態を知った議員たちの間には動揺が走った。衆議院では同年三月に総選挙が行われたばかりであり、議員たちの多くは再び衆議院が解散されることを怖れた。政府もまた驚愕した。奉答文は翌日、議長が宮中に参内して天皇に奉呈することになっていたが、これが奉呈されると、衆議院が内閣不信任の意思を上奏したのと同じ意味を持つことになる。そこで政府は急拠宮内省に命じて奉呈の日程延期を衆議院に申し入れさせ、次いで再議の途を探った。

当時の衆議院書記官長林田亀太郎の許には、政府系の議員が激昂して詰めかけ、議事のやり直しを求め、再議請求書まで書いて提出した。書記官長は更に桂首相にも呼び出されて、直接詰問を受けた。しかし、彼は一貫して再議はできないと答えている。理由は、当日の議事は適法に行われ、手続きに瑕瑾がない。議長があらかじめ案文を各会派に示すのは参考のためであって、起草の権限は議長にある。出席議員はそれぞれの自由意思で賛成したものであり、議決の結果を見た上で解散の可能性を懸念して意思を変更したとしても、それは取り上げられない。これが議院法の精神に基づく解釈である、というものであった。有力会派の政友会や進歩党の中でも議論が沸騰したが、幹部が「一旦正式に確定したる院議を翻すが如きは、議院の体面に関する」との判断から、再議は不可との結論を出したことで、大勢は決した。

以上のような顛末は、林田亀太郎の著書『明治大正政界側面史』に詳しく記述されている(1)。

そこでは「一事不再議」という議事用語は一度も使われていないが、これはまさしくこの原則の適用例である。旧憲法三九条には「両議院ノ一ニ於テ否決シタル法律案ハ同会期中ニ於テ再ヒ提出スルコトヲ得ス」とあり、また当時の貴衆両院の議院規則には、他院において既に会議に付した議案と同一の事件は、議事日程に記載できない旨の規定(旧貴族院規則六七条、旧衆議院規則八六条)が設けられていた。これらはいずれも一事不再議の原則に基づいて、その態様の一面を規定したものである。しかし、右の林田書記官長の対応を見ると、これらの明文規定に限定されず、この原則の適用の範囲は、

一、議案が否決された場合に限らず、可決の場合も含まれること

二、法律案以外の案件も対象になること

三、両院の議決を必要とする案件だけでなく、一院限りの案件にも適用されること

等の幅広い解釈が、既に確立されていたことが窺える。もしもこのとき林田書記官長が、前記の条文の規定範囲にこだわって狭い解釈を下すか、あるいは奉答文の内容周知が不徹底だったとして確認のための再議に応じていたら、その後の一事不再議の適用型態は随分変ったものになったことと思われる。

桂内閣は結局再議を断念し、問題の奉答文は上奏されないままに、翌一一日衆議院は解散された。予想もしなかった事態を迎えて、恐らく前議員たちは選挙区へと急ぐ旅の中で、賛

否の意思表示における議員の責任の重大さと、議事原則の厳しさとを深く認識したに違いない。その意味でこの事件は、その後の政府の対露政策を動かしただけではなく、帝国議会における議事原則の運用面にも強い影響力を残したものといえるのではなかろうか。

（三）請願と法律案との関係

第一四回議会（明治三三年）の衆議院に、大日本私立衛生会という大阪の団体から「ペスト病ニ感染シタル医師救助ニ関スル請願」が提出された。わが国に初めてペスト菌が侵入したのは、前年の明治三二年一一月のことであり、清国から輸入された原綿の荷の中にペストに汚染されたネズミが潜入していて、この原綿が神戸に陸揚げされて大阪に運ばれたため、阪神地方でペスト患者が続発した。当時の日本にはこの病気に対する効果的な治療法が伝わっていず、そのため防疫に当たった医師の中からも犠牲者が出て、更には医師の家族にも感染が拡まった。請願の内容は、こうした医師やその遺族に対して、国から扶助料を特別支給して貰いたいというものであった。この請願は至急審査（旧衆議院規則一五六条）という手続きを経て、提出から数日のうちに衆議院で採択されて政府に送られた。政府もまた事態の緊急性に配慮して、僅か五日後に「伝染病予防救治ニ従事スル者ノ手当支給ニ関スル法律案」を衆議院に提出し、この法案は一週間後の明治三三年二月一九日には両院を通過して成立している。

これは衆議院が採択した請願に対して、政府が迅速に反応した極めて珍しい事例の一つであるが、一般的には採択送付された請願について、その時々の政府は比較的冷淡に対処するのが通例であった。例えば、衆議院が請願の処理経過の報告を求めても、政府がこれを無視して報告しないことはしばしばであった。そこで衆議院では第二二回議会(明治三八年)に到って「法律ノ制定ニ関スル請願取扱規則」を新たに議決して、法律の制定や改廃を求める請願で請願委員会が採択すべしと判断したものについては同委員会でそのための法律案を起草して議院に報告することができる、そしてその法律案は請願委員長を提出者とし、成規の二〇人の賛成があるものと見なして取扱い、原則として特別委員会には付託せず直ちに審議する、という制度を設けた(2)。右の事例でいえば、衆議院ではペストの請願を採択した上で政府に対策を求めるのではなく、その際は請願委員会自体が、伝染病予防救治云々の法律案を起草して提出できることにした。つまり、一定の制限はあるものの、現在の国会で委員会に認められている法律案の提出権に近い権限が、このとき請願委員会にのみ与えられたわけである。この取扱規則は、後に大正一四年の衆議院規則改正の際、第百六〇条二項として挿入されている。

この規則に基づいて、その後は請願委員長提出法律案が度々提出されている。それらの法律案は請願の採択が前提となっているものであるから、これを議院が審議する際は、まず請願の採択を議決し、次いで法律案を議題とするのが順序であるが、それでは同一問題について再議することになるのではないか、との疑問が起きる。また、請願を先に審議して万一それが不採択と決せられたときは、請願委員会が苦心して起草した法律案が議決不要に終る虞れも出て来る。そこで請願委員長提出法律案を議題とする際は、原因となった請願は後廻しにして法律案のみを先行させ、それが可決されたときは自動的に請願も採択されたことにし、法律案が否決されたときは請願の方も不採択とするという取扱いが生まれた。いうまでもなく、これは一事不再議の原則に配慮した措置である。そしてこの取扱いは、因果関係を持つ請願と請願委員長提出法律案との間にとどまらず、次第に一般の政府提出法律案や議員提出法律案と、これに関連する請願との間にも適用の範囲を拡げて行き、そこから衆議院に特有の「みなし採択」の先例が確立された。

衆議院先例彙纂(昭和一七年一二月改訂、上巻五三九頁)には「議決セラレタル議案又ハ請願ト目的ヲ同シクスル請願ハ議決ヲ要セス其ノ請願ハ議案又ハ請願議決ノ結果ニ依リ採択又ハ不採択ト看做サル」とあり、第三六回議会(大正四年)の会期終了日にこの取扱いが院議決定された旨が記されている。つまり、既に議決された議案又は請願と同一目的の請願は、議事日程には記載するが議決の対象とはせず、前の議決に従って採択又は不採択の議決がなされたものと見なして処理する、ということであり、この先例はそのまま現在の衆議院にも継承されている[3]。一方、旧議会の貴族院でも同一目的の請願と法律案とをそれぞれ審議の対象とすることはあり得たわけであるが、衆議院のような「みなし採択」の慣例は生まれなかった。これは貴族院では、請願委員会に法律案の提出権を与えるような制度を設けなかったために、因果関係を持つ請願と法律案とが同時に審議の対象になるという事態が起きず、従って、この問題と一事不再議の原則とを深く関連付ける機会がなかったからではないかと推定される。そしてこの状態は今日の参議院にも引き継がれ、参議院でも「みなし採択」という処理は行わず、前の議決と同じ議決を繰り返すことで対処している。

しかし、現在の参議院においても、同一目的の議案と請願の間に「一事」の関係が存在することは、十分に認識されている。第一二回国会の参議院議院運営委員会（昭和二六・一一・一六）で河野義克参事が、法律案に関係のある請願の審議について「請願の審査を先にしますと……参議院の態度があらかじめ固定してしまうという例もございますので、従来の両院の先例通り、関係の法案が出ております場合には、法案の審査を待って請願の審査をするというふうに、この際改めて御確認をお願いしたい」と発言して、これが了承されている。議院の活動の重点は、立法のための案件審査に置かれるから、法律案と請願とを比較した場合、法律案の方が重視されるのはやむを得ないところであろう。請願についての採否の結論を出したあとに、これと密接な関連を持つ法律案を審議することになれば、法律案についての意思決定が先の請願の採否によって拘束される。そのような事態を回避するため、同一目的の請願と法律案とでは、請願の方を後廻しにせざるを得ない。更にいえば、既に受理している請願と同趣旨の議案がいつ提出されて来るか事前には必ずしも明らかではないから、議案の提出状況の見極めがつくまでは、請願の審査全体が先送りされることになる。請願審査が衆参両院に共通して会期末に集中して行われているのは、主としてこのような事情によるものである。

従来、両院における請願審査のあり方については、様々な機会に批判が加えられている。会期中の早い段階から、積極的に審査して処理すべきだとの声は高い。そうした批判に応えて、参議院では昭和五五年の第九一回国会で、会期の途中に随時請願を処理する試みがなされたが、長続きしていない。この方式が定着しない理由の一つには、以上に述べたような一事不再議の原則との関連もあるということを、批判者には理解して貰う必要があるであろう。その上で、緊急を要する請願については、前述の旧議会におけるペストの請願の際に行われたような至急審査の制度を復活させて、紹介議員から付託委員会に対し、その旨の請求ができるようにすることが考慮されてもよいのではなかろうか。

四 憲法における衆議院優越の規定との関係

前記のように旧憲法三九条には、「両議院ノ一ニ於テ否決シタル法律案ハ同会期中ニ於テ再ヒ提出スルコトヲ得ス」と定められていたが、新憲法制定の際にこの規定は排除された。これが排除された理由については、いくつかの説がある。

第九〇回議会(昭和二一年)における憲法改正案の審議中の中で、提案者の金森徳次郎国務大臣はこの点につき次のように説明している。この規定は「多少官僚的と申しますか、或る議員の主張を封鎖するような意味を持って居り……人民の意見の伸びないように考えて居る……その考えは正しいものではない。同じ会期中にも色々と意見が変り得ることもありますから、そう云うことは自然の妥当なる原理に任して、人為的な抑制を加えないで宜しいのではないか、斯う云う考え方でこの憲法の上には左様な規定を落したのであります」(4)。

帝国議会時代には、衆議院が長時間の議論を経て漸く通過させた法律案が、貴族院で簡単に否決され、成立を阻まれるという事例が珍しくなかった。その場合、衆議院ではこの三九条によって再提出が禁じられていたので、次の会期に最初から出直す以外に方法がなかった。こうした過去の実情を踏まえて、金森国務大臣は、新憲法では貴族院の存在が否定され、議事手続きの上でも民主化が図られていることを強調するために、右のような説明をしたものと考えられる。

しかし、一方衆議院では、新制度の下でも一事不再議の原則を重視して行く考えに立ち、却ってこの規定の存続を図っていた。憲法改正案の審議に並行して進められていた国会法の立案過程で、衆議院事務局では草案の中に「国会の議決を要する議案で、両議院の一において否決したものは、同会期中において再び提出することができない」という条文を用意していた。新憲法に規定されないなら、国会法の方に残しておく必要があると考えていたわけである。だが、この案は連合国軍総司令部（GHQ）の指示によって削除された。GHQでは、国会の常会が五ヵ月に長期化されることから、会期の始めと終りとでは事情変更も起り得るので、こうした規定は不必要ではないかといい、衆議院側もそれに同意したと、当時国会法の立案作業に携っていた西沢哲四郎氏が述べている[5]。ただし、衆議院では、この規定がなくなっても、一事不再議の原則は精神的に生きているとの認識を持ち続けて来たとも、西沢氏は語っている。

これらの理由のほかに、新憲法五九条以下の衆議院の優越を定めた規定との関連が挙げられる。現行憲法では国会の意思決定について衆議院優越主義を採用し、衆参両院の議決が異なった場合、一定の条件の下で衆議院の議決を以て国会の議決とする制度が創設された。従来は、貴衆両院のいずれか一院が否決した議案は廃棄されるしかなかったが、新制度では参議院先議の法律案又は条約が参議院で否決された場合でも、これを衆議院に提出し直せば成立させることが、必ずしも不可能ではなくなった。従って、旧憲法三九条のような規定は、こうした衆議院の優越性とは矛盾することになるので排除された、というものである(6)。この説は、憲法解釈に基づいており、三説の中では最も妥当な理由といってよいであろう。

ところで、実際に参議院先議の案件が同院で否決された後、同じ会期中に衆議院に提出し直され、それが可決されて参議院に送付された場合、参議院はこれにどう対応することになるのであろうか。現実にはこのような事例はまだ生じていないが、参議院にとっては明らかに再議となる。この場合、参議院には次の三つの対応が考えられる。

第一は、当該問題についての参議院の意思は先の否決で確定しているから、一事不再議の原則によってもはや再議はできないとして、衆議院送付案を議長の手元か又は所管委員会に付託した状態で放置しておくというものである。この場合、案件が条約であれば、憲法六一条によって参議院が受け取った後、三〇日経過した時点で、その条約は自然成立する。法律案の場合は、憲法五九条四項により、衆議院では参議院に送付後六〇日過ぎたあと参議院がこれを否決したものと見なし、両院協議会を求めるなり、三分の二以上の多数で再議決するなりして、成立を図ることになる。

第二には、参議院では手続きとしては通常の衆議院送付案と同様に取り扱うが、実質的な審議は一切行わず、前回と同じく否決の決定をするというものである。これも一応、同一会期中の議院の意思は一あって二なしという一事不再議の原則に従う措置である。参議院には請願に関して、先に採択した請願と同趣旨の請願は同じく採択の議決をするという先例があり(7)、こうした請願の取扱いをこの場合に限って議案にも応用すれば、再度否決することも可能かと考えられる。その際、案件が条約の場合には、国会法八五条により衆議院は直ちに両院協議会を求めることになり、そこで成案が得られない場合でも、衆議院の議決通りに条約は成立する。法律案の場合は、衆議院では両院協議会を求めるか、再議決を行うか、いずれかを選ぶことになる。

第三の対応は、参議院では先の先議の場合の審議とは切り離して、新たな観点に立って衆議院送付案を審議し直すというものである。この場合は、事態を一事不再議の原則の適用外のものと認識することになる。参議院が既に否決した議案と同一内容の議案を審議するのは、まさしく再議に当たるが、現行憲法が両院関係の規定の上で右のような事態を容認している以上、一院の議事原則に拘泥するわけには行かないという判断である。この場合でも重ねて否決することはあり得るが、可決又は修正も当然あり得る。

以上の三つの対応のうち、参議院ではいずれを選ぶべきかを論じた文献は、未だに見受けられないようであるが、最近の混迷した政治情勢を見ると、実例が生ずる前に理論的な検討を進めておく必要があるように思われる。

なお、若干事情は異なるが、衆議院の再議決との関連で、一旦否決されて廃案となった法案と同趣旨の法案が、再提出されて成立した事例がある。第七回国会（昭和二五年）に内閣から、政府職員の給与法の期限を一年延長するための同法の改正案が提出され、衆参両院の意思が異なったので衆議院では再議決を図ったが、三分の二の賛成がなく廃案となり、たまたまその日が期限当日であったため、政府職員の給与法が消滅してしまうという事態が起きた。このときは翌日、衆議院に消滅した給与法と実質的に同一内容の法律案が議員発議で提出され、両院が一日でこれを成立させて事なきを得ている。この事例を重視して、憲法五九条二項による衆議院の再議決の結果として議案が不成立に終った場合であれば、同一内容の議案を再提出しても一事不再議の原則の適用は排除されるという説がある(8)。しかし、右の事例は本来消滅させてはならない法律が、手続き上の行き違いによって消滅してしまったものであり(9)、これを早急に復活させることはむしろ立法府の責任であろうから、いわば緊急避難的措置と見るべきで、緊急性のない法律案の場合ならば、やはりこのような際にも一事不再議の原則を適用するのが妥当と思われる。

五　国会法第五六条の四との関係

昭和二八年一二月に召集された第一九回国会では、内閣から提出された教育二法案、防衛二法案、警察法案等の重要法案をめぐって与野党が対立し、審議は数次にわたって大荒れに荒れた。これに加えて保全経済会事件、造船疑獄、陸運疑獄等の汚職事件が相次いで表面化し、会期中に五名もの国会議員が逮捕され、最終的には史上に有名な法務大臣の指揮権発動という異例の事態まで出現した。

当時は第五次吉田内閣の時代であり、閣僚の中にも造船・海運関係の会社に役員として名を連ねている者がいた。そこで野党側は、こうした事例が構造汚職を生む一因になるとして、国務大臣等が営利企業の経営に関与することを禁止するための法律案を用意したが、複数の野党が両院間で功名を競ったためか、二つの法律案が衆参両院の双方で別々に発議されることになった。最初に参議院に「国務大臣等の私企業への関与の制限に関する法律案(参法二号)」(昭和二九、二、一七発議)が提出され、二日遅れて衆議院に「特定の公務員の営利企業への関与の制限に関する法律案(衆法九号)」(昭和二九、二、一九発議)が提出された。この二つの法律案は目的を同じくしていたが、参法二号の方は私企業への関与を禁止する範囲を、内閣総理大臣その他の国務大臣、内閣官房長官、政務次官としており、他方、衆法九号の方はこれらのほかに法制局長官、内閣官房副長官、人事官、検査官、大使、公使を加え、制限の範囲を広く定めていた。解説書の中には、このときの両案の内容について、全く同一内容の議案であったかのように説いているものがあるが、それは誤りであり、右のように二案はむしろ対案関係にあったと見るのが妥当である。

衆参双方の案は、それぞれの院で所管委員会（衆議院は人事委員会、参議院は内閣委員会）に付託されたまま三ヵ月近くを経て、五月一二日にまず衆法九号が委員会で修正議決された。ところが、本会議への上程が警察法案の審議の影響を受けて遅れている間に、二日後の一四日、参法二号の方がこれも修正を施されて参議院から衆議院に提出され、翌日委員会に付託された。ここで、衆議院では目的を同じくする衆法と参法の二法案が併存し、そのうちの一つは本会議に、他の一つは委員会に係属するという珍しい事態が起きてしまった。その後五月二〇日に到り、衆議院は議事日程に掲載されていた衆法九号を、委員長報告の通り修正議決して参議院に送り、参議院でも即日これを委員会に付託した。このようにして、共に国務大臣等の私企業への関与を禁止するための法律案が、互いに交差する形で他院に送られ、それぞれ相手の所管委員会に納まった。

前記のように、二つの法律案は同一目的を掲げながら内容的に若干相違しており、双方の修正点も異なっていて、いわば対案の関係にあったが、両院の付託委員会では先に議決した自院議員の発議案と同一問題であるため、一事不再議の原則に抵触するとして他院の提出案は一切審議せず、従って両案は共に廃案に終った。もしもこのとき、いずれか一院の案だけが審議の対象とされていたならば、一事不再議の問題は生じず、多少の曲折はあっても法案は成立していたかも知れない。

こうした事態への反省に立って、昭和三〇年の国会法改正の際に、新たに第五六条の四として「各議院は、他の議院から送付又は提出された議案と同一の議案を審議することができない」との規定が設けられた。これはつまり、一院が他院から議案の送付又は提出を受けたときは、同一内容の議案について既に審議中であっても、他院から受け取った方の議案を優先させて審議するということを定めたもので、国会関係の法規上、一事不再議の原則に関連する条文としては、今日これが唯一のものである。大半の解説書では、この規定によって上述の第一九回国会における二案相殺のような事態は、回避されることになったとしている。

しかし、実はまだ若干の問題が残っている。その一つは、右の国会法五六条の四の規定にある「同一の議案」の解釈についてである。第三八回国会（昭和三六年）の衆議院では、農政の基本方針を定める農業基本法案が内閣と日本社会党の双方から提出され、激しく競合した結果、与党側は審議を強行して政府案を可決し参議院に送った。そこで社会党は同党の案を一旦撤回し、改めて参議院に提出し直して審議しようとした。しかしそれが実行されると、同案は参議院から衆議院に予備審査のため再び送付される（参議院規則二五条）うえ、仮りにそれが可決されて送られて来た場合には、衆議院では一事不再議の原則によってもはやその案を審議することができない。このため衆議院事務局では、この規定の「同一の議案」は同一問題に関する議案というように対案を含めて広く解釈すべきものとし、右のような出し直しは適当ではないとの見解を示し、このときは社会党もそれに同意した。一方参議院では、衆議院から政府案を受け取った時点で、既に民主社会党提出の農業基本法案が発議されていた。そのため「同一の議案」を衆議院側の主張のように広く解釈すると、審議の対象は政府案のみに限定されて、民社党案をはじめ野党案は一切審議ができないことになる。そこで参議院では「同一の議案」を全くの同文か、又はそれに近い同一内容の議案というように狭く解釈して、対案はその中に含まれず、審議の対象になし得るとした。このときの両院の解釈の対立はその後も尾を引いており、未だに両院間で見解の統一がなされていない。

いま一つは、第一九回国会の実例に見られるように、衆議院において、ある法律案が委員会の審査を終了して本会議にはまだ上程されない状態のところに、参議院から同一内容の法律案が送られて来た場合の取扱いである。現在の国会審議は委員会中心制を採用しており、発議又は提出された議案は原則として直ちに議長によって所管委員会に付託される(国会法五六条二項)から、右の場合も参議院提出案は衆議院で即日委員会に付託される。しかし、付託委員会では既に同一問題について議決したあとなので、一事不再議の原則によりその案を審査することができず、従って委員会としては参議院提出案を生かすことができない。恐らく第一九回国会の場合も、当時の衆議院では参法二号を生かす方法に窮して、衆法九号を議決するしかなかったのではないかと推定される。このような事情は、国会法五六条の四が規定された現在でも変っていない。

では右のような場合に、衆議院では参議院提出案を優先して審議するために、どのような方法が考えられるのであろうか。委員会に付託されている法案を本会議が取り上げて直接審議する方法としては、国会法五六条の三に基づく中間報告が挙げられる。しかし、中間報告を行えるのは委員会の「審査中の案件」であり、付託されたまま提案理由の説明も行われていない議案について、これを審査中といえるのかどうかについては議論がある(10)。また過去の事例からしても、中間報告がなされるのは極めて重要な案件に限られていて、この方法を採用する際には様々な抵抗が予想される。そうとすれば、残された方法は参議院提出案を委員会に付託せずにすますしかないが、そのためには参議院が衆議院に議案を提出する際、同時に委員会審査省略要求を行う必要がある(国会法五六条二項但書、衆議院規則一一一条、参議院規則二六条)。その要求がなされないときは、衆議院では議案を委員会に付託する以外になく、この場合、参議院提出案は第一九回国会の際と同様に、廃棄に終るのが必至である。このように見て来ると、国会法五六条の四が規定されている今日でも、同一の問題について衆参両院の双方が他院の動向を念頭に入れず、相互の連絡なしに議案を審議することには、思わぬ陥し穴があるということができよう。

六　対策の処理

衆議院において、一事不再議の原則が最も頻繁に適用されるのは、対案の処理に関してである。国会の議決を必要とする案件は、衆議院で先議されるものが多く、内閣提出の法律案も大半は衆議院に先に提出されるが、そのうちの何件かに対しては、野党側がこれに対置して論議するために、独自の法律案を起草して議員発議の形で提出することが珍しくない。このように政府案と野党案、あるいは与党案と野党案というふうに、同一問題に関して提出者の異なる複数の法律案が併存した場合、これらを相互に対案と呼んでいる。

二院制の議会では、通常、第二院は第一院に対して抑制と補完の機能を果たすものとされており、この原理を両院間の議案交渉に当てはめれば、後議の第二院では先議の第一院からの送付案について、是々非々の判断を下すのが本来の役目ということになろう。従って、対案関係にある複数の法律案が、後議の第二院の方でも併存して競合するというような事態は、基本的には例外的な現象といってよいであろう。実際に旧帝国議会時代の貴族院では、そのような事例は皆無であった。国会発足当初の参議院においてもこの傾向は続いていたが、しかしその後の参議院では政党化の進行と共に、衆議院先議の法律案に対し、これを受け取る直前か又は直後に、改めて対案が発議される例が増えて来ている。参議院委員会先例録には、既に昭和四三年版から「対案関係」という用語が使われており(四六頁)、事例の頻出ぶりを窺わせるが、こうした事情が議案についての両院交渉を、より複雑化して来ていることは否めない。

ところで、対案関係にある法律案は一院内ではいずれも同じ委員会に付託され、当然そこでは一括して審査されることになる。通常これらの法律案は相互に対立点を持ち、あるいは重複する部分を含んでいるので、その中の一案が可決された際、引き続き他の案についても採決すると、結果によっては矛盾や混乱が起きる。そこでこうした場合には一事不再議の原則を適用して、残りの法律案は議決不要とし、以後は審議の対象から除外される。これが衆議院の委員会における対案処理の基本的なパターンである。しかしこの場合、議案の内容や採決の順序によっては、微妙な問題が生ずる。

いま仮りに、全体としては対案関係にあるものの、部分的には同一の条項を共通して持つA、B、Cの三案があったとする。最初にA案が採決されて、それが否決された場合は、続いてB案について採決する。もしB案が可決されれば、その時点で会議体としての意思は確定したものとし、C案は議決不要とされ、採決には付されない。この場合、三案の共通部分に限って注目すれば、A案とB案との間では再議を認めた上で可否を逆転し、B案とC案との間では再議を認めなかったことになり、一事不再議の原則の適用に一貫性がないかのように見える。しかし、法律案はそれぞれが内容的にある種のまとまりを持って立案されているものであり、一案を分割したり、一部分を抽出したりして採決すると、法律案としての一体性が損われて却って混乱する。そのため分割採決は原則として法律案については行われない。従って右のような矛盾が生ずるのは、議決結果に混乱を招かないためにはやむを得ないところであろう(11)。

ただ、ここで強調しておきたいことは、対案関係にある複数の法律案は、委員会で一括して審査に付し、その採決・処理は同日に行うのが絶対的な要件であるという点である。もしも、右のA、B、Cの三案について、A案は会期の始めに採決し、B案は会期の中頃に、C案は会期の終りに審査して採決するというようなことが行われれば、その度に出席者も変動するし、社会情勢にも変化が起り得るから、会議体としての意思決定は常に不安定な状態に置かれる。一事不再議の原則は、こうした事態を排除するためのものであり、右の場合でいえば、A案について一旦議院の確定議がなされた以後は、同会期中の後日にB案、C案について再び採決することは許さないというのが、従来からの衆議院の先例である。

第一二八回国会(平成五年)の衆議院において、自衛隊法の一部改正案が当時の細川内閣と野党の自由民主党の双方から提出され、対案関係で競合するという事例が生じた。両案の目的は、共に、海外で緊急事態に遭遇した邦人の救出に航空機を用いるための法整備を行うことにあったが、内容の主たる相違点は、政府案では使用する航空機を原則的に政府専用機としているのに対し、自民党案の方は特に機種を限定せず自衛隊機の使用を認めている点にあった。この両案は安全保障委員会に付託されたが、同委員会は野党委員が多数を占めるいわゆる逆転委員会であり、政府案が先に採決されれば仮りにそれが否決されても、続いて可決される自民党案と一括して本会議に報告される。その場合は、本会議では多数を占める与党議員により、政府案を逆転可決して参議院に送ることが可能である。しかし、委員会で自民党案の方が最初に可決されてしまうと、政府案は議決不要になり、本会議には報告されない。このため委員会では採決順序が争われたが、自民党案が先に付託されているところから野党側がこれを優先させることを譲らず、協議は膠着状態に陥った。

逆転委員会で先議の自民党案が可決された場合でも、本会議では多数を占める与党側が内容を修正して、政府案通りに改めることは可能である。本来的には、そうした方法で処理するのが、無駄な議事を排して審議を能率的に進める上で、正常な運営というべきであろう。しかしその場合、成立するのは野党の提出案であり、政府提出案は廃案に終る。与党側はこの点にこだわり、何とか政府案の方を成立させる手段を求めて、衆議院事務局に検討を指示した。

当時の新聞によると、このとき事務局では「自民党案を先に採決し本会議で否決された場合は、院として可決の意思が確定していないため、一事不再議には当らず、政府案の採決に入ることができる」という趣旨の見解をまとめたと報道されている[12]。この見解は非公式なものと伝えられており、報道内容も断片的で、各紙の記事によっては多少ニュアンスを異にしているものもあるので、果してこれが事務局の結論であったのかどうか疑わしいが、もしこの通りであったとすれば、右の見解には問題がある。

前述のように、対案関係にある法律案は一括審議、一括処理が原則であり、個別に時間の間隔を置いて審議するときは、再議となる。更に、可決であれ否決であれ、既に本会議において議決された案件と同一事項を内容とする議案は、原則としてすべて議決不要として処理することは先例集の明記するところである[13]。従って右の見解は、議院の先例に違背しているといわざるを得ない。もしも「院として可決の意思が確定していない」ことを理由に再議を認めるとすれば、本稿の冒頭に紹介した旧ソ連邦の人民代議員大会における議事のような運営がわが国でも許されることになるし、また、内閣不信任決議案などは、可決されるまで何度でも繰り返し審議しなければならなくなるであろう。それは、結果的に一事不再議の原則の放棄につながる。

第一二八回国会では右のような経緯があったものの、結局のところ政府案、野党案ともに採決に到らず、継続審査とされた。その後、平成六年の政変によって連立与党の組合せが変わり、自民党が政権に復帰することで逆転委員会が解消したために、自衛隊法改正案は第一三一回国会に到って最初の政府案で成立を見ている。もし、政変がなかったなら逆転委員会は解消されず、与野党の対立は今日まで続いていたことになる。その場合、議決不要に終る筈の政府案を、何としてでも野党案に優先させて本会議で審議しようとすれば、逆転委員会の審査を回避させるしか方法はない。それには、論議を尽した上で一旦両案を廃案とし、次の会期の冒頭に内閣から委員会審査省略要求を付して当該法律案を出し直す道がある。これも一種の非常手段であり、委員会中心制の建前から乱用は好ましくないが、法規に従った措置ではあり、一事不再議の原則に反するような事例を残すよりは、むしろこうした方法を採るべきであろう。

七　おわりに

一事不再議の原則は、会議体にとってのいわば条理則でもあるので、諸外国の議会でもこれを重要な議事原則に数えている例は、少なくないといわれる。しかし、これまでに見て来たように、この原則は、議会自身が自らの審議権の行使に一定の制約を加えるという一面を持つ。このため、議会の権限を拡大し、その活動能力を高めて行くという観点から見ると、この原則の存在が、時には必要以上に窮屈な束縛のように思える場合がないではない。恐らく、そうした認識があってのことであろう、各国の議会では、この原則の運用に何らかの緩和策を講じているように見える。

昨年(平成七年)三月二日、アメリカ上院では、七年後に連邦予算の赤字をゼロにすることを政府に義務付ける憲法修正法案が審議されたが、採決の結果、賛成票が可決に必要な三分の二(六七票)に僅か二票足りず、同法案は否決された。この法案は、共和党がクリントン政権に打撃を与える目的で提案したものであるが、可決の見通しが困難となった段階で、提案者のドール共和党院内総務は意図的に反対票を投ずることにし、事実その通り実行した。法案の提案者が反対投票をするというのは異常なことだが、これは一旦否決された法案でも、表決の際に反対した議員であれば、同一の法案を再提出できるという制度があり、この点を利用して次の機会を狙ったものだと、ドール議員自身が表明している。このような制度は、アメリカ上院が、一事不再議の原則を会議体の条理則として基本的には重視しながら、例外として再議を可能にする方法を考案したものと見ることができよう。このほかにも、例えばフランスやイタリーの議会では、一旦否決した議案は三ヵ月乃至六ヶ月間は再提出できないが、それ以後は再提出できることとした条項を議院規則に定めているとも聞く。

わが国の場合は、国会法立案の際のGHQの指示にも見られたように、長期にわたる国会では事情変更によって再議を必要とする場合もあり得るとの判断に立って、一度改正した法律の同じ条文を、同会期中に重ねて改正するという形での再議は認めているが、否決した議案の再提出は、前出の第七回国会における政府職員給与法の事例を唯一の例外として、それ以外には一切認めていない。この点については諸外国の制度を参考にして、一定期間の経過後は否決議案についても再提出を認めるような規定を法規に設けた方が、一事不再議の原則の適用に紛糾を生ぜしめないためにも、有効ではなかろうか。昨今、国会改革の論議が各方面でなされているが、そうした機会に右の点についても、改革の一課題として検討されてよいように思われる。

(1) 林田亀太郎『明治大正政界側面史・上巻』三九八〜四一八頁
(2) 田口弼一『委員会制度の研究』一四九〜一五〇頁
(3) 衆議院先例集(平成六年版)四三六頁
(4) 第九〇回帝国議会衆議院帝国憲法改正案委員会議録(第一八回)(昭二一、七、二〇)三四五頁
(5) 西沢哲四郎述『国会法立案過程におけるGHQとの関係』(憲法調査会事務局)一九頁、憲法調査会第二委員会第四回会議議事録(昭三四、二、二五)二四頁
(6) 鈴木隆夫『国会運営の理論』一五二頁、佐藤功『憲法(下)』七〇九〜七一〇頁
(7) 佐藤吉弘『注解参議院規則(新版)』二七八頁
(8) 鈴木隆夫・前掲書一五七〜一五八頁
(9) 当時の経緯については、池田勇人『均衡財政』(昭二七、実業之日本社)二四三〜二五〇頁に詳細な説明がある。

(10)　第二九回国会参議院議院運営委員会会議録第一一号(昭三三、七、三)二〜五頁、第三一回国会参議院文教委員会会議録第四号(昭三三、一〇、二一)五〜七頁、第六一回国会参議院社会労働委員会会議録第三四号(昭四四、七、二六)一五〜六頁

(11)　類似の例になるが、共通部分を持つ複数の修正案の採決方法について、佐藤吉弘・前掲書二四二頁に適切な解説がある。

(12)　平成五年一一月二七日付朝日新聞「自衛隊法改正で政府VS自民案、採決順譲らず暗礁に」。

(13)　衆議院先例集(平成六年版)三六七頁。衆議院委員会先例集(平成六年版)一三五頁

Ⅳ　特殊な議事運営についての解釈

九　衆議院における予算組替え動議の取扱いについて

一　はじめに
二　組替え動議の発議要件と性格
三　予算委員会において組替え動議が可決された場合の処理
四　むすび

一　はじめに

衆議院における予算審議の最終段階で、野党側からほとんど常例のように提出されるものに、「政府に対し予算を撤回のうえ編成替えを求めるの動義」（いわゆる「組替え動議」）がある。この動議は、旧憲法下の帝国議会時代に既に先例として定着していたものであり、当時は予算に関して議会側に増額修正権が認められていなかったことから、それに代る意思表示の手段として慣例化したものと解されている[(1)]。その後、憲法改正によって国会における予算修正権は拡大され、増額修正も可能になったが、実際に修正案を作成するには技術的に種々の困難が伴うため、今日の衆議院においても、この動議は野党側の原案批判の一手段として活用されて来ている。

この組替え動議については、法規上には何らの定めがない。従ってこの動議は一般の動議として処理されるべきものと考えるが、しかし実際の取扱いを見ると、修正動議の場合と同様に、組替え案ともいうべき文書を具えて提出されるのが通例であり、また本会議に上程されるのは五〇人以上の賛成者を付したものに限られている。さらにこの動議が予算委員会で可決されたときは、院議決定がなされなくても、直ちに政府はこれに応ずることを余儀なくされるとする見解もあり(2)、この動議の取扱いに関しては、今なおいくつかの疑問点が存在する。

そこでこの際、これらの慣例や見解が生じた経緯をふり返りながら、組替え動議のあるべき取扱いについて、以下に卑見を述べてみたい。

二　組替え動議の発議要件と性格

一般に動議とは、議案その他の案件のように一定の形式と手続によって提出されるものを除いて、議員又は委員が本会議又は委員会の意思決定を求めてなすところの提議をいう。而して動議は、案を具えることを要しないのが本来の性質であり、また単独で発議できるのを原則としている(旧帝国議会時代及び現在の参議院では、動議を議題とするのに一人以上の賛成が必要)。ただし、例外的に特定の動議(例えば修正動議、懲罰動議、質疑・討論終局の動議等)についてのみ、それぞれの性格と議事の必要に応じて、法規に発議要件又は議題要件が定められているのである(3)。

組替え動議はこうした特定の動議ではないので、帝国議会の期間と国会発足当初の段階では、すべて口頭で発議され直ちに議題とされていた。これが文書によって提出されたのは、第七回国会の予算委員会における事例が最初である。このときは、民主党、国民協同党、新政治協議会の三会派が共同して、昭和二五年度一般・特別会計予算に対し組替え動議を文書により提出したのであるが、同じ日に日本社会党も同種の動議を口頭で発議し、いずれも否決されている(4)。実は右の三会派は、これより約一ヵ月半後に合同して国民民主党を結成した。しかも合同後の第一〇回及び第一二回国会では、同党は再び文書によらず口頭で組替え動議を提出している。これを見ると、文書提出の最初の事例は、合同を目前にした三会派が政策の一致を確認する目的で、特に文書形式を採用したものといえよう。

この動議が次に文書で提出されたのは、第一五回国会においてである。この国会には昭和二七年度予算の補正三案が提出され、改進党と左右両社会党の三野党が結束して、一般会計予算補正については修正動議を、特別会計・政府関係機関予算補正については組替え動議を提出した。三党がこのように二種の動議を使い分けたのは、組替え動議の趣旨弁明者によれば、修正案に作り直すのに時間がかかるのを避けたためだと説明されている(5)。つまりこのときは三党間の調整作業が遅れ、一部分については便宜的に修正要綱を組替え動議の形で提出したというわけであろう。この事例以後、組替え動議は毎回、文書によって提出されるのが慣例となった。

こうした経緯を見ても明らかなように、組替え動議の文書化は動議それ自体の性格や議事の必要性から生じたものではなく、専ら提出する政党側の都合によって慣例化したものである。従って今日においても、この動議を文書で提出することは法規的に見て必須の要件とは認められない。とは言え、国会は慣例を尊重するところであり、既に三〇数年にわたって文書による提出が定着して来た以上、ここで改めて口頭による発議を許すには、それなりの理由も必要となろう。ただ、文書による場合でも、この動議の本旨は予算を撤回して組み替えよという一点にあるのであるから、要綱の形で添付される組替え内容について、修正案の場合のように収支の整合性や詳細な財源措置の記載までを求める必要はないといえよう。

組替え動議が本会議に上程されるには五〇人以上の賛成が必要となったのは、第三八回国会からで、それまでは特に賛成者数は問題とされなかった。この国会では、昭和三六年度予算に対して日本社会党と民主社会党が個別に組替え動議を用意し、予算委員会に続いて（委員会では、委員長の信任又は不信任の動議を除いて、すべて動議は一人で発議できる）、本会議にも提出しようとした。その際社会党から民社党の動議に関して、本会議にかけるのは国会法五七条の二に基づいて予算修正の動議を提出し得る会派のものに限るべきだとの異議が出された。

この時の議論を見ると、民社党は組替え動議には法規上の要件がないので、従来から小会派の提出にも問題はなかった旨を主張し、衆議院事務局もこれを肯定したが、社会党は「国会法上の解釈は民主社会党と同一」としながらも、議事は各党の合意のうえで進められるべきものだとして、民社党に対し自発的な辞退を迫った(6)。結果的に民社党がこれに応じたことにより、以後これが慣例となったものである。すなわち、この慣行も議事運営面での会派間の了解事項として成立したものであり、動議の法規上の解釈が変更されたわけではない。

以上のように、組替え動議の文書化や五〇人以上の賛成者を付する慣例は、いわば政治的事情から派生したものであって、この動議本来の性質に基づくものではないのであるが、しかし、これらの取扱いが修正動議の取扱いと一見共通しているため、組替え動議を修正動議に準ずるものと見なす考えには、なお根強いものがある。だが、この二つの動議は、動議の種類において、また、これらが本会議で可決された場合の効力において、明らかに区別して理解されなければならない。

動議の種類に関しては明確な分類法があるわけではないが、一般に独立動議と附随動議の区別があるものとされている(7)。修正動議は原案の審議に附随して議題となり、原案とともに採択されなければ意味をなさないものであるから、これは附随動議の一つである。それに対して、組替え動議の方は独立動議に属する。

議院に提出された議案に対し撤回乃至は撤回のうえ再提出を求める動議は、予算以外の案件についても提起されることがあり、これが本会議で取り上げられた事例としては、第七回国会（公労法に基づく議決案件について）、第二四回国会（内閣提出法律案及び議員提出法律案について）、第四〇回国会（条約について）等にその例がある(8)。これらの先例を見ると、いずれの場合も撤回要求の対象となった議案の審議とは切り離して議題とされており、それらは明らかに独立動議として処理されている。組替え動議も議案の撤回を求めている点で、これらと同一範疇に属することは疑問の余地がなく、本来はこの動議も独立動議として予算の議事とは別個に扱われるべきものである。衆議院先例集がこの点に関して「この動議は（略）先決問題として直ちに採決すべきものであるが（略）便宜本案と併せて討論に付する」（昭和五三年版・三七二頁）としているのも、つまりはその意味にほかならない。

議院の議決の効力という点では、修正動議が本会議で可決された場合、その議決には法的効果が伴い、修正内容は直ちに原案に織り込まれることになる。これに対し組替え動議の方は、仮に可決されても一種の要望決議がなされたに等しく、それは何ら法規上の拘束力を持つものではない。政府は自主的立場において組替えに応ずるか否かを判断することができ、応ずる場合でも組替え案にそのまま従う義務はない。勿論、議院の意思を全く無視しては予算の成立が図られないことになるから、政府は相応の対策をとらざるを得ないが、議決の効力という点では政治的な効果にとどまるのである。

このように二つの動議の間には基本的な性格上の差異があるのであり、組替え動議を処理する際は以上の諸点を念頭に置いて取り扱うべきであろう。

三　予算委員会において組替え動議が可決された場合の処理

組替え動議は少数派である野党によって提起されるものであり、通常は否決される運命にある。しかし、稀には可決されることもある。これが衆議院の本会議において可決された場合の効果については、右に述べたとおりであるが、予算委員会で可決された場合はどうなるであろうか。

昭和五一年一二月に行われた第三四回総選挙では与野党伯仲の状態が生まれ、その結果、予算委員会がいわゆる逆転委員会(9)となり、もしも野党側が結束すれば組替え動議が可決される形勢となった。その場合の処理方法が第八〇回国会において話題となったが、この時は、第二回国会(昭和二三年)の予算委員会で組替え動議が可決され、当時の片山内閣が予算を撤

回のうえ総辞職した事例が重視されて、次のような判断が一般に流布された。すなわち、

(1)　予算委員会での組替え動議の可決は、議案の審査終了を意味せず、従って委員会は衆議院規則八六条による報告書が提出できない。このため審査は中断されたまま、予算案は宙に浮いた状態となる。

(2)　この状態を解くには、政府は予算の組替えに応ずる必要がある。

(3)　政府が組替えに応じない場合は、与党は国会法五六条の三に基づく中間報告によって、事態を打開するしか方法はない。

というものである[10]。しかし、この判断は過去の先例についての充分な調査を経たものとは言い難く、かつ、議院の組織原則に照らしても問題があり、今日から見て到底首肯できるものではない。

以下にその理由を述べる。

(一)　衆議院の予算委員会が組替え動議を可決した例は過去に二回あり、最初の事例は第一〇回帝国議会(明治三〇年)に起きている。このとき問題になったのは明治三〇年度各特別会計予算追加案であり、同案中の台湾総督府特別会計予算の編成に誤りが発見され、予算委員会では是正を求める組替え動議が可決された[11]。この事態は同日中に予算委員長から本会議に報告され、そこではこの報告によって委員長から右の動議が改めて提議されたものと見な

して採決を行い、これを可決している[12]。この院議決定を受けて、政府は翌日、政府修正により必要な訂正を行ったので、予算委員会は引き続き審議を再開した。

二回目の事例が、前記の第二回国会のものである。この時は、敗戦直後のインフレーションの下で官公吏に生活補給金を支給することになり、このため昭和二三年度一般・特別会計予算補正案が国会に提出されたが、与党である社会党内の左派グループがその財源措置に反対し、ひそかに同調する予算委員のみを集めて組替え動議を可決したものである[13]。この与党内部の反乱に衝撃を受けて片山内閣は瓦解することになるが、実はこのとき、衆議院では注目すべき措置がとられていた。それは予算委員会で組替え動議が可決された翌日の本会議の議事日程に、組替え要求の対象とされた予算補正二案の件名が記載されている点である[14]。さらにこの議事日程は、本会議が事実上の流会を続ける間、なお二日にわたって掲載が続けられている。この事実は、当時の衆議院においても旧議会の前例に倣って、予算委員会で可決された組替え動議は、次には院議に問うべきものと考えられていた証拠といえよう。

(二)　帝国議会においても、今日と同様に委員会報告書は審査が終了した場合に提出され（旧衆規五六条）、委員長による本会議への報告も審査終了後に行うのが原則であったが（旧議院法二四条）、当時はこのほかにも必要に応じて、委員長が自発的に又は委員会の決定に基づき、本会議に審査の中間報告を行うことを先例として認めていた[15]。それは例えば、委員会が付託議案について審査中止を決定した場合とか、会期内に審査終了の見込みが立たない場合などに行われており、右の第一〇回帝国議会における予算委員長の報告は、その初期の事例の一つである。こうした先例が新憲法下の国会でも認められるかどうかについては、第九二回帝国議会における国会法案の審議の中でも取り上げられ、そこでは「部分的な（中間）報告も必要に応じては出来得る」[16]との見解が示された。また、その後の文献にもこの点に論及したものがあり、いずれも肯定的に記述されている[17]。

衆議院では新国会の発足を前にして開かれた各派交渉会で、「帝国議会の先例で、憲法、国会法に反しないものは、なお効力を有する」[18]と決定され、以後も旧議会の先例を尊重して行く姿勢を確認している。第二回国会での議事日程記載の扱いは、当然この決定に基づいてなされたものであり、この場合も前回の事例と同様の処理を予定していたわけである。片山内閣はその本会議の結果を待つ余裕なく総辞職したものであり、こうした異例の政治判断を議事手続との関連で過度に重視するのは適当ではない。

㈢　帝国議会では本会議中心の読会制度が採られていたのに対し、現在の国会審議は委員会中心主義が採用されていることから、本会議と委員会の関係は大きく変化したものと一般に認識されている。確かに現在の委員会は旧議会時代よりも権限が強化され、独立性を強めてはいる。しかしそれは主として国政調査の分野においてのことであって、議案審査の面での実質的な権限関係は、さほど大きく変ったわけではない。今日においても、委員会は依然として本会議の審議に資するための予備的審査機関であり[19]、こと付託議案に関しては国会法五六条三項及び四項に基づき「議院の会議に付するを要しない」と決した場合(現在まで事例なし)を除いて、委員会の決定がそのまま外部に対して確定効力を持つことはないのである。この意味で、予算委員会において組替え動議が可決された場合に、直ちに政府がこれに応じなければならないとする見解は、議院の組織原則を無視したものといえよう。

もしも右の見解が容認されるとすれば、少なくとも理論上は次のような事態の発生が避けられないことになる。すなわち、付託議案について撤回を求める動議は予算に対してのみ提起されるわけではなく、他の法律案等に対しても提出される[20]。しかも予算委員会が逆転委員会となるときは、他にも数個の逆転委員会が存在するのが通例である[21]。そこで、すべての逆転委員会で野党側が結束し、政府提出議案について次々に撤回を求める動議を可決したときはどうなるのであろうか。右の見解に従って、政府は直ちに撤回に応じなければならないとすれば、逆転委員会に付託された政府提出議案はすべて門前払いとなるか、あるいは手直しなしには一案も委員会を通過しないことになる。議院の最終意思決定機関である本会議での多数意思を問う前に、逆転委員会の決定のみによって議案の運命が左右されるというのは、結果として少数による多数支配となり、多数決原理に反することにもなるのではなかろうか。

(四) 以上の諸点を総合すれば、予算委員会で組替え動議が可決された場合の処理は、次のように取り扱われるのが妥当と考えられる。

(1) 予算委員長は自発的に又は委員会の決定に基づいて、次の本会議で審査の中間報告を行う。

(2) 本会議では右の中間報告により、委員会で可決された動議と同一の動議が予算委員長から提出されたものと見なし、これを議題とする（この場合、野党側から新たに組替え動議を提出し、趣旨弁明を行う方法も考えられる）。

(3) 本会議で組替え動議が可決された場合は、政府は何らかの対応を迫られることになる。

(4) 本会議で組替え動議が否決された場合は、審議の対象は原案のままでよいとの院議決定がなされたことになるから、予算委員会では審査を再開し、その後は通常の審議過程を辿ることになる。

右のように取り扱えば、過去の先例にも合致し、議院の組織原則にも適合することになろう。

なお最後に、国会法五六条の三に基づく中間報告に触れておきたい。第八〇回国会当時の議論では、政府与党側が予算の組替えを回避する唯一の方法として、法規に基づく中間報告が挙げられていたが、この方法によって審議が進行するのは、当然のことながら本会議において中間報告を求める動議が可決された場合に限られる。では、万一この動議が否決されたときはどうなるのか。与野党伯仲の状況下では、採決の結果について常に安定した見通しが立つとは限らない。少数の与党議員の欠席のために中間報告を求める動議が否決されることも、もとより考慮に入れるべきであろう。その場合は、議事は徒労に終り、事態は全く変らないばかりか、かえって紛糾の度を深めることにもなりかねない。審議の促進のためにとられる方法が、議決の結果如何によっては一層の審議停滞を招くこともあり得るとすれば、それは、こうした場合の議事手続としては不適切な方法というべきではなかろうか。

四 むすび

平成二年二月に行われた第三九回総選挙の結果、自由民主党は大勝し、いわゆる安定多数を大きく超える議席数を確保した。これにより衆議院では、目下、予算委員会で組替え動議が可決される可能性のない状態が続いている。国会における議事手続の解釈は、時に政党間の戦略戦術や利害得失にも深く関係する。このため、漠然と流布されて来た通説であっても、これを正すにはなお影響するところへの配慮が必要であろう。その意味では、逆転委員会が存在しない現在は、組替え動議について適正な処理方法を確定する好機ともいえよう。敢えて一文を草し、討議の資料に供する次第である。

(1) 鈴木隆夫・国会運営の理論二〇六頁
(2) 松沢浩一「第八五回国会～第八七回国会の動向」ジュリスト六九六号一〇四頁
(3) 鈴木隆夫・前掲書一九三～五頁、一九八頁
(4) 第七回国会衆議院予算委員会議録二五号(昭二五・三・九)一〇～一三頁
(5) 第一五回国会衆議院予算委員会議録一四号(昭二七・一二・一六)四～五頁の古井喜実君の趣旨弁明。
(6) 第三八回国会衆議院議院運営委員会議録一〇号(昭三六・三・四)一～三頁
(7) 鈴木隆夫・前掲書一九六頁
(8) 第七回国会衆議院会議録一六号(昭二五・二・七)二一六～二一三頁、第二四回国会衆議院会議録二六号(昭三一・三・二三)三四五頁、同三七号(昭三一・四・二四)五六五～七頁、第四〇回国会衆議院会議録三二号(昭三七・四・五)七七四～八頁
(9) 全体の議員数では与党が多数でも、委員が与野党同数の委員会では、与党が委員長を占めると採決では負けることになる。こうした委員会を逆転委員会という。
(10) 朝日新聞(昭五二・一・二五朝刊)「波乱起こるか、予算審議」、毎日新聞(昭五二・二・四朝刊)「予算修正の可能性は」、その他当時の各紙の解説記事参照。
(11) 第一〇回帝国議会衆議院予算委員会速記録(総会一二号)(明三〇・三・八)九七～一〇四頁、衆議院委員会先例彙纂(昭一七・七・一二改訂)一三四頁
(12) 第一〇回帝国議会衆議院議事速記録一九号(明三〇・三・八)二八三～四頁
(13) 第二回国会衆議院予算委員会議録六号(昭二三・二・五)一～二頁。なお当時の政治情勢につ

いては、信夫清三郎・戦後日本政治史Ⅱ七〇九～一六頁、高石末吉・覚書終戦財政始末・第二一巻一〇〇一～四頁参照。

(14)　第二回国会衆議院公報二三号（昭二三・二・五）一四二ノ一五頁。ここで議事日程に組替え動議ではなく、議案の件名が記載されているのは、第一〇回帝国議会の事例の際の議事速記録に倣ったものである。

(15)　衆議院先例彙纂（昭一七・一二改訂）上巻三三一～四頁、衆議院委員会先例彙纂（昭一七・一二改訂）一八一～三頁

(16)　第九二回帝国議会貴族院国会法案特別委員会議事速記録二号（昭二一・一二・二五）五頁の金森国務大臣の答弁。

(17)　鈴木隆夫・前掲書三九一～三頁、黒田覚・国会法（法律学全集）一五五頁

(18)　衆議院先例集（昭五三年版）五一三頁

(19)　佐藤吉弘・註解参議院規則六四頁、七一頁、鈴木隆夫・前掲書三七五頁

(20)　最近の事例としては、第一〇三回国会の衆議院内閣委員会で「許可、認可等民間活動に係る規制の整理及び合理化に関する法律案（閣法一号）」に対し、野党委員から撤回のうえ再提出を求める動議が提出され、否決されている。同委員会議録五号（昭六〇・一一・二六）二六～七頁

(21)　第七九回～第八八回国会の間、衆議院では地方行政、法務、文教、農林水産、商工、運輸、予算の七委員会が逆転委員会であった。

一〇　内閣に対する信任・不信任又は問責の決議案について

一　内閣信任決議案と一事不再議の原則
二　内閣不信任決議案のハプニング可決
三　参議院において内閣問責決議案が可決された場合

一　内閣信任決議案と一事不再議の原則

現代における議院内閣制の下では、議会は、本来の立法機関としての機能よりも、むしろ政府(内閣)を作る機関としての機能の故に重要視されるといわれている[1]。わが国の国会の場合、その機能は憲法六七条及び六九条によって、衆参両議院のうちの衆議院が専ら担っている。従って衆議院にあっては、内閣総理大臣の指名とともに、内閣の存立を問い直す意味を持つ内閣信任又は不信任の決議案は、議院にとって最重要の案件ということができよう。

内閣不信任決議案は、与野党対決の局面で野党側からしばしば提出され、概ね否決されているもののその例は珍しくないが、これに対して内閣信任決議案の方は、これまでに僅か二件の提出例を見るに過ぎない。その二件の事例とは、第二四回国会(昭和三一年)の鳩山内閣信任決議案と、先般の第一二三回国会(平成四年)における宮沢内閣信任決議案である。

第二四回国会は、後に五五年体制と称される自社二大政党時代が発足して最初の常会であり、鳩山内閣はこの国会に国家行政組織法改正案、新教育委員会法案等の重要法案に加えて、衆議院の選挙制度を小選挙区制に改める公職選挙法改正案を提出した。この法案は、別表の選挙区割が与党である自民党に極端に有利に策定されていたことから、野党の社会党の猛反撥を招き、審議は難航した。自民党は審議促進のため本会議に委員長の中間報告を求めようとしたが、社会党は国務大臣不信任決議案を次々に提出して、議事の引延しを図った。そこで自民党が、これらを封ずるために提出したのが内閣信任決議案である。この時は、議長が紛争解決のあっせんに乗り出し、与野党双方の決議案をすべて撤回させることで事態を収拾したので、信任決議案は審議されることなく終っている。

二回目の第一二三回国会の事例は、昨年六月のことでその経緯は未だ記憶に新しいが、内閣提出の国連平和維持活動(PKO)協力法案をめぐる攻防の過程で生じたものである。同法案は、参議院における社会・共産・連合参院等の野党による記録的な抵抗を受けながら、修正のうえ衆議院に送付された。しかし飽くまでもこれに反対する社会党は、衆議院における審議の最終段階で、常任委員長解任決議案に続いて国務大臣(官房長官)不信任案を提出し、共産・社民連とともに牛歩戦術を重ねる徹底抗戦に出たので、自民党は内閣信任決議案を提出してこれに応じた。結局この時は、自公民三党の賛成により信任決議案が可決され、次いでＰＫＯ協力法案が審議されて成立を見ている。

以上が信任決議案の二回の事例であるが、本来この決議案は、内閣が政治的に不安定な状態に陥ったとき、存続の根拠を衆議院の信任に求めて提出される性格のものである。しかし右の事例に見られるように、実際には与野党対決法案の審議に際して、野党側の議事引延し戦術を封ずる目的で活用されている。ではなぜ、そのようなことが信任決議案によって可能なのかといえば、それは次のような理由による。

従来、衆議院では国務大臣不信任決議案は重要案件として一般の法律案等よりも先議する慣例であり、それ故に野党側は対決法案の審議引延しのためにこれを利用するわけであるが、内閣の信任又は不信任決議案は、当然、個々の国務大臣不信任案よりも優先する。更に内閣信任案と内閣不信任案とが競合した場合は、信任案が先議される。これは現状を肯定するものと現状を否定するものとでは、肯定するものを先議するとの先例[2]によるものであり、従ってこれらの決議案の間では、提出順序に係わりなく内閣信任案が最優先に扱われる。しかも国会の議事手続には、議院において一旦議決された問題と同一の問題は、同じ会期中には再びこれを審議しないという「一事不再議の原則」がある。内閣信任案が可決されたときは、それは国務大臣全員が信任されたことを意味するから、既に提出されていた内閣不信任案や国務大臣不信任案は、可決された信任案に対して一事と見なされ、すべて議決不要として審議の対象から除外される。更に、別段の理由が発生しない限り新たに提出することも認められない。こうした理由から、内閣信任決議案は野党の国務大臣不信任決議案による議事引延し戦術に対して、それを阻止する有効な手段となるわけである。

一事不再議の原則は、旧憲法三九条の「両議院ノ一ニ於テ否決シタル法律案ハ同会期中ニ於テ再ヒ提出スルコトヲ得ス」との規定を主要な根拠として、帝国議会時代には貴衆両議院を通じてかなり厳格に適用されていたが、現憲法下の国会になってからは、右の規定の排除や会期の長期化等の事情もあり、その適用が緩和されているのは事実である(3)。そうしたことから議会制度についての諸論文の中には、もはや一事不再議の原則は「さして重要な原則とは考えられない」とか、「厳格に適用できる原則ではない」といった軽視した記述が時折見受けられる。

しかし前記の事例に見るように、この原則は議事運営が紛糾した際にも、案件を整理し議事を能率的に進める上で、有用な原則である。もしもこの原則が存在せず、内閣信任案が可決された後にも、引続き内閣不信任案や個々の国務大臣不信任案の審議が行われるとしたら、同一問題に関して議決が異なるという事態も起こり得るし、また議事の能率的運営は望むべくもないことになる。この意味で一事不再議の原則は、今日もなお重要な議事原則としての意義を失ってはいないのである。

ただ、そうはいっても内閣信任決議案の場合は、上述のように野党側の国務大臣不信任決議案を悉く封殺する威力を発揮するだけに、政府与党によってこれが安易に乱用されることは厳に慎まれるべきであろう。国会運営は、少数会派の言論が最大限に保障されることによって、円滑さを保つことができる。国務大臣不信任案の審議は、少数会派の発議による行政監督権行使の一形態ともいえるから、これが多数会派によって軽々に排除されるのは好ましいことではない。

右の第一二三回国会の場合も、自社公民四党間の協議の場で自民党から社会党に対し、双方が内閣信任案と国務大臣不信任案を撤回し、審議は社会党提出の内閣不信任案の一件に絞るよう提案したというが、拒否されたため信任案が上程された、と当時の新聞は伝えていた。このような多数会派による少数会派側への配慮は、正常な国会運営の維持のために、今後も必要不可欠なものといえよう。

二　内閣不信任決議案のハプニング可決

内閣不信任決議案は、これまでに第三回国会の吉田内閣不信任決議案から第一二三回国会の宮沢内閣不信任決議案まで、総計三四件提出されており、その中で否決されたものは一八件、可決されたものは三件である。可決されたのは第四回国会（昭和二三年）の第二次吉田内閣、第一五回国会（昭和二八年）の第四次吉田内閣及び第九一回国会（昭和五五年）の第二次大平内閣に対する各不信任決議案で、いずれの場合も不信任と決せられた内閣は、衆議院を解散している。このうち前の二回の場合は、衆議院における不信任案の議事そのものについて特段の問題は認められないが、三回目の大平内閣不信任案の場合は、会議直前までの予想に反してハプニングに可決されたものだけに、議事のあり方として問題を残しているように思われる。

当時の事情は次のようなものである。第一次大平内閣の下で行われた昭和五四年一〇月の第三五回総選挙では、自民党は前回に続いて議席数を減らし、その責任をめぐって党内の主流派・反主流派の対立が一段と深刻化した。いわゆる四〇日抗争を経て辛うじて第二次大平内閣が成立したが、その後も党内対立は尾を曳いたまま第九一回国会の会期末に至った。五月一六日に社会党が衆議院に内閣不信任決議案を提出し、野党各派はこれに賛成する態度を決めたが、議席数では自民党が過半数を制していたため、与野党ともに不信任案は当然否決されるものと予定して会議に臨んだ。ところが自民党内の反主流派が大量に欠席したため、決議案は賛成二四三票、反対一八七票で可決されてしまった、というのがその経緯である。

当時の政治情勢は複雑であり、事態の進行については様々な証言があって謎も多いが、政治的な論評は別として、これを純然たる議事運営の問題として見た場合、次のような点が指摘できよう。

およそいかなる会議体であれ、重要事項についての決定に際して、構成員に相当数の欠席が認められた場合、そのまま議事を進めることはなく決定を先送りするのが通例であろう。国会の場合も、衆参両議院を通じていえることであるが、例えば可決を予定して議題とした議案の審議に際して、何らかの事情で賛成派議員の出席が少なく、その状態で採決すれば否決に至る恐れが生じた場合、議事をそのまま続行して議案を否決してしまうというようなことは、まず考えられない。そのような場合は、議長は必ず議事を中断するか日程の変更を諮るかして、予定外の議決に至るのを回避する措置をとるはずである。ところが、一般の法律案等に対して当然にとられるそうした措置が、右の内閣不信任案の場合には、それが議院の最重要案件であるにも拘らずとられなかったのである。これは極めて異常な運営というべきであろう。

憲法五六条一項によって、議院の会議における定足数は総議員の三分の一と定められており、この点で当日の会議が有効に成立していたことは疑いない。しかし三分の一以上の出席さえあれば、議院はいつ何を議決してもかまわない、というわけのものではない。

宮沢俊義教授の主著「日本国憲法」の中には、次のような記述がある。

「内閣不信任又は信任の決議案が提出されたときは、衆議院は先決問題として速やかにこれを議決するを要する。内閣の存在は国政にとって一日も欠くことのできないものであり、その内閣を内閣総理大臣の指名を通じて作るのが国会(ことに衆議院)の責任であるから、その内閣の存否が問題にされたときは、衆議院は何をおいてもそれについての意見を明白に表示する責任を有する。衆議院の議員もその態度を明白に決すべく、例えば欠席や退場などによってその態度決定を留保することは許されないと解すべきである。従ってこの問題に関する表決で棄権することは、法律上はともかく、少なくとも憲法の精神には明白に反するというべきである。」(4)

つまり宮沢教授によれば、内閣の信任又は不信任決議案の処理は、衆議院に課せられた特段に重要な責務であるから、その審議は全議員参加の下で行うのが原則であり、憲法の精神に照らしてそうあるべきだ、ということになろう。この説に従えば、当日の会議を意図的に欠席した議員はもとより、多数の欠席者の存在を黙認したまま議事を進めた議長の判断にも、問題はあったというべきではなかろうか。

こうした批判に対して、当日の議事は整然と進行しており、国会法一一七条に「議長は、議場を整理し難いときは、休憩を宣告し、又は散会することができる」と規定されているところから、議事に混乱が認められない以上、議長は独自の判断で休憩を宣告するわけには行かなかった、とする説がある。また、議長が右の規定に基づいて休憩を宣告することが可能となるように、作為的に騒動を起こし議場を混乱させればよかったのだ、と説く者もいる。しかし右の一一七条は、旧議院法八八条に「議場騒擾ニシテ整理シ難キトキハ議長ハ当日ノ会議ヲ中止シ又ハ之ヲ閉ツルコトヲ得」とあったのを、国会法に移し替える際に「休憩」、「散会」の文字を用いたに過ぎないものであり、その際の衆議院書記官長の説明(5)によっても、この規定は休憩を宣告する場合の一つの例示であって、これによって議長の職権が制限されるものでないことは明らかである。

衆議院先例集には「議長は、必要があると認めたときは、いつでも休憩を宣告する権限を有する」(昭和五三年版二二二頁)とあり、参議院先例録にも同様の記述がある(昭和六三年版二二三頁)。本来「議長……の権限は、法規上極めて強大であって、これを正当に充分発揮するだけで、……議院運営を大きく左右することができる」(6)のであり、「休憩の権限の如きものでさえも、この運用如何では大きな効果が生れる」のである。まさに「休憩は議長が何人にも掣肘されない強大な権限である」といっても過言ではない。

以上のような観点に立てば、先の大平内閣不信任決議案の議事においては、採決に入る前に議長は職権によって一旦休憩を宣告し、欠席議員に対し出席を促す措置を講ずるべきであったといえるのではなかろうか。勿論その場合は、可決寸前に採決を延期されたため激高した野党議員が、大挙して議長室に押しかける、といった一幕も出現したであろうことは想像に難くない。しかしそうした抗議に対して、議長が、内閣不信任案の議事は全員出席を原則とすべきこと、憲法上の重大効果をもたらす案件の処理には議長として議決に万全を期する必要があること、これは一党一派の利害を顧慮しての措置ではなく憲法の精神に基づく判断であること等を説明したとき、野党側になおもこれを不当とするに足る理論があり得たとは考え難い。よしんば野党側がなお不服として議長不信任案を提出したとしても、それはそれで対処すればよいことであろう。休憩後に再開された本会議において、自民党の反主流派が再び欠席し、その結果、内閣不信任案がやはり可決されたにしても、それはもはやハプニングではなく、その時点における衆議院の真正の議決意思を示したことになったと考えられる。

議会政治はすなわち政党政治であり、国会では各党各派による対立や妥協が、日常的に繰り返されている。しかし国会は、そうした政争の場には違いないが、第一義的には国権の最高機関であり、立法府として国民の声を可能な限り正確に国政に反映させるための合議の場である。従ってそこでの意思決定は、慎重な上にも慎重に行われるべきもので、仮初にもハプニングな形で行われてよいものではないであろう。

その意味で、第九一回国会における大平内閣不信任案可決の経緯は、政治事件としてはもはや憲政史上の一挿話と化しつつあるが、衆議院における議事運営のあり方という点では、今なお検討課題を残しているというべきであろう。

三　参議院において内閣問責決議案が可決された場合

憲法六九条は、不信任決議によって内閣に総辞職を求める権限を衆議院のみに与えているが、一方、同六六条三項は、内閣が行政権の行使について国会に対し連帯して責任を負うことを定めているから、参議院もまた内閣を批判し、その責任を問うことができる。その場合の決議案の件名には、参議院では当初から「不信任」の文字は使わず、「警告」、「戒告」又は「問責」の語を用いている。この種の決議案が参議院で可決された例は、第一九回国会(昭和二九年)の「法務大臣の検事総長に対する指揮権発動に関し内閣に警告するの決議案」の一件のみである。この時は件名に見られるように、参議院は批判の矛先を内閣そのものに向けているが、これ以後に提出(発議)された事例を見ると「〇〇内閣総理大臣問責決議案」又は「内閣総理大臣〇〇〇〇君問責決議案」というように、少なくともタイトルの上では、批判の対象を内閣から内閣総理大臣個人向けに変更している。これは衆議院における内閣不信任決議案との対比の上で、両議院の権限上の差異や参議院の独自性を考慮してのものと推定されるが、内閣に対する問責も、内閣総理大臣に対する問責も、実質上の違いはないので、ここでは便宜「内閣問責決議案」の呼称で記述することとしたい。

参議院に内閣問責決議案が提出された事例を振り返ってみると、第六八回国会(昭和四七年)を境にその前と後とでは、顕著に取扱いが変っていることに気付かされる。すなわち、第二四回国会において鳩山内閣戒告決議案が否決されたあと、次の第二五回国会(昭和三一年)から第六七回国会(昭和四六年)までの約一五年間は、内閣問責決議案が一件も提出されていない。これに対してその後は現在に至るまで、この決議案は頻繁に提出されるようになり、前後に際立った対称を見せている。

前期の一五年にわたる空白の時期は、岸、池田、佐藤の三内閣に跨る時代であり、その間には日米安保条約をはじめ日韓基本条約、大学管理法案、沖縄返還協定等の与野党対決の重要案件が度々国会に付議されており、衆議院ではこの期間に、内閣不信任案は合計八回提出されている。一方、当時の参議院は、個々の国務大臣に対する問責決議案は別として、内閣問責決議案には全く関心を示していない。それが第六八回国会に社会党から佐藤内閣問責決議案が提出されたのを機に事情が一変し、衆議院に内閣不信任案が提出されると、符節を合わせるように参議院にも内閣問責決議案が提出されるようになり、同一会期中に両議院の双方に内閣批判の決議案が顔を揃えた例は、以来今日までの約二〇年間に一〇回を数えている。

これは偶然のこととは思えない現象である。

明らかに参議院では、前半の一五年間とそれ以後とでは、内閣問責決議案についての取扱い方針が変更されている。それがいかなる理由乃至は理論によるものかは、公的に説明された資料が見当らないので不明である。ただ現象面を見た限り、少なくとも前期の一五年間は参議院では内閣問責決議案の審議に関してある種の自制が働いていたのが、第六八回国会以降はその自制が解除された、とはいえるのではなかろうか。

ところで、参議院において内閣問責決議案が可決された場合、その議決には法的な効果はなく、政治的な効果があるに過ぎないとされている。この場合の政治的効果とは、内閣に総辞職か衆議院解散かの二者択一を迫る効果に比べれば遥かに控え目な、例えば「唯内閣の反省を促し又は答弁を求むる」(7)程度の効果を意味するというのが、国会発足当初からのいわば定説であった。それは、衆議院の不信任決議権が内閣の解散権に対応して与えられているのに対して、解散制度のない参議院では「内閣の存立を動かそうと考えてはいけない」(8)のであって、従ってその内閣批判には一定の限界がある、との認識によるものであった。実際の事例でも、前記の第一九回国会における参議院の警告決議（指揮権発動の撤回要求）に対して、当時の内閣側は「謹んで承わります」(9)と応対し、これを不満とする議員の質問にも、この院議は「将来の戒めといたしたい」(10)と答弁したにとどまり、参議院側もまたそれ以上は追及することなく終っている。

しかし最近の学説の中には、右の定説とはいささかニュアンスの異なる説を見ることがある。例えば、参議院の問責決議には「ただ、衆議院におけるそれ(不信任決議)のごとき法的効果が認められないだけのことであり」、「内閣は、総辞職又は衆議院解散のいずれかの措置をとらねばならぬという拘束を受けないから、これらの措置をとることも、またとらぬこともすべて内閣の裁量の範囲内である」(11)として、問責決議によって内閣が政治的に総辞職を決断することもあり得る、とするものがある。更には、内閣が憲法七条に基づいて衆議院を解散する際の一例として、「参議院が内閣の存在を疑問とする議決をしたとき」(12)を挙げているものもある。これらの説は、問責決議がもたらす政治的効果を、従来の定説以上に強力なものと想定しているわけであるが、その当否については議論の余地があるであろう。

ただ、ここで看過できないのは、実際に参議院で審議されている内閣問責決議案の趣旨・内容が、右の説を裏書きするように、内閣に対して甚だ対決色の強いものになっている点である。問責決議の本文は、単に「本院は、内閣総理大臣〇〇〇〇君を問責する」との一行に過ぎないが、それに添付された理由書には「内閣の存続を一刻も容認できない」とか「とうてい信を置くことができない」等と明記したものもあり、これが本会議に上程された際の趣旨説明や賛成討論の発言になると、その大半は内閣に総辞職又は衆議院解散を求めるものになっている。つまり決議案の趣旨・内容の点では、今や衆議院における不信任案も、参議院の問責決議案も、同義、同質のものといってよい。

そこで万一これが可決された場合、その政治的効果は、事実上、前記の定説の範囲を遥かに超えたものになることも考えられる。野党は院議決定の重大性を強調して、一時的にでも内閣提出議案の全面的な審議停止を議院の意思として主張するかも知れず、あるいは政策面で内閣に大幅な譲歩を迫ることもあり得よう。このように参議院が内閣と対立し、これを窮地に陥れるというようなことは、憲法の予想しない事態であるが、実際の問責決議案の審議を見る限り、決してあり得ないこととはいえないように思える。

こうした事態が生じた場合、これを政治的にも、また法的にも打開する方法としては、内閣が衆議院に信任決議案を提出し、その可決を待って存続を図るということが考えられよう。内閣信任決議案は冒頭に紹介したように、過去の事例としては議事手続上の戦術として提出されたことがあるのみであるが、本来は、不安定な立場に立った内閣の存続の可否を問うために審議されるべきものである。決議案は通常、会議体の構成員の間から発議されるが、内閣信任決議案に限って内閣もまた提出できることが、学説上も認められている[13]。衆議院においてこの信任決議案が否決された場合は、当然に憲法六九条が作用することになる。反対に信任決議案が可決されたときは、内閣は存続の根拠を与えられたことになり、従前の体制を維持できる。この場合、参議院は先の院議決定に拘泥することは許されないと解すべきであろう。内閣の存立は専ら衆議院の意思に係っているのであり、衆議院が信任を与えた内閣に対し、参議院が更に対決の姿勢を続けることは、憲法の趣旨から見て不可能であろう。

現在、参議院では、平成元年の第一五回通常選挙以来野党議員が多数を占め、いわゆる〝衆参ねじれ現象〟が生じ、昨年の第一六回通常選挙を経た後もその状態が続いている。従って現状で内閣問責決議案が提出され、野党側が結束してこれを支持した時は、可決される可能性が十分にある。そうした事態が考えられる以上、右のような問題については、様々な角度から論議を進めておく必要があるのではなかろうか。

(1) 佐藤功・日本国憲法の課題一一七頁、金森徳次郎・国会論四九頁
(2) 衆議院先例集(昭和五三年版)三二一頁
(3) 最近の一事不再議の運用状況については、拙稿「国会審議における一事不再議の問題点」ジュリスト九五三号六一頁を参照されたい。
(4) 宮沢俊義＝芦部信喜・全訂日本国憲法五三五頁
(5) 第九一回帝国議会衆議院国会法案委員会議録(速記)第一回(昭二一・一二・一九)八～九頁
(6) 近藤英明「議長・委員長の権限」ジュリスト一七〇号三五頁

(7) 美濃部達吉・新憲法逐条解説一一〇頁
(8) 宮沢俊義「参議院の性格」(「政治と憲法」所収)一三頁
(9) 第一九回国会参議院会議録三八号(昭二九・四・二三)七〇六頁
(10) 第一九回国会参議院会議録三九号(昭二九・四・二六)七二八頁
(11) 松沢浩一・議会法一二一～三頁
(12) 緒方真澄「議院内閣制」(田辺忍編・「議会制民主主義の研究」所収)一一四頁
(13) 佐藤功・憲法(下)八四四～五頁、法学協会・註解日本国憲法下巻一〇四四頁

【付表】

◇衆議院

内閣不信任決議案（可決例）

国会回次	件名	提出会派	提出年月日	結果
4	不信任決議案（吉田内閣）	社会 民主 国協 社革 労農 新自由 第一 共産 無所属	昭和23年12月13日	昭和23年12月23日 本会議 可決 同日 解散

15（特別）	吉田内閣不信任決議案	改進 社（右） 社（左）	昭和28年3月13日	昭和28年3月14日 本会議 可決 同日 解散
91	大平内閣不信任決議案	社会	昭和55年5月16日	昭和55年5月16日 本会議 可決 5月19日解散（会議の開かれない日に解散詔書伝達）
126	宮澤内閣不信任決議案	社会 公明 民社	平成5年6月17日	平成5年6月18日 本会議 可決 同日 解散

内閣信任決議案（可決例）

国会回次	件名	提出会派	提出年月日	結果
123	宮澤内閣信任決議案	自民	平成4年6月12日	平成4年6月14日 本会議 可決
169	福田内閣信任決議案	自民 公明	平成20年6月11日	平成20年6月12日 本会議 可決

◇参議院

内閣総理大臣問責決議案（可決例）

国会回次	件名	提出会派	提出年月日	結果
169	内閣総理大臣福田康夫君問責決議案	民主 社民	平成20年6月11日	平成20年6月11日 本会議　可決 衆議院において　6月12日 内閣信任決議案　可決
171	内閣総理大臣麻生太郎君問責決議案	民主 共産 社民	平成21年7月13日	平成21年7月14日 本会議　可決 衆議院において　7月14日 内閣不信任決議案 否決

一一　議員辞職勧告決議と対象議員への対応
——院議不服従は懲罰事犯である

一　はじめに

本年一月（平成一四年）に召集され、七月末日に閉幕した第一五四回国会は、「政治とカネ」の問題をめぐって議員の不祥事が続出した異常国会であった。一九二日間の会期中に、井上裕・前参議院議長、加藤紘一・元自民党幹事長、辻本清美・社民党政策審議会長の三議員が、身辺の金銭疑惑を理由に引責辞職し、鈴木宗男・元北海道開発庁長官が斡旋収賄罪容疑で逮捕され、また田中真紀子・前外相が秘書給与流用問題で衆議院政治倫理審査会の公開審査を受ける等の事態が継起した（田中議員は国会閉会後に辞職願を提出して許可された）。このため衆参両議院の審議は、これらの議員の疑惑追及に多大の日時を費やし、本来の立法活動が妨げられて、内閣提出法律案の成立率は八四・六パーセントという異例の低さを記録した。

国会では、昭和六〇年に国会法を改正して政治倫理の規定を新設し、これに基づいて各議院は、それぞれ所属議員が遵守すべき政治倫理綱領と行為規範を議決、制定した。そこでは「政治倫理の確立は、議会政治の根幹である。われわれは、主権者たる国民から国政に関する権能を信託された代表であることを自覚し、政治家の良心と責任感をもって政治行動を行い、いやしくも国民の信頼にもとることのないように努めなければならない。」（政治倫理綱領前文）、「議員は、職務に関して廉潔を保持し、いやしくも公正を疑わせるような行為をしてはならない。」（行為規範第一条）と高らかに宣言している。以来、一七年が経過したが、依然として現職議員の間では金銭にかかわる不祥事があとを絶たず、それが右のような当選回数を重ねた有力議員によっても繰り返されているのを見ると、これらの綱領や規範に掲げられた文言が、何とも空疎に響くのを如何ともし難い。

ところで、この国会の終盤に、衆議院では鈴木宗男議員に対し、内閣から会期中における議員逮捕の許諾請求が提出され、各会派は全会一致でこれに許諾を与えた。引き続いて衆議院は鈴木議員に対する辞職勧告決議を、これも反対なしで可決したが、同議員は辞職を拒否し、この決議は実現されないままに今日に至っている。

周知のように、議員に対する辞職勧告決議は、平成九年の第一四〇回国会で、オレンジ共済組合事件の主犯として詐欺罪容疑により逮捕・起訴された友部達夫に対し、参議院で可決された前例がある。その際、友部は勧告に従うことを拒否し、以後平成一三年に最高裁の判断で懲役一〇年の実刑判決が確定するまで、長期にわたって参議院議員としての地位を保持し続けた。今回の鈴木宗男議員の院議不服従も、当然、この前例を踏まえて実行されていることは、疑いない。

議員に対する辞職勧告決議には、法的な強制力がない。また、議員の身分は、憲法第五〇五条の資格争訟の裁判で資格がないとの判決がなされた場合、又は同第五八条により懲罰事犯として除名される場合以外には、院議を以ってしても剥奪されることがない。特に懲罰による除名処分は「議院の秩序をみだし又は議院の品位を傷つけ、その情状の特に重いものに対して」(衆議院規則第二四五条。参議院規則第二四五条も同趣旨)科せられるものであるが、その対象は院内の行為に限定され、院外における不祥事には適用されないことになっている。

これらのことから、院外の行為を理由とする辞職勧告決議が議院において可決されても、当該議員がそれを不服として辞職を拒否した場合、議院はそれ以上の措置を講ずる方途がなく、事態を容認するしかないと現在は考えられている。このため、参議院では友部達夫の居座りが実現し、今回衆議院でも同様の事例が重ねられた。その結果、両議院の権威は、いずれも所属議員によって著しく傷つけられ、そこには遣り場のない無力感が広がっている。

しかし国会は、議会制民主主義の原則の下に、国民を代表して国家意思を形成するための合議機関である。従って各議院における決定は、いわば国民の意思の表現であり、国政上それが重大な意義を持つものであることは論を待たない。一方、国会議員は選挙を通して国民から直接選出され、憲法によって一定の身分保障を受けてはいるが、所属する議院の構成員としてそこでの意思決定に関与すると同時に、一旦決定された意思には、当然従わなければならない義務を負っている。いかにその内容に異論があるにしても、確定された院議は、それぞれの議院の最高意思である。構成員である議員がそれを尊重しなければ、議院は組織としての秩序が維持できないことになろう。

こうした観点から、実は、過去の衆議院では、院議を無視し又は院議に不服従を表明した議員に対しては、その行為を院内の秩序を乱す懲罰事犯と判断して、これを懲罰委員会に付託するという取扱いが認められていた。昭和二八年に刊行され、現代の国会運営の重要な指針の一つとされて来た文献に、鈴木隆夫著『国会運営の理論』(著者は刊行当時の衆議院事務次長)があるが、その中に次のような記述がある。

「議員の院外における行為は、それ自体懲罰事犯たる要件を欠くものであるが、ただ議員の議院外における行為について、議院の体面を汚した等の理由から…善処を促された議員が、それに服さないときにおいて、……始めて院議無視という院内の行為が懲罰事犯となるのである」(同書二五四〜五頁)

つまり、前記の衆参両議院で生じたような事例の場合、院議無視又は院議不服従に対しては、その態度を容認・放置することなく、当該議員を懲罰の対象に取り上げることが法的に可能であり、そうすべきものと考えられていたのである。

懲罰委員会での審査の結果は、必ずしも除名に至るとは限らず、場合によっては審査未了に終わることもあり得る。その際は、辞職勧告の院議が実現されないことになる。しかし、事態の処理に向けて成規の議院活動が続行されたことにより、院内の秩序は保持され、議院の権威も傷つけられない。

こうした手続きが過去の衆議院では肯定されていたにも拘らず、前述のように最近の事例ではそれが採用されなくなった。なぜ採用されなくなったのか。そして、そうした手続きを排除した判断は、果たして妥当なものだったのか、どうか。

本稿ではそれらの点を、辞職勧告決議をめぐる従来の論議を振り返りながら、検証してみることにしたい。

二　田中彰治事件

議員に対する辞職勧告決議案は、これまでに衆議院で七回（同一議員に対する複数回の決議案は一回に計算）、参議院で四回提出されているが、これらとは違って、実際に決議案は提出されなかったものの、その取扱いについての解釈が、事態の展開に大きく影響した事例が一つある。

昭和四一年八月五日、自民党所属の衆議院議員田中彰治が、恐喝・詐欺容疑で東京地検に逮捕された。田中は昭和二四年に初当選以来、一貫して決算委員会に籍を置き、一時は委員長としても活動した。彼は与党に所属しながら、しばしば政府側の疑惑追及にも手を染め、政界の異端児として名を馳せていた。しかし、国有地の払い下げ等に関連して、決算委員会での調査・喚問を口実に企業を脅して資金を提供させる、いわゆる「マッチ・ポンプ」の手法により、二億数千万円もの不正利益を得ていたとして摘発されたものである。この事件は、国会議員の地位利用による悪質な犯罪として、容疑内容が明らかになるとともに、次第に同議員に対する衆議院の処分が注目されるようになった。

自民党では逮捕直後に、田中彰治を党紀委員会にかけ、党から除名する方向で検討することにしたので、拘留中の田中は自発的に離党届を出した。しかし彼は、衆議院議員は絶対に辞職しない、もしも逮捕中に解散・総選挙があれば、拘置所からでも立候補すると、強気の姿勢を示した。

当時、国会は閉会中であったため、各党間の協議は九月に入って開始されたが、野党の社会・民社両党は、田中の処罰を求め、除名を強く主張した。だが議員を除名するには、懲罰に付さなければならず、懲罰事犯は会期中の院内の行為に限られる。田中の場合は、院外の不祥事であって、それも数会期以前の事件であるため、懲罰の対象にはなり得ない。野党側は、世論を背景に、この際国会法を改正してでも、処罰形式の除名を実現することを要求した。そこで、田中が飽くまでも自発的に議員を辞職しない場合は、次の国会で辞職勧告決議を可決し、それに服従しないときは院議無視を理由に懲罰事犯として除名するという方法が検討された。これは、自民党から提案された。

衆議院では旧憲法下の帝国議会時代に、院外の行為等によって議院の品位を汚したと見られる議員に対しては、自ら進退を決せよという意味の「処決ヲ促ス」動議又は決議案が発議され、審議されていた。これは現在の辞職勧告決議案と同趣旨のものであるが、その事例は前後六回あり、このうち可決されたものは三件、否決されたものが二件、審議未了が一件であった。

可決された三件のうち、最初の事例では処決を促された議員は直ちに辞職したが、第二、第三の事例では、対象とされた議員は、院議を不服として辞職を拒否した。このうち二番目の事例である第四三回議会での島田三郎の場合は、即日、院議不服従を理由とする懲罰動議が提出され、懲罰委員会は翌日、島田の除名を決定した。しかしそれが会期終了日であったため、懲罰委員長の報告を議題とする時間的余裕がなく、除名に至らなかった。三番目の事例は第五一回議会に起きているが、このときは当該議員からの書面による院議不服従の回答が会期終了日になって提出されたため、懲罰委員会にかける機会がなかった(1)。

このように、旧議会時代の事例では、院議無視を理由として懲罰委員会に付託された例は一回にとどまり、それも委員会の決定が実際には執行されずに終わっているが、これらの先例は、新憲法下の国会においても引き続き有効と考えられた。田中彰治の場合も、衆議院事務局ではこの方法による処理を、適法として肯定していた(2)。

自民党では田中の逮捕以来、当人の自発的な議員辞職を期待していたが、野党の主張や世論の動向から、田中の処断に踏み切らざるを得ないと考え、三党間の協議の場で右の方法を提示した。野党側は「辞職勧告など手ぬるい」「新例を開いてでも除名すべきだ」と応じたが、結局はこれに同意した。一方、こうした事態の進行を、弁護士を通して知らされた田中彰治は、「いずれ除名という処分を受けるくらいなら、それに先立って自ら辞職した方が、世論のきびしさから見て、得策だと判断して」(毎日新聞・昭和四一、九、一〇)、九月一〇日に議員辞職願を提出した。

閉会中の議員辞職は、議長によって許可される。しかし、社・民両党は直ちに許可を与えることに反対し、飽くまでも臨時国会の場で議院の意思として処断すべきだと主張したが、議長が、議員の一身上の問題の処理を長期間引き延ばすのは好ましくないとして、同月一三日にこれを許可した。

衆議院は、このとき前回の選挙から既に三年近くが経過しており、政治日程として解散・総選挙が取り沙汰される時期に入っていた。野党側は田中彰治の事件を材料に、一段と政府・自民党攻撃の姿勢を強め、これに対して自民党側は、一刻も早く世論の批判を鎮静化させ、来るべき選挙に影響を残さないよう配慮する必要があった。そうした情勢の下での事件処理であったが、ここで、院議による辞職勧告に応じない議員については、懲罰事犯と認めて除名するという方法を、自民党が提案したというのは紛れもない事実である。そして、この方法が適法とされ、与野党間で是認されたことが、田中彰治の自発的辞職をもたらし、事態の解決を早めた。これは一見、破廉恥罪を犯した一議員の進退問題の処理に過ぎないようであるが、実はこれにより、衆議院は組織としての自浄能力を、辛うじて国民の前に示し得たということが出来よう。

当時、自民党の執行部にあって、対応策に采配を振るったのは、田中角栄幹事長であった。皮肉なことに、その彼が一七年後、今度はロッキード事件の被告となって、野党から議員辞職勧告決議案を突きつけられることになる。

(三) ロッキード事件と政治倫理問題

昭和四七年七月に発足した田中角栄内閣は、日中国交回復という歴史的成果を残したものの、雑誌「文芸春秋」に掲載された記事を契機に首相の金脈問題への批判が高まり、在任二年半足らずで総辞職に追い込まれた。退陣一年二カ月後の昭和五一年二月、アメリカ上院外交委員会の多国籍企業小委員会の公聴会でロッキード事件が発覚し、これが日本に飛火して田中前首相を直撃することになる。

事件は、全日空へのトライスター機の売り込みに際して、ロッキード社の裏金が丸紅等を通して政府高官に渡ったというものである。疑惑は前首相の周辺に及び、同年七月、田中は五億円授受の外為法違反で逮捕され、翌月これに受託収賄罪容疑が加わり、起訴された。

この前首相の逮捕・起訴という異常な出来事は社会を震撼させたが、しかし、当の田中被告は、その後も復権を期して当選を重ね、自民党内に隠然たる勢力を擁して、影響力を行使し続けた。

衆議院で最初に議員辞職勧告決議案が提出されたのは、昭和五七年六月、第九六回国会でのことである。ロッキード事件当時の運輸政務次官で、受託収賄罪に問われていた佐藤孝行に一審有罪判決が下された直後、野党が揃って同議員を対象にした決議案を提出した。続いて翌昭和五八年二月、第九八回国会で、田中元首相に対しても辞職勧告決議案が提出される。これは一月末の公判で、田中被告に懲役五年、追徴金五億円の論告求刑が行われたのを受けたものであった。

佐藤、田中両議員は既に自民党を離党していたが、同党にとつては依然として有力議員であることに変わりはなかった。特に田中元首相は、衆参合わせて一〇〇名を超える議員を擁した大派閥の盟主であり、同党の主要な人事は元首相の意向を無視しては実現出来ないような態勢が続いていた。田中派は、当然、辞職勧告決議案の審議入りに反対した。そこから、この決議案をめぐり、自民党の本格的な抵抗が始まる。

自民党は議院運営委員会の席で、決議案の性格論争を提起し、辞職勧告決議には憲法違反の疑いがあるとの主張を展開した(この主張の主な内容については、後述する)。野党側は、辞職勧告決議案が先に参議院では審議された例もあり[3]、違憲には当たらないと反論したが、絶対多数を占める自民党の結束を崩して審議入りを実現するのは不可能な情勢であり、水掛け論が続いた。

昭和五八年一〇月一二日（第一〇〇回国会開会中）、田中被告に一審有罪判決が下った。即日、元首相は判決を遺憾とし、議員辞職の意向のないことを表明する。これに反発して野党は一段と攻勢を強めて、辞職勧告決議案の本会議上程を求め、自民党がこれに応じないと見るや、一切の審議を拒否し、国会は空転した。ここに至って自民党内からも田中辞職の声が高まり、時の中曽根首相が直接田中への説得を試みたが、奏功せず、政局は衆議院の解散・総選挙に突入する。

同年一二月一八日に行われた第三七回総選挙の結果は、田中判決の影響を受けて自民党が議席を減らし、与野党伯仲の状態が再現されたが、自民党内で田中派のみは勢力を減らすことなく、元首相自身も二二万票余の大量票を得て、一五回目の当選を果たした。選挙後の第一〇一回特別国会では、改めて政治倫理の問題が焦点となり、一審で有罪判決を受けた議員を「有責議員」として懲罰の対象範囲に加える案が浮上する。しかし、これには有責議員に該当する田中本人が激しく反発し、また、懲罰権拡大に慎重な学識経験者の意見などもあり、結局、全体の流れは、衆参両院に設置された政治倫理協議会を通して、新たに政治倫理綱領を作成し、関連する法規を整備する方向に動いて行く。

こうした経緯を見て、毎日新聞は、昭和五九年六月一四日の社説に「君子豹変には説明を」

と題して、次のように書いている。

「もとをただせば、辞職勧告決議案という方法を持ち出してきたのは、ほかならぬ自民党であった。……田中彰治議員の場合、周囲の説得により本人が辞職したので決議案は上程されなかったが、当時の新聞各紙には、同議員が辞職しないならば、自民党は決議案上程の線で収拾しようとしていたことが克明に記されている。衆院事務当局も、国会法上、適法であることを裏付けている。……自民党は天下の政権担当党である。意見が変わったら、変わったことを世間に明示するのが政党政治のルールである。かつては、憲法上も適法であったものが、一七、八年後、どのような経過で憲法上の疑義を生じたのか、少なくとも有権者の側には説明を求める権利がある。……それを説明しないと自民党も立場に非常に困ることになる。なぜなら、丁寧に説明しない限り、自分が提案するときは合憲で、野党が提案するときには違憲の疑いがあるというのでは、あまりに身勝手だからである。」

この社説には、いうまでもなく、田中支配に屈している自民党への皮肉が篭められていた。しかし、自民党はこうした批判には答えず、ロッキード事件に端を発した有責議員への追及を先送りし、全議員を対象とした政治倫理確立の体制造りに方向転換させて行く。有効な対応策に窮していた野党側もこれに同調し、その結果、昭和六〇年の改正で国会法に政治倫理の章が設けられ、各議院に政治倫理綱領、行為規範、政治倫理審査会規程等が整えられて、形の上では、議員の院外の行動もこれらによって規制されることになった。

ロッキード事件の発覚が昭和五一年のことであったから、約一〇年の紆余曲折を経て、国会は、政治倫理問題に一応の決着を付けた。この時点で、辞職勧告決議案の問題はひとまず棚上げされ、以後、ロッキード事件のような議員の汚職行為に関しては、各議院の政治倫理審査会が機能することになるものと期待された。その一方で、この審査会には登院停止や役員の辞任を勧告する権限しかなく、議員活動の自粛や議員辞職の勧告は除外されているから、汚職防止の効果は期待薄で、これなら国会法の懲罰規定を広げて対応した方が適切だったとの声も聞かれた。

その後の経過は、遺憾ながら、後者の説が正しかったことを裏付けている。

四　友部達夫事件

政治倫理関連法規が整備されて七年余りが経過した平成四年一二月、第一二五回国会の衆議院に、竹下登元首相に対する議員辞職勧告決議案が提出された。これは、昭和六二年の竹下政権誕生の際に、右翼団体「日本皇民党」の関与があったとの疑惑が生じ、その責任を問う形で社会・公明・民社の三野党が提出したものである。この問題では両院の予算委員会で竹下元首相への証人喚問が行われたが、決議案自体の取扱いについては議論が進まず、同案はそのまま廃案となった。

もともと、この時の事の発端は、佐川急便の特別背任事件にあり、同社の副社長から巨額の資金が竹下派会長の金丸信議員に渡っていたという事実が明らかになり、右翼団体との関連もその捜査過程で浮かび上がって来たものであった。その結果、金丸氏は衆議院議員を辞職し、次いで、国会閉会後に竹下派が分裂する。これにより、旧田中派以来、二〇年間維持されて来た自民党内における同派の支配体制が崩れた。更にこのことが導火線となって、翌平成五年一月召集の第一二六回国会の終盤に自民党も分裂し、同年七月の第四〇回衆議院総選挙では自社両党が敗退して、いわゆる「五五年体制」が終焉を迎える。

しかし、その後も新党を中心とした連立政権は安定せず、平成六年六月には自・社・さきがけの三党による村山政権が誕生した。この政権の下で平成七年七月に行われた第一七回参議院通常選挙では、与党が辛うじて過半数を確保したが、野党の新進党は比例区で自民党の獲得議席を上回る成果を挙げた。

それから一年半後、新進党の比例区の名簿一三位で当選した友部達夫に、詐欺容疑が発覚する。友部は、平成四年に年金会オレンジ共済組合を結成して実質的主宰者となり、定期預金の名目で元本保証、高配当を謳って全国の約六五〇〇人から莫大な資金を集めた。しかし、当初から資金運用はほとんど行っていず、集めた金は借金の返済や家族の個人的支出などに当てられていた。参議院議員に当選後は、更に国会議員としての信用を利用して集金を重ね、最終的にその額は八〇億円を超えたといわれる。当初、警視庁は出資法違反容疑で捜査していたが、参議院選挙に絡んで新進党の比例区名簿登載順位の決定にも、政治工作として資金が流用されたのではないかとの疑いも浮かび、事件は政治問題化した。

平成九年の第一四〇回国会の召集早々、内閣から参議院に友部議員に対する逮捕許諾請求が提出され、同院は一月二九日に全会一致でこれを許諾した。続いて約二カ月後の四月四日、友部が正式に詐欺罪容疑で起訴されたのを受けて、参議院本会議は友部議員に対する辞職勧告決議案を賛成多数で可決した。勧告の理由は、議員の身分で詐欺行為を犯した責任は重大であり、国民の政治に対する信頼を失墜させ、良識の府である参議院の名誉と権威を傷つけた、というものであったが、採決に際して第二院クラブの佐藤道夫議員一人が、有罪判決前の辞職勧告は適当ではないとして、反対した。

この時の決議案は、自民党を含む五会派から提出されている。先の衆議院における佐藤・田中両議員に対する辞職勧告決議案については、憲法違反の疑いがあるとして審議入りに反対した自民党が、議院が異なるとはいえ、今度は一転して積極的に提出をリードしたわけであるが、その点の矛盾は不問に付された。

参議院では逮捕の段階で、議院運営委員長が拘留中の友部に口頭で辞職を勧告したが、拒否されていた。新たな院議決定を受けて、議運委員長は再び拘置所を訪ねて辞職を求めたが、友部被告は頑なに拒否を続けた。当時の新聞報道によると、参議院自民党では「辞めないということであれば、懲罰委員会による除名まで視野に入れて考える」としていたが、懲罰の理由に起訴事実を挙げていたので、院内の事犯には該当しないとして、他党の賛同が得られなかった。

その後、平成一二年三月二三日、東京地裁は友部被告に懲役一〇年の実刑判決を下した。参議院では議運委の理事会で、改めて当人に対し辞職を促すことにし、委員長が説得に赴くが、そこでも友部は拒否を重ねる。当時は、逮捕時とは政権の組合せが変わり、自民・自由・公明の三党体制になっていたが、与党三党は懲罰による除名を計画して動議を用意した。しかし、この場合も「一審有罪」を理由に挙げていたので、前回同様これは懲罰の対象に該当しないとして、不発に終わった。かくして、友部は平成一三年の任期満了の僅か二カ月前まで、議席を維持し続けた。

前記のように、昭和四一年の田中彰治事件の際、衆議院では、辞職勧告決議に服従しない議員に対しては、院議無視を理由に懲罰に付することが可能だとの解釈を示して、田中を辞職させた。もしも、友部達夫問題に際して参議院がこの解釈を援用し、院議無視又は院議不服従は懲罰の対象になし得ると判断していたならば、恐らく早い段階で、友部は田中彰治と同様に自ら辞職するか、あるいは懲罰による除名処分を受けていたに違いないと思われる。では、なぜ平成九年の辞職勧告の時点で、参議院はこうした視点を持たなかったのか。理由はいくつか考えられる。

一つは、昭和四一年から既に三〇年以上が経過しており、参議院では他院における事例についての関心が薄れ、右のような解釈の存在がほとんど忘れられていたのではないか。

国会では発足当初の頃は、運営の細部にわたってまで、法解釈について両院間で協議調整することが度々見られた。しかし、歳月の経過とともに、各院それぞれの先例が積み重ねられ、両議院は等しく国会法という共通の法律に依拠しながら、運営面で互いの独自性を認め合うようになって来た。特に参議院では、現行憲法によって新設された機関であるところから、旧憲法下の帝国議会からの影響を否定する意識が強い。その点、衆議院は旧議会時代からの継続性を運営の基本としており、過去の時代の先例も必要に応じて継承し、活用している。前述のように、院議無視を懲罰事犯として処理したのは旧議会当時の先例であり、衆議院では現在の国会でもこれを有効と認めて来たものであるが、参議院には、そうした事例を重視する気運がなかったとも思える。

いま一つ見落とせないのは、先のロッキード事件関連の辞職勧告決議案の討議の際に、野党側が示した見解からの影響である。これまでの経緯で、自民党がこの種の決議案について、ある時は合憲と認め、ある時は違憲と称して態度を変えて来たのを見たが、野党側も決議の処理については、意見の一貫性を欠いていたということが出来る。昭和五八、九年当時の衆議院では、議院運営委員会や政治倫理協議会の場で、辞職勧告の是非について幾度か議論が交わされているが、ある時の委員会で社会党の委員が「決議案が可決された場合、当該議員が辞職に応じないときは、それはやむを得ない、それ以上の強制的な措置は求めない」旨を述べている[4]。これは、田中彰治事件の際に見せた野党の厳しい態度からは、大きく後退したものであった。

この時期、衆議院では、院議無視を懲罰の対象になし得るとの解釈が依然として認められており、それは非公式な与野党協議の場では持ち出されていた。そのことを証明するものとして、昭和五九年七月の政治倫理協議会に参考人として出席した憲法学者の橋本公亘氏が、後日に発表した論文がある。そこには、当時、懲罰権の拡大に向けて与野党間で行われていた協議に関して、院外における犯罪行為も「直接、懲罰の対象とするか、または、ワンクッション設けて、先ず辞職勧告その他の措置をした上で、それに応じないことを懲罰権の対象とするかが、議論されているようである」と書かれてある[5]。これは、参考人としての意見陳述に先立って、衆議院事務局から現況説明を受けた際に得た知識に他ならない。

つまり、この時点では院議無視を以って懲罰事犯とする考えが、ルール作りの上での選択肢の一つとして論じられていたのであり、当然、野党側もそのことを承知していたはずである。それにも拘らず、野党委員は公開の場でそれを主張しなかった。その理由は明らかではないが、恐らく、与野党の勢力比から見て、実際には辞職勧告決議案が可決される可能性のない情勢の下で、院議不服従者については懲罰にかけるのだというようなことを主張するのは、いかにも非現実的であり、田中元首相の擁護に結束している自民党を反発させるだけで益がない、と判断したからではないかと推定される。野党側はこの時、辞職勧告決議案の上程のみを期待していたのであり、本会議で自民党の金権体質を糾弾することが出来れば、決議案は否決されても目的は達すると考えていたのである。

しかし、右のような野党側のその場限りとも言える国会対策上の見解が、その後の運営に大きく影響したことは否定できない。この時期以後、「辞職勧告に従わない者については懲罰に付する」というような言辞は新聞紙上から消え、決議には法的効力がないので、従わない者には打つ手がないとの説が一般化し、通説化して行く。参議院も、こうした見解に従ったものと考えられる。

（ただ念のために書き添えると、右の社会党委員の見解は、当時の衆議院にあって理論上の結論として肯定されていたわけではない。当時の議論は、辞職勧告決議の取扱いの一切を棚上げして、政治倫理関連法規の整備に切り替えられたのである。）

このようにして友部達夫は、参議院議員としての任期のほとんどを全うした。当時の新聞は、逮捕から四年四カ月の間に彼に支払われた歳費などは、一億五四〇〇万円にも上ると書き立て、国会の自浄能力のなさを改めて批判した。

五　憲法第五八条と議員の身分保障

冒頭に述べたように、本年の第一五四回国会において、衆議院は鈴木宗男議員に対する辞職勧告決議案を可決した。決議の理由は、鈴木議員が「北方四島人道支援事業やＯＤＡ（政府開発援助）をめぐる疑惑により、わが国外交への信頼を著しく失墜させ、国民の政治不信を一段と増大させた責任は重大である」というものである。この決議案は、民主・自由・共産・社民の野党四党が共同で三月一二日に提出し、即日、議院運営委員会に付託された。野党側は早急に本会議に上程することを求めたが、与党側が応じず、三月二〇日と五月一四日に委員会で質疑応答を行い、両日ともに質疑終局の動議を否決して、上程を保留した。しかし、六月一五日に至って内閣から鈴木議員の逮捕許諾請求が出され、同一九日に議院がこれを許諾した結果を受け、辞職勧告決議案も二一日に上程され、全会一致で可決された。

議院運営委員会での審査に際して、自民党は、この決議案には違憲の疑いがあるとの議論を再び持ち出した。これまでに見て来たように、最初の田中彰治事件の処理以来、自民党の辞職勧告決議案に対する姿勢は、二転三転して来た。今回も野党案に対して、先ず違憲論を主張したわけであるが、結果的に上程に同意し、かつ、これに自らも賛成して可決せしめたのであるから、前回の参議院における事例と併せて、自民党もこの種の決議案の合憲性を、両院を通じて認めたことになる。

従来、自民党が主張し、また、衆参両院に参考人として出席した学識経験者の多くが懸念を示していた、辞職勧告決議案の問題点の第一は、憲法に規定されていない方法で、議院が議員の身分に影響を与えるような決定を行えるのかどうかという点であった。国会議員の地位の根拠は選挙にあり、議院といえども選挙の結果を安易に覆すことは許されない。憲法は第五五条及び第五八条において、議員の資格を失わせるには、出席議員の三分の二以上の賛成が必要であることを定めている。これに対し、辞職勧告決議案は過半数の賛成があれば可決されるのであるから、これによって議員を事実上辞職に追い込むような慣例は作るべきでない、という趣旨であった。

しかし、あらゆる社会組織又は機関に共通して言えることであるが、一個の組織なり機関なりが、設立目的に沿った活動を推進するには、すべての構成員がその活動の基本理念に反しない行動をとることが、必須の要件である。もしも、その基本理念に反するような言動のある構成員が出た場合、その人物に対して、組織又は機関が自主的、自律的に何らかの制裁措置を決定することは、当然の権利と考えられる。議員は確かに選挙によって選出されるが、議院活動を推進して行く上で、その存在が却って障害になると認められるような議員が現れた場合、議院が組織の名において当該議員に辞職を勧告するのは、この自律的な決定の一態様といえよう。

冒頭に紹介したように、両議院は政治倫理綱領や行為規範を定め、議員として遵守すべき項目を列挙しているが、その第一は「国民の信頼にもとることのないよう」「廉潔を保持し、公正を疑われるような行為をしないこと」である。明らかにこれに違背する行為のあった議員に対しても、議院が何らの措置を講じないとすれば、そのこと自体が国民の信頼を失わせることになるのではなかろうか。その意味で、前回の参議院に続き、今回は衆議院においても、問題議員に対する辞職勧告決議案を可決したことは、議院の組織浄化の姿勢の一端を示したものとして意義がある。

ただ、こうした組織浄化の動きに問題があるとすれば、これが悪用される危険が絶対にないとは言えない点であろう。昭和五八、九年当時、両院で参考意見を述べた学識経験者たちは、異口同音に、過半数による辞職勧告が多数派による小数派議員への圧迫、排除につながる懸念を訴えていた。そしてその中の何人かは、先例として昭和一五年の衆議院における斎藤隆夫の除名事件を挙げていた。

斎藤隆夫の除名は、憲政史上に有名な事件であるから、改めて説明の必要はないと思うが、昭和一五年の第七五回議会の冒頭における代表質問で、支那事変(日中戦争)の長期化を批判した斎藤のいわゆる反軍演説が、「聖戦を冒涜したもの」と非難され、速記録から演説の大部分が削除されたうえ、懲罰に付されて衆議院議員を除名されたものである。この事例は、過去の衆議院が歴史上に残した汚点として、戦時議会を語る際にしばしば言及されている。

しかし、筆者の考えでは、この事件を辞職勧告決議との関連で想起するのは、必ずしも適切ではないように思える。斎藤の除名は、二・二六事件以来、銃剣をちらつかせて国政を牛耳って来た陸軍の、強い圧力の下に実現されたものであり、一般国民の世論はむしろ斎藤に同情的であった。この間の事情は、当時の衆議院書記官長・大木操著『激動の衆議院秘話』(二三五頁以下)に詳しい。

旧憲法下では、議院の自律権は極めて微弱なものであり、帝国議会は常に政府の干渉に曝されていたと言っても過言ではない。敗戦後、日本を占領した連合国軍は、議会の権限強化を民主化の最優先課題とし、いわゆるマッカーサー憲法草案において、国会を国権の最高機関と位置付け、旧憲法にはなかった自律権の規定をそこに書き込んだ。現行憲法第五八条は、その一つである。旧憲法には、第五一条に議院の内部規則制定権が定められていたが、新制度ではこれに加えて、従来は議院法に規定されていた役員の選任権と院内の秩序保持のための懲罰権を、憲法上の権限として議院に与えた。その他にも会期決定権や国政調査権等が整備され、これらにより両議院の自律権は、旧議会時代とは比較にならぬほど強化されたのである。今日の政府は、もはや議院の内部問題に対して、何らの干渉を行うことが出来ない。干渉すれば、それは憲法違反である。従って、かつての帝国議会において、当時の陸軍が政府を動かして衆議院に圧力をかけ、斎藤隆夫の除名を強要したような事態は、現在の憲法体制の下では起こり得ないことである。この意味で、辞職勧告決議と斎藤隆夫の事件とを結びつけて論ずるのは、適切とは言い難い。

現行憲法は、議院の自律権を強化した。では、これと議員の身分保障とは、どう関連しているのか。

従来の辞職勧告決議をめぐる論議の中で、自民党は常に、議員の身分は憲法上手厚く保障されているとし、過半数の意思で議員を辞職に追い込むことの違憲性を強調して来た。本年の鈴木宗男議員に対する決議案の採決に際しても、この違憲説を理由に欠席、棄権した議員がいたことを新聞やテレビは伝えていた。確かに憲法第五五条及び第五八条には、議員の資格を失わせる際は、出席議員の三分の二以上の賛成を要することが明記されている。

しかし、この規定がストレートに議員の身分を保障したものと言えるのはどうかについては、筆者は少なからぬ疑念を抱いている。その理由は、これらの規定がいずれも「但し書」

によって書かれている点にある。「但し書」とは、通常、本文に対し「その除外例を定めるとか、又は制限的若しくは例外的な条件を規定しようという場合に用いられる」ものである（林修三「法令用語の常識」一二二頁）。第五八条について言えば、三分の二以上の特別多数の規定は、本文の「両議院は、各々……院内の秩序をみだした議員を懲罰することができる」とあるのに続いて、これに付随した条文であり、四種類ある懲罰のうちの一つである除名の議決に関して、他の三種類は過半数でよいが、これは特別多数が必要だとする例外的条件を定めているに過ぎない。つまり、ここで三分の二以上の多数による議決が必要とされている対象は、院内の秩序を乱したために懲罰を受けることになった議員であって、それ以外の全議員が対象とされているわけではないのである（第五五条の場合も、但し書の対象は資格争訟を提起された被告議員であって、全議員ではない）。

もしも、この特別多数の規定が、議員特権を定めた第五〇条や第五一条と同じような文型で、全議員を対象にして、「両議院の議員は、いかなる場合にも、出席議員の三分の二以上の多数による議決がなければ、資格を奪われない」という風に規定されていた場合には、それは議員の身分が手厚く保障されていることになろう。その場合は、議員に対する辞職勧告決議案も、審議自体が認められないことになるかも知れない。しかし憲法には、そのような条文は設けられていない。にも拘らず、あたかもそうした規定があるのと同様の効果を、この第五八条但し書に求めるのは、憲法解釈としていかがなものか。それは、議員の身分保障の過大視になるのではなかろうか。

もとより、議員の地位は重大であり、軽々にそれが奪われるようなことがあってはならない。現実には、この但し書により、出席議員の三分の二以上の賛成がなければ、議員の身分を剥奪されることがないのは、その通りである。しかし、議院が自律的判断として特定の議員に辞職を勧告しようとするときに、当該議員がこの但し書の規定を盾に、身分保障を主張するのは、筋違いと言うべきであろう。一方に議院の自律権があり、他方に議員の身分保障があって、両者が対立した場合、この第五八条但し書を以って議員が身分保障を主張するわけには行かない、と筆者は考える（第五五条但し書についても、同様のことが言える）。

憲法は、懲罰の対象から、議員の院外における不祥事を一応除外していると解されるが、さりとて、懲罰による除名を免れるにしても、院外で破廉恥罪を犯した議員について、その身分を、有罪が確定するまでは憲法が保障している、というようなことはあり得ない。本来、議員は「選良」と尊称される存在であり、憲法は、議員が破廉恥罪で逮捕されることまで予想したうえで、制度化されているわけではないのである。この意味で、既に両院で行われた辞職勧告決議の先例は、議員の身分保障の限界について、一定の判断を示したことになろう。

六　院議不服従者容認の問題点

議員に対する辞職勧告決議は出席議員の過半数によって決せられるから、議員の身分保障の点で不当だ、とする意見と並んで、従来の反対説の有力な根拠とされて来たのが、決議には法的な拘束力がないので、可決されてもその議員が辞職を拒否すれば意味がないではないか、という議論であった。この二つの説は、前者が、決議案の可決によって当該議員は辞職せざるを得なくなることを前提にしているのに対し、後者では、可決されても辞職せずに済むことを前提にしており、本来、相互に矛盾している。従って、一人の人物、あるいは一個の会派が、両説を同時に主張することには理論的に疑問が生ずるのであるが、それはとも角として、決議には法的な強制力がないために不服従者が出るというのは、確かに重要な問題点である。

先に紹介した昭和五八、九年当時の衆議院議院運営委員会における議論の中でも、社会党委員の「決議が実行されなくても、やむを得ない」旨の発言に対して、自民党委員から「国会の決議は重大であり、それが実行されなくてもいいということになれば、政治に汚点を残すことになる」旨の指摘がなされていた。その時は、よもや現実のものにはなるまいと予測しての仮定の問答であったが、何と、それが衆参両院で実現されてしまったのである。

本年六月の鈴木宗男議員に対する辞職勧告決議は、可決当日、議員会館の同議員事務室に伝達されたが、数日後、鈴木議員は辞職に応ずる意思のないことを、事務所を通じて発表した。前述のように、衆議院では旧議会以来、昭和六〇年前後までは、辞職勧告決議が可決されても当該議員がこれに応じないときは、懲罰事犯に該当するものとして対処するとの解釈が生きていたが、今回はそうした動きは見られなかった。先例を重んずる衆議院の運営で、これは異例のことに思えるが、参議院の友部事件における対応が、直近の前例として重く立ち塞がっていたためと推定される。

辞職勧告決議には、法的な強制力がない。従って、これに服従しない議員が現れてもやむを得ない、とは言える。しかし、それを容認し、放置することは許されない、と過去の衆議院では考えられていた。筆者も同様に考える。

両議院において決議案の形式で会議に付されるもののうち、法的効力を伴うものとしては何があるかといえば、それは極めて僅かなものに限られている。先ず憲法第六九条に基づいて衆議院で審議される内閣に対する信任・不信任決議案があるが、その他には、各議院における特別委員会の設置・権限に関する決議案(通常は動議の形式によることが多い)と、常任委員長の解任決議案(国会法第三〇条の二)があるくらいである。議長・副議長に対する不信任決議案でさえ、可決されたからといって直ちに正副議長が失職するというものではない。他の諸々の決議案のすべては、可決されても法的効力を伴わないものといって差し支えない。

では、それらが強制力を持たないからといって、決議の対象とされた機関又は個人が、その内容を無視することが許されているかといえば、そのようなことは全くない。議院の決議は、国権の最高機関として、国民を代表してなされる意思表明であり、たとえ法的効果が伴わなくても、政治的・社会的には重大な意義と効果を持つものである。その中には、昭和四六年の衆議院におけるいわゆる非核三原則決議のように、国是と称されて、その後も政府に対し事実上の強制力を維持し続けているものもある。

辞職勧告決議との類似性で言えば、個々の国務大臣に対する不信任又は問責の決議がある。国務大臣は憲法第六八条により、内閣総理大臣によって任免され、本来、国会はその人事に関与できない。しかし、議院は行政監督権の名において、個々の国務大臣の失政の責任を問う決議案を審議し、稀にではあるが、これを可決している。可決されても、対象とされた国務大臣に辞職しなければならない法的義務は生じないが、当人は院議を重視して、後日に必ず辞任しており、在任し続けた例はない。最近の例では、平成一〇年の第一四三回国会の参議院で、額賀福志郎防衛庁長官に対する問責決議案が可決され、同長官は約一カ月後に辞任した。このときは、決議案が会期終了日に可決されたため、国会審議に直接の影響は出なかったが、もしも同長官の辞任又は更迭がなかった場合、決議案に賛成した会派は、院議の重大性を掲げて政府への攻撃を続け、次の国会でも内閣提出議案の審議拒否等の態度に出て、決議の実現を迫ったであろうことは疑いの余地がない。

国務大臣に対する不信任・問責決議案も、内容は辞職勧告である。額賀長官に対する決議案の理由書には「今回の一連の不祥事にかんがみ、……出処進退を明確にし、自らけじめをつけることが、国民に対する責任を全うする唯一の方法である」と書かれてある。その趣旨は、議員に対する辞職勧告決議と変らない。両者間に決議としての性格上の差異はないにも拘らず、一方の院議については、必ず実現させるため相手に圧力をかけ続けるのに対し、他の一方は当事者から拒否されたまま、手の打ちようがないとして容認しているのは、何故であろうか。これでは、衆参両院は外部の機関に対する辞職勧告には極めて厳格であるが、内部の同僚議員に対する辞職勧告には頗る寛大に振舞うという、二様の態度を使い分けていることになる。先に引用した毎日新聞の社説に倣えば、これは「あまりに身勝手な」運営ではなかろうか。

このような使い分けは、一般国民の目には著しい不公平と映って、国会に対する不信感を一層助長することになる。また、こうした運営を続けていると、今後は国務大臣に対する不信任や問責の決議案を可決しても、辞任を強要できないことになろう。それは、議員の決議の効力を自ら低下させることを意味する。

院議不服従の容認・放置は、次のような面にも影響して来る恐れがある。両院はそれぞれ政治倫理審査会規程を定め、その第三条に、審査の対象とされた議員に政治的道義的責任があると認めた場合、審査会は行為規範等の遵守、一定期間の登院自粛、役員又は特別委員長の辞任等の勧告を行うことを定めている。この場合の勧告も、当然、法的効力は伴わない。これらの勧告内容は比較的軽微なものであるから、対象議員がこれに抵抗して拒否することは考え難いが、しかし、勧告に従うことが不祥事の事実を認めることになり、自己の裁判に影響する可能性があるとして、例えば役員の辞任などには応じない議員が現れるかも知れない。その場合、院議不服従者の存在さえ容認した議院は、こうした勧告への不服従者に対しても寛大にならざるを得ないのではなかろうか。そうなると、政治倫理審査会の活動は有名無実化し、制度そのものの意義も甚だしく減殺されることになろう。

冒頭にも述べたように、院議はその議院の最高意思であり、至上のものである。好むと好まざるとにかかわらず、一旦確定された院議には、服従するのが構成員たる議員の義務である。議員には様々な権利が与えられているが、当然、果たすべき義務もある。院議の尊重は、その最たるものといえよう。このことが法規に定められていないのは、規定以前の本源的な原則の故である。

院議不服従者の容認は、以上のように議院運営の様々な面に、悪影響をもたらす。その慣例化は、長年にわたって築き上げられて来た議院の決議の実効性と秩序維持体制とを、崩壊に導きかねない危険があるのである。

七　院議不服従と懲罰

平成一三年四月、綿貫民輔衆議院議長は、私的諮問機関として「衆議院改革に関する協議会」(会長・瀬島龍三ＮＴＴ相談役)を設立、発足させた。この調査会は、各界の有識者一二名を以って組織し、議長から示された三点の諮問事項、①政治倫理に関する事項②国政審議の在り方に関する事項③議員の諸経費に関する事項について、国民の視点に立った調査、研究を行い、約八ケ月にわたる討議の後、同年一一月に答申を取りまとめて議長に報告した(6)。この答申の中で、調査会は政治倫理に関して国会議員の現状に遺憾と憂慮の念を示したうえ、政治倫理基本法の制定を強く求め、同法に「議員辞職勧告決議案が議院で可決された場合の議員の身分剥奪」の規定を織り込むべきだとしている。これは明らかに友部達夫事件に触発された提言であり、数一〇億円にも及ぶ詐欺行為を働いた議員に対しても、自浄的措置を講じ得なかった国会への、国民的怒りを代弁したものと言えよう。

綿貫議長は答申を受けて、これを衆議院の「議会制度に関する協議会」(議院運営委員長及び理事によって構成)に提示し、協議を要請した。更に本年五月、鈴木議員に対する辞職勧告決議案の取扱いが注目されている間に、議長は重ねて政治倫理基本法制定の検討を同協議会に指示したと伝えられている。こうした議長の指示に、各党は真剣に対応するものと思われるが、実際問題として政治倫理基本法の立案・制定は難航が予想される。とりわけ、辞職勧告決議が議決された場合に、直ちに議員の身分を剥奪することの法制化は、憲法との関係で実現は困難ではなかろうか。

筆者はこれまで、過去の衆議院には、院議に不服従の意思を表明した議員については、懲罰事犯と認めて処置する考えのあったことを説明して来た。懲罰に関しては、国会法と各議院の議院規則に詳細な規定があり、そこには懲罰に該当するいくつかの事例が記されてある。勿論その中に、院議無視又は院議不服従は規定されていない。しかし、法規に定められている事犯例は、制限列挙的なものではなく、単なる例示と見るのが定説である。そこでは、不当欠席や請暇期限超過など、些細ともいえる義務違反も明らかな懲罰事犯とされ（国会法第一二四条）、また会議において議長の制止や発言取消の命に従わない者も、その対象とされている（衆議院規則第二三八条、参議院規則第二三五条）。

過去の衆議院の関係者は、議長の指示・命令に服従しない議員が懲罰事犯とされるのであるから、議長の命令よりも遥かに重大な意味を持つ院議に対して、真っ向から不服従を表明した議員は、当然、懲罰事犯に該当すると判断したのである[7]。この判断は誤りであったろうか。

院議が無視されれば議院の権威が傷つくとは、辞職勧告決議をめぐる論議の中で、これまでにも再々指摘されて来たところである。議院の権威が傷つけられたということは、必然的に、議院の秩序も品位も損なわれたことを意味する。そうした事態を惹起した当事者に対して、現在の衆参両議院は、法的に何らの措置をも講じ得ないとして手を拱いている。重大な義務違反行為を目の前にしながら、それと気付かない、あるいは気付かない振りをすることで、両議院は自らの権威を更に傷つけているのである。これは、一一〇年を超えるわが国の議会史上、類を見ない異常な運営ではないか、と筆者には思える。

院議不服従はまさしく懲罰事犯であり、不服従の意思が確認されたときは、直ちに懲罰委員会に付託すべきである。但し、筆者はそこで早々に除名を決定せよなどと主張しているのではない。その点では、前記の「衆議院改革に関する調査会」の答申の方が、余ほど性急であり、過激にさえ見える。辞職勧告決議案の可決、即、議員の身分剥奪というのでは、「勧告」の意味が大きく変わってしまう。決議内容が勧告である以上、事態処理にはある程度の時間的余裕が必要であろう。

懲罰委員会の審査は、一般の委員会での審査が付託された議案について賛否を決するのとは著しく異なり、「議長又は議院から付託された懲罰事犯ありとされた事件が、果たして懲罰事犯であるかどうかを審査する」ことから始まる(8)。辞職勧告決議案が院外で行われた不祥事を直接問題視したのに対し、懲罰委員会では院議不服従に至った当該議員の事情、主張、心境などが、先ず取り上げられることになろう。当人は会議には列席できないが、「委員長の許可を得て、自ら弁明し又は他の議員をして代って弁明させることができる」（衆議院規則第二三九条、参議院規則第二四〇条）。最初に述べたように、懲罰委員会の審査の結果は、必ずしも除名に至るとは限らない。懲罰委員会の決定が除名であっても、本会議で出席議員の三分の二以上の賛成がなかった場合には、他の懲罰を科することもあり得る（衆議院規則第二四六条、参議院規則第二四六条）。これらの手続は、議員の身分保障を重要視する声にも、それなりに対応していると言えるのではなかろうか。

ただ、懲罰で問題なのは、懲罰事犯の処理は、事犯の発生したその会期中に行われなければならないという点である。国会の活動は会期によって区切られており、懲罰制度は、その限られた会期内の議院の秩序保持のために設けられたものであり、かつ、それは議員の一身上の問題にも係わるので、事犯が発生した際は、緊急に対処すべきものとされている。議員からの懲罰動議が、事犯があった日から三日以内に提出しなければならないとされているのも、そのためである。この提出期限が過ぎた後でも、議長が懲罰事犯と認めたものは懲罰委員会に付託できるが、会期を越えて次の会期で審査することは、通常は認められない。国会法は例外的に、会期の終了日又はその前日に生じた事犯や、懲罰委員会で閉会中審査の議決に至らなかったもの等については、次の国会の召集日から三日以内にこれを取り上げることができる規定を設けているが(国会法第一二一条の二、第一二一条の三)、まだ実例はない。

これらのことから、第一五四回国会における鈴木宗男議員の辞職勧告決議に対する不服従を、今後、懲罰事犯に該当するものと認めたにしても、既に会期を異にしている以上、取り上げることは出来ない。先に参議院では友部被告に対し一審有罪判決が下った際に、改めて懲罰による処置を検討していたが、その場合も、仮に院議不服従を理由にしたとしても、時機を失していたことになる。このときの参議院のように、会期を異にしていても、飽くまでも辞職勧告決議の対象議員に対し、懲罰によって決議の実現を図ろうとするならば、改めて同様の決議案を可決し、不服従を再現させる必要がある。

こうした会期と懲罰との密接な関わりは、会期不継続の原則に基づくものである。近年、この原則については緩和の方向が採られているように見受けられるから、政治倫理の確立のためには、懲罰の審査、効果等と会期との関係についても、何らかの見直しが図られてもよいように思える。

八　おわりに

議員に対する辞職勧告決議案は、本来、選良の名に恥じるような問題を起こした議員に対し、組織としての議院が自浄的措置として、辞職を勧告するものである。それはつまり、議院対議員の関係で処理されるべき案件である。昭和四一年の田中彰治事件の際は、各党それぞれの思惑はあったものの、この認識においては与野党間に相違はなかった。しかし、ロッキード事件以来、辞職勧告決議案は会派対会派、与党対野党の関係で提起され、論議されるようになった。決議案の対象とされているのは一議員であるにも拘らず、実際は党対党の攻防であり、それが国会審議の一大争点にまで拡大されて、通常の議案審議を停滞させるまでに至っている。これは甚だ不正常な事態というべきであろう。

院外で不祥事を起こした議員が、辞職勧告決議案を突きつけられた際、同じ党に所属する議員が同志を擁護しようとする心情は、理解出来る。また、他党の議員の不祥事を取り上げて、これをその党の体質によるものとして、非難攻撃する側の議員心理も、判らないではない。しかし、国民の側から見れば、破廉恥罪を犯した議員の問題は、一党一派の問題というよりは、議院の、国会の問題なのである。国民は常に国会の自浄能力に期待して、辞職勧告決議案の審議の行方を注目している。ところが、決議案をめぐって政党間では不毛の押し問答を繰り返し、漸くそれに決着が付くと、今度は決議の実現の方は忽ち忘れ去られ、議院の自浄効果は結果を出さないままに、各党は早くも次の攻防に移っている。これでは、政治倫理はいつまで経っても定着せず、そうした国会を信頼せよと言われても、言われた方は憮然とするばかりである。

従来、議員の一身上の問題は、可能な限り早急に処理を終わらせ、議院全体の運営には支障を及ぼさないようにすることが、国会の慣行であった。しかし、最近はこれとは全く正反対に、辞職勧告決議案を長期に温存させて、時には与野党間の駆け引きの材料にしている様子も窺われる。これは、議員の進退問題を弄ぶに等しく、好ましいことではない。この際、各党、各会派は、議員に対する辞職勧告決議案が、議院の組織浄化のために審議されるものだという原点に返って、安易な提出は控えるとともに、それが提出されたときは、超党派的観点に立って取り扱うよう、姿勢を改める必要がある。

そして、一旦、決議案を可決した以上は、法の不備などと称して院議不服従者を容認・放置するのではなく、厳しい態度で議院としての自浄努力を国民の前に示すべきであろう。

(1) 昭和一七年一二月改訂・衆議院先例彙纂(上巻)五八八～九頁。なお、処決を促す決議案が可決された最初の先例については、現在の衆議院先例集(平成六年版)四七一頁にも記載されている。

(2) 毎日新聞(昭和四一、九、八付)。その他、当時の新聞各紙参照。

(3) 第五一回国会の参議院で「議員重政庸徳君の議員辞職勧告に関する決議案」が本会議に上程され、否決されている(昭和四一、二、二)。

(4) 第九八回国会・衆議院議院運営委員会議録第一九号(昭和五八、四、二六)三～五頁

(5) 橋本公亘「議員の身分と議院自律権の限界」(佐藤功先生古稀記念『日本国憲法の理論』所収)四三九頁

(6) 衆議院改革に関する調査会については、石塚公彦「国民の視点で求める議会の理想像」(議会政治研究六一号掲載・一～一四頁)参照。

(7) 前田英昭「国会議員の倫理と懲罰」(議会政治研究六三号掲載・二一～三頁)では、帝国議会初期の衆議院先例彙纂に「院議を軽侮しその体面を汚したるものは除名す」との記載があったことが紹介されている。

(8) 鈴木隆夫『国会運営の理論』二四七～八頁

【付表】

◇衆議院

議員辞職勧告決議案（可決例）

国会回次	件名	提出会派	提出年月日	結果
154	議員鈴木宗男君の議員辞職勧告に関する決議案	民主、自由、共産、社民	平成14年3月12日	平成14年6月21日本会議 可決
156	議員坂井隆憲君の議員辞職勧告に関する決議案	民主、自由、共産、社民	平成15年3月11日	平成15年3月25日本会議 可決
164	議員西村真悟君の議員辞職勧告に関する決議案	自民、公明	平成18年3月10日	平成18年3月17日本会議 可決

◇参 議 院

議員辞職勧告決議案（可決例）

国会回次	件名	提出会派	提出年月日	結果
140	議員友部達夫君の議員辞職勧告に関する決議案	自民、新進 社民、共産	平成9年4月3日	平成9年4月4日 本会議 可決

一二　国会の法規・慣例において検討を要する問題点
――審議形骸化の起因と経過

一　はじめに

近年、学界の一部から、国会法は憲法違反の法律ではないか、との批判が、たびたび提起されている(1)。憲法第五八条は、衆参両議院に自律権を与え、それぞれの内部組織や議事手続について独自の規則を定める権限を認めている。しかしわが国では、議院規則に先んじて国会法が制定されていて、そこには両院に共通する主要な事項が既に規定されている。このため、各議院が組織や手続を変更しようとしても、国会法の改正が必要となり、一院限りの意思では実現できない建前である。特に憲法は、立法に関して衆議院優越の原則を定めているので、制度上、衆議院は参議院の意思にかかわりなく、国会法を改正しようとすれば可能であるが、参議院側は衆議院の同意を得ない限り、組織や手続を変更することができず、自律権の行使がそれだけ狭められている。実際にも過去において、参議院の改正意思が衆議院側の不同意によって阻まれたことが何度かあった。これは憲法第五八条の趣旨に反する事態であるから、国会法は廃止する方向で検討すべきである、という主張である。

こうした批判は、理論的にも、また実際の両院間の不均衡な状態からも、無視できない見解と思われる。

国会法が憲法と議院規則との間に介在していることによって、両議院の自律権が制約を受けているという指摘は、早くから憲法関係の文献上には見られていた(2)。それが右のように違憲の状態とまで厳しく批判されるようになったのは、二院制度の維持を前提として、参議院の独自性を求める声が高まってきたことの現れであろう。一時期、参議院は衆議院のカーボンコピーと軽視され、参議院無用論まで唱えられていたが、その後の参議院の独自性確立に向けた改革努力もあり、こうした意見は下火になっている。先頃の衆参両院の憲法調査会の最終報告書にも見られるように、今日、国会における二院制度の堅持は、不変の方針と見て差し支えあるまい。平成一七年の一〇月末に発表された自由民主党の新憲法草案でも、二院制度とともに第五八条の規定も現状のまま継続されることになっている。こうして見ると、参議院の自律権重視の立場から国会法を違憲とする主張は、これからも強まることが予想される。

しかし筆者は、国会法を廃止するか否かを論ずる前に、現行の国会法規や実際の運営面においても、検討を要するいくつかの問題点があると考えている。国会法は敗戦直後の占領下という特殊事情の下で、連合国軍総司令部（GHQ）からの指示を受けながら、短時日のうちに旧議院法を全文改正する形で制定された。このため、旧議会以来の伝統的な知識と、米国流の議会理念とが混交し、充分な調整が行われないままに新国会はスタートしている。上記のような議院自律権の規定と国会法との関係の見落しも、その一つの現れであるが、その後の改正の折にも論議が不充分で見過された点や、規定に不備が生じた個所があり、また、空文化している条文や、長期にわたって続けられてきた慣行のため本来の意義が見失われているものもある。

こうした問題点を認識せずに国会法を廃止した場合、その後の法整備に悪影響を残す懸念がある。そこで、いささか先走りの気味はあるが、以下にそれらの諸点を列記しておきたい。

二　特別会と常会の併合召集

国会法第二条の二には「特別会は、常会と併せてこれを召集することができる」と定められている。この規定は、昭和三〇年の国会法改正の際に挿入されたものである。

現在、国会の常会は「毎年一月中に召集するのを常例とする」(国会法第二条)とされているが、新国会発足時以来、平成二年にこれが改正されるまでは、例年一二月中に召集されることになっていた。そこで、もしも前月の一一月に衆議院の総選挙が行われた場合、憲法第五四条により選挙の日から三〇日以内に召集される特別会が、常会の召集時期と重なる事態が起り得る。そうした際は、特別会と常会とを便宜上併合してもよいというのが、この第二条の二を設けた趣旨である。

しかし、この規定は、制定後半世紀を経た今日まで、未だに一度も活用されたことがない。その理由は、規定に不備があるからである。

常会と特別会とでは、国会法上の手続に次のような相違点がある。

(一)　常会の召集詔書は、少なくとも一〇日前(平成二年までは二〇日前)に公布しなければならない(国会法第一条第二項)が、特別会の場合はその制約がない。

(二)　常会の会期は一五〇日間と法定されている(国会法第一〇条)が、特別会では冒頭に会期を決定しなければならない。

(三)　会期を延長する場合、常会は一回しかできないが、特別会は二回できる(国会法第一二条第二項)。

これらの点について、併合召集される国会ではどうなるのか、法規上の調整がなされていないので、現状のままでこれが召集されると、運営に混乱が生ずる虞がある。

昭和三五年の安保騒動の後、岸内閣に代って誕生した池田内閣は、その年一〇月二四日に衆議院を解散し、これによる第二九回総選挙が同年一一月二〇日に行われた。総選挙の結果は、自民党が前回を上回る議席を占めたため、池田内閣は引き続き政権を担当することになり、一二月中旬にも特別会を開く予定を立てた。その際、年内に補正予算や公務員給与法案を成立させる必要があったことから、この特別会を常会と併合して召集することを考え、内閣官房長官が衆議院事務総長を訪ね、その旨を打診した。このとき、衆議院事務局では、前記のような規定の不備を挙げて難色を示し、今回はひとまず特別会を開いて予定の案件を処理し、年末に改めて常会を召集されたいと応じた経緯がある。

事務局の判断の背景には、直前の一〇月に社会党の浅沼委員長の刺殺事件も発生しており、安保国会の余震が依然として収まらない中で特別会と常会の併合召集を行った場合、手続上の解釈をめぐって与野党間が更に緊迫するような事態が起こるのを避けたいという事情もあった。しかしこのときの事務局の判断によって、法規の不備が公的に認められたことになった。内閣ではその判断に従い、一二月五日に特別会(第三七回国会)を召集し、そこで発足した第二次池田内閣が一二月二六日に常会(第三八回国会)を召集することで対応した。

次の第三〇回総選挙は、三年後の昭和三八年に行われたが、そこでも同様の事例が再現された。総選挙は一一月二一日に施行され、その結果を受けて一二月四日に特別会(第四五回国会)が開かれ、閉会後の同月二〇日から改めて常会(第四六回国会)が召集されたのである。これ以後同種の事例は起きていないが、当時問題視された諸点は手をつけられないままに今日に至っているので、現在でも衆議院事務局ではこの第二条の二の規定を適用困難な状態にあるものと認識している。

従来、多くの論者が、併合召集された場合の国会は実質的には常会であり、従ってその場合の諸手続は常会の例によるのが妥当、との解釈を述べている。実は、昭和三〇年に第二条の二の規定が新設された当時は、衆議院においても同様の解釈が採られていたと推定される。それは、旧憲法下の帝国議会時代に、特別議会と通常議会とが併合召集されたことが一回あり、その第一三回議会(明治三二年)は特別通常議会と呼称されたものの、手続的には通常議会の例に拠っていたためである。すなわち、この議会の召集詔書は、旧議院法第一条に従って四〇日前に公布されており、会期については旧憲法第四二条に定められていた「三箇月」がそのまま適用された。旧議会では、特別議会の場合も召集詔書は四〇日前に公布される例であったから、この点は通常議会と変わらなかったが、特別議会の会期は召集の際に別に発せられる詔書によって指定されていた。第一三回議会の場合、その詔書が公布されなかったので、必然的にこの議会の法的性格は通常議会であったことになる。

現行憲法によって旧帝国議会は新たな国会に変貌したが、衆議院は統治機構としての継続性を維持し、運営の各般において旧議会時代の慣行を尊重する態勢を執った。新国会発足後の比較的早い段階で第二条の二の併合召集の規定を設けたのも、右の第一三回議会の先例が念頭にあったためといえよう。

しかし、その後、昭和三三年の国会法改正において、第一二条第二項として「会期の延長は、常会にあっては一回、特別会及び臨時会にあっては二回を超えてはならない」との規定が設けられた。その際、併合召集された国会の延長回数は何回になるのか、特に定めなかったことが、後の議論を呼ぶことになる。

旧憲法下の帝国議会が、常会以外の会期も会期延長もすべて勅命によって指定されていたのとは異なり、国会では活動期間を自律的に決定する権限を得た。このため特別会、臨時会での会期決定と、常会を含む毎国会の会期延長の議事が、与野党間の重大な争点となった。とりわけ会期の延長は、与野党が対決する重要議案の成否を決定付ける要素ともなるので、初期国会では延長の期間と回数をめぐって度々紛糾が生じた。そうした混乱の反省から、延長回数の制限が法定されたのである。本来このときに、第二条の二に基づいて併合召集される国会についても、その回数を明確に規定すべきであったが、それが見落とされた。

併合召集された国会は、手続的には常会の規定に従うのが妥当だとする論者が多い一方で、この国会は特別会の役割と常会の役割の両方を兼ねるものだとされている。そうであるならば、手続の面でも特別会の特殊性を加味してもよいではないか、との議論も成り立つ。

議院内閣制の下での特別会の役割は、総選挙の結果を踏まえて新たな内閣を創出することにあり、それもなるべく速やかに実現することである。このため、特別会の召集詔書は、常会の場合よりも期間を置かず、おおむね七日前に公布される例であり、最短では三日前という例さえある[(3)]。近年、選挙当日から特別会の召集日までの期間は、ますます短縮される傾向にあり、平成二年二月一八日に行われた第三九回総選挙の場合は、投票日の九日後の二月二七日に早くも第一〇八回国会が召集された(召集詔書は四日前公布)。こうした趨勢を見ると、併合召集される国会の召集詔書の公布について、常会の例による必要はないとの主張にも一理あることになる。

また、会期についても、特別会では院の構成に続いて首班指名や組閣等の特有の政治日程が必要であるから、その分、常会としての日程が圧迫されることになる。この対策として、一五〇日間の法定日数を超える会期をあらかじめ議決して置けないか、という意見も出て来るかもしれない。現状では、それを不可能と断定するだけの根拠はない。こうしてみると、問題は会期延長の回数に限られないのである。

これらの点を考慮すると、併合召集の場合の手続を常会の例に従わせるとしても、その旨を条文上に明記して置くことは不可欠といえよう。

なお、併合召集に関連する問題として、常会の召集詔書が公布された後、その召集日の前に衆議院が解散され、事実上、その年の常会が開かれずに終わることがある。この事例は、過去に三回生じている（旧議会時代にも一回ある）。このような場合、内閣では、一旦は常会の召集詔書が公布されたのであるから、現実にはその常会が開かれなかったにしても、憲法第五二条及び国会法第二条に示された法的要件は充たしており、憲法違反には当たらないと説明して来た。これに対し、第六三回（特別）国会（昭和四五年一月召集）の衆議院予算委員会で社会党の北山愛郎委員が、常会を召集した直後に衆議院を解散したのは、常会の召集を取り消したに等しいから、総選挙後の国会は特別会と常会の併合召集にすべきであり、国会法第二条の二の規定はこうした時のためにあるものだ、と主張した[4]。

しかし、当時は常会が毎年一二月中に召集されていた時代であり、このときのように、前年の一二月二七日に行われた総選挙の結果を受けて一月一四日に召集された第六三回国会を、特別会・常会の併合召集にした場合、その年の年末に開かれる常会は、二回目の常会となり、

「国会の常会は、毎年一回これを召集する」という憲法第五二条の規定に抵触することになる。勿論、この規定は、年に一回も常会を召集しないようなことがあってはならないとの趣旨であろうから、右のように年二回の常会召集になることを禁じるものではあるまいが、新たな法律問題の派生にはなる。

この点、現在では常会の一月召集が制度化されたので、仮に同様の事例が起きても、次の常会の召集は翌年の一月になるから、憲法との抵触は生じない。その意味では、現在は北山説が実現し易くなっているともいえる。

これらのことからも、第二条の二の規定はなるべく速やかに整備して置く必要があろう。

三　委員会中心主義と委員会に固有の権限

旧帝国議会時代の貴衆両院の審議が、本会議中心の読会制度によって行われていたのに対し、現在の国会における審議は、委員会中心主義を採用している。これは敗戦後の諸改革の中で、新国会の形態について、ＧＨＱがアメリカ連邦議会の常任委員会制度に倣うことを強く要請した結果であることは、よく知られている。

委員会中心主義とは、議院の最終意思はあくまでも本会議において決定されるものの、そこに至るまでの実質的審議は、原則として所管別に常設された委員会で行われるという制度である。つまり、議院活動の中心的役割を担うのは委員会であり、本会議は委員会からの報告を受けて形式的に最終判断を下す機関、ということになる。

議院活動の中核は、法律案、予算、条約等の議案についての審議と、行政監督の意味をも含めた国政全般にわたっての調査であり、委員会の活動も当然、審査と調査の二方面を持つ。議案類の審査と国政に関する調査とは、いわば委員会活動における車の両輪である。ところが、制定当初から現在に至るまで、国会法には委員会の権能として審査権については規定があるが、調査権についてはこれを正面から規定した条文がない。

国会法第四一条第一項には「常任委員会は、その部門に属する議案(決議案を含む。)、請願等を審査する」とあり、また第四五条には「各議院は、その院において特に必要があると認めた案件又は常任委員会の所管に属しない特定の案件を審査するため、特別委員会を設けることができる」とある。これらが委員会の基本的な権限を定めた規定とされているが、見てわかるとおり、ここには「調査」の文字がない。では、委員会の調査権はどこに規定されているかというと、それは各院の議院規則に定められている。

衆議院規則第九四条第一項は「常任委員会は、会期中に限り議長の承認を得てその所管に属する事項につき、国政に関する調査をすることができる」と定め、参議院規則第七四条の三には「常任委員会は、付託された案件のほか、その所管に属する事件について、調査をすることができる」とある（この参議院規則の規定には、当初衆議院規則と同様に「議長の承認」の字句があったが、昭和六〇年の改正でその部分が削除された）。これらが、委員会における調査権の根拠を示す規定である。

本来、審査と調査とは、委員会活動の二要素であるから、その権能は同一の法規内に並立して規定されるべきものであろう。それがなぜ一方は国会法に、他の一方は議院規則に、分離した形で規定されているのか。その理由は、国会法制定当時、立案に当った衆議院事務局では、ＧＨＱの要請に基づいて委員会中心制を取り入れたものの、国政調査権の行使の形態については充分に理解していなかったため、と考えられる。

旧帝国議会では、議院法第七二条、第七三条及び第七五条によって、議院が直接国民を召喚したり、地方に議員を派遣したり、また他官庁や地方議会から報告書を提出させたりすることが、厳しく禁じられていた。従って、現在日常的に見られる参考人の招致や委員派遣等の国政調査は、その当時、全く未経験の状態にあった。

新憲法は第六二条に「両議院は、各々国政に関する調査を行ひ、これに関して、証人の出頭及び証言並びに記録の提出を要求することができる」と定め、右のような旧議院法に規定されていた制約を悉く否定し、新国会の両議院に強い権限を与えた。これを受けて国会法案の作成に当った衆議院事務局ではあったが、ＧＨＱからの指示があるまでは旧議会同様の本会議中心制を想定していたため、新憲法に規定された国政調査権は、専ら議院自らが直接行使するものと認識していた。制定時の国会法第一二章「議院と国民及び官庁との関係」の第一〇三条乃至第一〇六条には、「審査又は調査」を行う機関として「議院」の文字はあるが、「委員会」の文字は記されていない（この章の第一〇四条に「委員会」が追加されたのは、昭和三〇年の改正においてである）。

加えて当時の衆議院では、新制度の下に常置委員会を設けることを構想していた。常置委員会は、議会の閉会中に議院に代って政府に対する調査活動を行うための機関として、昭和七年に作成した「議会振粛要綱」に掲げられて以来、衆議院が設置を念願して来たものである(5)。この制度が新国会で整備されれば、憲法第六二条の規定は、開会中は本会議において、閉会中は常置委員会において、実現し得るものと衆議院では考えていたことが窺える(6)。しかし、常置委員会制度はＧＨＱの承認するところとはならず、やむなく衆議院は草案から関連条項を削除する。その際、国会法第四七条により閉会中審査が認められたことから、常置委員会の権能として予定していた国政調査権は、各委員会の閉会中審査で実現し得るものとは考えたが、これを会期中の各常任委員会の権能としても整備しなければならないことには思い至らなかった。

国会法の草案は、第九〇回帝国議会の昭和二一年一〇月上旬に憲法改正案が貴衆両院の審議を終了した直後から、衆議院事務局で本格的な起草作業が始まり、ＧＨＱとの折衝を重ねた末、一二月中旬に成案を得て、第九一回議会に提出された。その後、最後の帝国議会である第九二回議会で国会法は成立するが、恐らく法案提出後の早い段階で、衆議院事務局では、委員会中心制を採用した以上、委員会は議案審査だけでなく会期中にも国政調査を行うことを規定しなければならなかったことに気付いたに違いない。しかし、今更らＧＨＱと折衝し直すわけには行かず、新憲法施行前の諸法規の整備も急がれて時間的余裕もない。そこで、国会法上の「審査」には「調査」も含まれると解釈する一方で、委員会の調査権は各議院の規則に明記するしかないと判断したものと推定される。

昭和二二年五月に召集された第一回国会の冒頭に衆参両院はそれぞれの議院規則を制定するが、そこには前掲のように、委員会は議長の承認を得て所管事項に関する国政調査を行うことができる旨の規定が設けられた。同時に、委員会の活動を示す各条には「審査」に続けて「調査」の文字が書き込まれている。両議院はこのようにして、国会法には規定しなかった委員会の調査権を、議院規則によって整備したわけである。しかし、委員会中心制を採用しながら、委員会活動の二要素である審査と調査の権限を、それぞれ国会法と規則に分離して規定したことから、衆議院では理論上の整合性に苦慮することになる。

旧議会では、法律案は案件ごとに設置される特別委員会に付託されており、また、予算、決算等の常任委員会も、委員の任期はその会期限りとされていた。これらの委員会は、案件の付託によって議院から審査権を付与されるものとされ、従って固有の権限は持たず、文字通り本会議の下請的な予備審査機関であった。これに対し、新国会での常任委員会は国会法によって常設のものとされ、各委員は議員としての任期中その任にあって継続的に活動すること等が定められたから、そこでの審査権は法律上委員会に固有のものと衆議院では認識した[7]。その一方で、調査権は憲法第六二条に基づいて本来議院が固有するものであるが、実際の行使方法を考慮して、各議院が自律的に常任委員会に委譲する建前を採用した、と説明された[8]。つまり、審査権は委員会に固有のもの、調査権は議院から委譲されたもの、というわけである。これは、根拠法規を異にしてしまった以上やむを得ない区別であったといえよう。

ところで、衆議院では右のように、国会発足当初から、審査権を委員会に固有の権限と認める解釈を採用しているが、これに対し、参議院では一貫して、委員会はあくまでも本会議の審議に資するための予備的下審査機関であるから、自ら固有の権限を持つものではなく、そこでの活動は必ず議院の意思に係っていなければならない、との理論に立っている。これを具体的にいえば、委員会の活動は、審査については議案の付託が前提であり、調査に関しては議長の承認が要件ということになる[9]。衆議院側から見ると、これは旧議会時代の委員会理論と基本的には変わらないものに思えるが、参議院では委員会が本質的に予備的審査機関である以上、その活動の開始は受動的であるのを当然としており、国会に関する解説書の中にも、この説を支持するものが多い。しかし筆者は、昭和三〇年以降の法規の変遷や実際の運営に照らして、常任委員会に固有の権限はないとする理論を頑なに墨守することには、日頃から疑念を抱いて来た。

国会法第五〇条の二は、「委員会は、その所管に属する事項に関し、法律案を提出することができる」と定めている。旧議会当時、衆議院では、請願委員会が法律の制定・改廃を求める請願について採択すべきものと判断した場合には、自らその趣旨を生かした法律案を起草し、提出する権限を認めていた。これは旧衆議院規則第一六〇条に規定されていたが、新国会では請願委員会が設けられず、提出された請願は所管別に常任委員会に分散して付託されることになった。そのため請願委員会時代と同様の権限を各常任委員会に与えることが必要となり、それを更に一歩進めて、広く所管事項のすべてに関して委員会は法律案を立案、提出できることにした。この規定は当初、衆議院規則第四二条として定められたが、その後、昭和三〇年の改正の際に国会法に引き上げられ、両院に共通して適用されることになったものである。以来、参議院においても、多数の委員会提出法律案の事例が重ねられている。

所管事項に関する法律案の立案、提出作業は、いうまでもなく「付託」以前の審査行動であり、当該委員会の単独意思によって開始される活動である。また、委員会が法律案を提出するには、当然、事前の調査活動が欠かせない。衆議院ではこの場合の調査も、毎会期の冒頭に議長の承認を得た形で実施しているが、参議院では、前記のように、昭和六〇年の規則改正において第七四条の三を現行のように改め、常任委員会は議長の承認なしに国政調査を開始できることにした。従って、現在参議院では、国会が召集されれば、各常任委員会は直ちに所管事項に関する調査を自主的に開始し、それに基づいて法律案を議長に提出することが法的に認められている。こうした場合の委員会活動に、議長又は議院の意思は、全く関わっていないのである。

ここまで自発的、自律的な活動を許している委員会に対して、あくまでも固有の権限なしと強調し続けることに、どのような意義があるのであろう。

常任委員会は、それぞれ一定の所管事項を与えられ、付託案件の有無にかかわらず常設されている機関である。その委員会が、付託案件を得てはじめて活動を開始する機関であり、議長又は議院の承認なしには活動し得ない機関であるとするならば、それは特別委員会と同様のもので、常設されている意味がないのではないか。新国会が常任委員会制度を採用したのは、委員会を常時活動させることで、旧憲法下の帝国議会よりも遥かに拡大強化された国会の権能を、充分に発揮させるためであったはずである。それが委員会中心主義の本旨であったのではないか。

その意味で、参議院が理論上の見解はともかく、現実において規則を改正し、委員会の自主的な調査活動の開始を制度化したことは、委員会中心主義の趣旨に沿ったものと見ることができる。衆議院もこれに倣って、形式的に続けられている国政調査の議長承認を不要とすることを考慮してもよいのではないか。更にまた、国会法を改正して、これまでそこには規定されていない委員会の調査権についても、審査権に並べて明記することになれば、調査権は議院から委譲されて行使されるといった遠回りの理論ではなく、審査権と同様、委員会に固有の権限として、法的整備がなされることになろう。

なお、ここで国会法第四七条の規定について触れておきたい。同条第一項には「常任委員会及び特別委員会は、会期中に限り、付託された案件を審査する」と定めてある。ここに「付託された案件」とあるために、委員会審査の前提としてやはり付託は不可欠である、と解する向きもあるかと思う。しかし、この第四七条は、当初、衆議院の草案(第一次案では第四二条)では常置委員会の組織と権限を定める条文として書かれていたものが、前述のようにGHQの反対に遭い、委員会の活動は会期中に限る旨の規定を入れよとの強制的な指示によって、書き換えさせられたものである。従って、この条文の趣旨は「会期中に限り」という部分にあって、「付託」に重点はない。本来この個所は「所管に属する案件を審査する」とすべきであったが、特別委員会は特定の一案件を審査するもので、所管の観念にはなじまないとの議論もあって、「付託された案件」に落ち着いたものと考えられる。（その後、衆議院規則第三三条が改正されて、現在は特別委員会にも所管事項が認められている。）

会期制度を採用しているわが国では、本会議であれ委員会であれ、活動期間が原則として会期中に限られるのは自明の理であり、その意味ではこの第一項の規定は無用である。この第四七条の目的は、第二項以下の閉会中審査の手続にあるのであり、従って第一項は削除しても支障はない。むしろそれにより「付託」の字句が消去されれば、委員会の権限を理解する上での混乱がなくなるものと思われる。

四　議員発議案の存続要件

旧議院法第二九条は「凡テ議案ヲ発議シ及議院ノ会議ニ於イテ修正ノ動議ヲ発スルモノハ二〇人以上ノ賛成アルニ非サレハ議題ト為スコトヲ得ス」と規定しており、当時はこのほかにも、議員が通常の動議や政府に対する質問書を提出する場合等にも、一定の賛成者が必要とされていた。国会法案の立案に際して、衆議院事務局ではこれらの賛成者要件を継続して残す考えでいたが、GHQが個々の議員の権限の拡大を強く指示したため、本会議での修正動議等を除いて、多くの面で議員は単独でも活動できることにした。制定当初の国会法第五六条第一項は「すべて議員は、議案を発議することができる」とのみ規定してあり、両議院の議員は一名の賛成者も要せずに議案（法律案、決議案）を発議できた。

しかし、その後この制度の下では少数の議員によっても予算を伴うような法律案が簡単に提出されることへの反発が起き、議案の発議には旧議会時代のような賛成者要件が再び付されることになった。昭和三〇年の国会法改正において、第五六条第一項は現行のように「議員が議案を発議するには、衆議院においては議員二十人以上、参議院においては議員十人以上の賛成を要する。但し、予算を伴う法律案を発議するには、衆議院においては議員五十人以上、参議院においては議員二十人以上の賛成を要する」と改められた。その際、衆議院では、同院規則に第三六条の二として「議員が議案を発議して、その議案が議決に至らないうちに、成規の賛成者を欠くに至った場合は、速やかにこれを補充しなければならない。前項の補充ができないときは、その議案は消滅する」との規定を新たに挿入した。これは国会法に規定した賛成者が、単に発議の際の要件であるにとどまらず、議案が議院に係属している間の存続要件でもあることを明定したものである。同じ時期に参議院も同院規則を改正しているが、参議院ではこのような規定を特に設けなかった。従って、参議院では国会法第五六条に定められた賛成者数は、あくまでも発議の際の要件であり、一旦正式に受理された議案について、死亡等の理由により賛成者が欠けた場合にも補充する必要はなく、仮に賛成者全員が欠けても当該議案は存続するとしている。

同じ国会法第五六条に依拠しながら、なぜ衆議院の方は殊更にこのような規定を設けたのか。この点について、衆議院規則改正案を審議した際、当時の大池眞事務総長は説明の中で「議案を提出いたしましたその賛成者が、途中で、おれはあの法案に不賛成だということで定数を欠きましたような場合には、速やかに補充してもらう、どうしても補充できなかった場合は、その議案は消滅として取り扱う、これはきまりきったことでございます」と述べている。更に委員からの「補充が出来るか、出来ないかの認定で実際に面倒は起きないか」との質疑に対しても、事務総長は「今までもそういうことはございませんでした。問題はなかろうと思います」と答弁している⑽。

前述のように衆議院では旧議会から新国会への移行に際して、旧時代の慣行・先例で新制度の精神に反しないものは、そのまま継承して活用する態勢を執った。ここで大池事務総長が「きまりきったこと」と述べているのは、勿論、旧議会時代の経験に基づいた見解である。しかし、上記の旧議院法第二九条を見れば明らかであるが、当時の規定では議員発議案についての賛成者数は、発議要件であると同時に「賛成アルニ非サレハ議題ト為スコトヲ得ス」とあるように、議題要件でもあった。旧議会では本会議中心の三読会制度が採られていたので、議案は議院を通過するまでに原則として本会議に数回上程される必要があり、その都度議題に供された。従って、議題要件でもある賛成者数の確認に、当時の事務局では少なからず神経を使っていたことが想像される。この習性が、発議要件としての賛成者の復活に際して、それがそのまま議題要件の復活でもあるかのように錯覚させ、「きまりきったこと」との説明になったのではないか。

改正後の第五六条第一項は、あくまでも発議要件としての賛成者数を規定したものであり、それ以上のものではない。従って、これを受けて更に規則に賛成者を存続要件として加重的に規定するのは、決して「きまりきったこと」ではなかった。むしろ、いささか軽率に不必要な制約を設けてしまったことが、この大池事務総長の発言からは窺える。

衆議院で二〇名前後の勢力の会派は、選挙の度にしばしば獲得議席目標として二一名の確保を挙げる。二一名の所属議員を持てば、一名を発議者とし他の二〇名を賛成者として、その会派独自の法律案を提出できるからである。しかし万一、賛成者の中の一名が死亡、退職等により欠けた場合、現行規定では他の会派からの協力を得ない限り、その法律案は自動的に消滅するわけである。同様の事態が参議院で一一名の勢力の会派で起きても、議案は消滅せず引き続き審議の対象として存続する。このように比較してみると、少数意見の尊重という国会運営の原則に照らして、どちらが妥当な制度であるかは明らかであろう。

議案の存続要件としては、賛成者よりもむしろ発議者の存在の方が重要ではないかと思われる。国会発足当初、議員は単独でも議案が発議できたことは先に述べたが、では、発議後にその発議者がいなくなった場合、議案はどう扱われるものと考えられていたか。当時の権威ある理論書である鈴木隆夫著『国会運営の理論』によると、「議案の発議又は提出後、発議者の死亡や内閣の交迭があっても、その議案は当然に消滅することはなく、一度発議され又は提出された議案はそのまま議院に係属することはいうまでもない。ただ内閣の交迭のあったときは、新内閣から撤回の申出があれば、議院においてその諾否が決せられるだけである」(同書一一二頁)とある。つまり、一旦正式に受理された議案は、発議者又は提出者の存否に関係なくその院に係属し続けると解されていた。

この時期、議員が単独で法律案を発議した例は、衆議院で一八件、参議院で一六件あるが、議案が議院に係属中に発議者がいなくなったという事例はない。他方、内閣提出議案に関しては旧議会時代から、会期中に内閣が変わっても前内閣提出の議案が自動的に消滅するということはなく、それらは後継内閣によって撤回されない限り、議院に係属するものとして扱われて来ていた。右の鈴木説には、新国会が旧議会に比べて個々の議員の権限を強化したことを踏まえて、政府案も議員発議案も審議の対象としては同格に扱うべきだとする理念が感じられる。旧憲法下の議会では万事に政府案優先の原則が貫かれていたが、その制度を改めた以上、内閣の更迭によっても政府案が消滅しないのと同様に、議員発議案の場合も発議者の不在は議案の存続に影響しない、と解釈したものであろう。

しかし実際問題として、議案の発議者は、当該議案が委員会の議題となった際にはまずその趣旨を説明し、質疑に対しても答弁し、その議案が可決されて他院に提出された後は、他院の審議においても必要に応じて趣旨説明、答弁に当たる等、終始その議案の成立に関与する立場にある。このように、審議の全過程を通じて発議者は一定の役割を演ずる必要があり、審議に不可欠の存在といえよう。議案が一院で可決されて他院に送られた場合、それは既に先議の院の提出案であり、発議者がいなくなっても議案が消滅することはないが、少なくとも発議された議院に議案が係属している間は、発議者は不可欠と考えられる。

参議院では、三年毎に半数改選の時期を迎えるため、議員発議案が継続審査に付された場合、任期満了によって発議者・賛成者が減少する事態が想定されたので、昭和三一年の第二五回国会の議院運営委員会で「発議者が全部なくなったときは議案は消滅するが、一人でも残っているときはその議案は影響を受けない。また、賛成者が全部なくなっても、議案は影響を受けない」ことを決定した(11)。その後、第四〇回国会以降、通常選挙が行なわれる閉会中には議案の継続審査は行なわないことになったので(12)、右の決定は専ら死亡、退職等の場合に適用されることになっている。

衆議院では、これまで議案の発議者が死亡、退職等でいなくなるというような事態が起きなかったために、この問題に関して議院運営委員会で取扱いを協議した記録はない。しかし、現実にそうした事態が起きた場合、訂正措置によって発議者を補充するなどして議案の存続を図るであろうが、それもできないときは参議院と同様に、その議案は消滅するものとして扱うことが考えられる。そうであるならば、発議者の存在こそが議案の存続要件であり、衆議院規則に明記すべきはその点であったといえるのではないか。現行の規則では、議案の発議者がいなくなっても議案が消滅するとは書かれていないのに、賛成者が一人でも不足した場合にはその議案は消滅させるというのである。審議過程における発議者と賛成者の重要度を比較すれば、これは甚だ片手落ちな制度というべきであろう。こうした規定が生まれた原因が、前記のような当時の事務局の錯誤にあったと見られる以上、この規則第三六条の二の規定は、削除されるのが適当と考える。

（制定当初の国会法第五七条は、「議案に対する修正の動議を議題とするには、二〇人以上の賛成を要する」と規定された。これは前掲の旧議院法第二九条を改めて、国会法では議案の発議には賛成者を不要とする一方で、修正動議の方には賛成者要件を残すことにした際、原文を踏襲して賛成者を議題要件として規定してしまったものである。その後この条文は、昭和三〇年の改正で現行の第五七条及び第五七条の二のように整備されたが、その際にも賛成者を議題要件としている点は改められなかった。しかし、当初から衆参両院の規則では、本会議における修正動議は予め案を具え賛成者と連署して議長に提出するものとしており〔衆議院規則第一四三条、参議院規則第一二五条〕、賛成者は議題要件である前に提出要件なのである。議員が単独でなく賛成者を得て行使する権限についての規定では、参議院規則第九〇条が議事進行等の動議について一名以上の賛成者を議題要件にしている以外、他のすべては賛成者を発議・提出要件として定めている。修正動議についてだけが、異例である。この点は統一的に見直して、修正動議の賛成者も提出要件に限るべきであろう。〕

五　秘密会議録の公開手続

平成七年に衆参両院は、国会における情報公開の一環として、旧帝国議会時代から密封保存してきた当時の秘密会議録を公開した。同年六月、最初に参議院が旧貴族院における秘密会の速記録を一冊にまとめて刊行・頒布し、続いて衆議院が、一般国民の関心が特に高かった第九〇回議会の帝国憲法改正案委員小委員会速記録を、九月に刊行した。その後、衆議院では翌平成八年一二月に他の秘密会の記録を二冊に分けて刊行したが、懲罰事犯に係る記録は議員のプライバシーに関わるとの理由から当面非公開としたので、その部分に関しては未だに刊行されない状態が続いている。

これらの作業に着手するに際して両院では旧議会時代の秘密会議録を刊行する以上、次には現在の国会における秘密会の記録についても、公開を検討して行くとした。しかし、そのためには法的整備が必要であり、両院間での協議が不可欠と考えられたが、以来、一〇年が経過したにもかかわらず、この間にそうした協議が開かれたという話を聞かない。

旧議会の貴衆両院では、政府から秘密会の要求があったときは必ずそれに従わなければならず、また、出席者の過半数の意思で会議を非公開とすることが可能であった(旧憲法第四八条、議院法第三七条)。それが現在の国会では、政府の干渉を一切排除し、秘密会にする場合も本会議では三分の二以上の賛成を要することになり、更に、その秘密会の記録の中で特に秘密を要するものと認めたもの以外は会議録に記載することとし(憲法第五七条、国会法第六二・六三条)、旧議会時代よりも会議の公開度を高める措置がとられている。こうした制度の変化を考えると、旧議会時代のものを公開した以上は、国会発足以来の衆参両院の秘密会の記録についても、早急に公開のための法整備が図られるべきであろう。

貴族院の秘密会議録集の刊行に際して、参議院では、保管して来た速記録が作成後五〇年以上経過していることを公開理由の一つに挙げていた。前述のように衆議院では最初に第九〇回議会における憲法改正案委員小委員会の記録を刊行したが、これは同小委員会が開かれた昭和二一年七・八月からは満四九年で公開したことになる。これらのことから、国会における秘密会の記録も、五〇年を公開の目安とすることに特に異論は出ないのではないか。現在の国会になって最初の秘密会は、衆参両院ともに昭和二二年の第一回国会の委員会で行なわれており、そこで非公開と決定された記録は、既に五八年間、密封保存の状態が続けられている。こうした事情を考慮すれば、公開制度の整備は喫緊事といえよう。

国会法第六三条には「秘密会の記録中、特に秘密を要するものとその院において議決した部分は、これを公表しないことができる」とある。これは本会議での規定であるが、委員会に関しては両院それぞれに規則で定めている。すなわち衆議院規則第六三条は「委員会議録は、これを印刷して各議員に配布する。但し、秘密会議の記録中特に秘密を要するものと委員会で決議した部分及び第七一条の規定により委員長が取り消させた発言については、この限りでない」と定め、また参議院規則も同様に第五八条に「委員会議録は、印刷して各議員に配付する。但し、秘密会の記録の中で、その委員会で特に秘密を要するものと決議した部分及び第五一条により委員長が取消を命じた発言は、これを掲載しない」と規定している（常任委員会合同審査会規定第二三条にも同様の規定がある）。これらの条文の末尾に、「特に秘密を要するものと議決した部分についても、五〇年を経過したときは、これを公表する」との字句を付け加えれば、一応の体制は整うことになる。

但し、それだけでは足りない。国会の会議録は、単なる参考資料ではなく、それは憲法、国会法、議院規則に基づいて作成される両院それぞれの公的記録である。而して、会議録には一定の要件が定められており、通常、次の三条件を備えていることが必要とされる。

第一は記載内容が法規に適合していることであり、第二にはその会議体から是認されていること、つまり原本が作られて、そこには会議責任者の署名がなされていることであり、第三にはその原本が永久に保存される体制がとられていることである[13]。秘密会の記録も会議録である以上、公開される際にはこれらの要件を備えたものとして作成されなければならないのは当然であろう。

会議録の記載内容については議事の速記のほかに、衆議院では規則に具体的事項を列挙している（第二〇〇条、第六一条）。参議院規則では列挙方式ではなく「国会法に特別の規定があるもの、特に議院の議決を経たもの及び議長において必要と認めたものは、これを会議録に掲載する」（第一五七条）と規定するにとどめているが、先例録には詳細な項目を掲げている[14]。そこで、秘密会の記録を公開する場合、通常の会議録と同様に、定められている記載事項を漏れなく記載できるのか（例えば委員会における出席者全員の氏名等）、また原本の扱いはどうなるのか、といった問題が生ずることが予想される。

旧議会時代には、本会議の記録として保存する原本は議事録であって速記録ではなかった。しかし、委員会の記録については、議事の速記に加えて出席者の氏名や表決の数等を記載することと、委員長等による署名・保存が定められていた（旧衆議院規則第六〇条・六一条、貴族院規則第四九条・五〇条）。先に公開された貴族院、旧衆議院の秘密会議録を見ると、様式的には旧議会時代の会議録を模してはいるが、速記以外の記載事項について当時の法的要件を十分に充たしていたとは必ずしもいえない。原本の作成・保存についても、特に考慮は払われなかったようである。従って、このときの扱いをそのまま参考にするわけにはいかない。これらの点を考えると、秘密会の記録を公開する際、通常の会議録に必要とされている法的要件が整備できない場合は、やむを得ないものとして例外的な扱いか又は代替措置を認める条文を、法規に規定することが不可欠となる。

このほかにも、衆議院規則第二〇六条では、本会議の会議録は官報に掲載することを定めている。これまで国会になってからの衆参両院の秘密会は、すべて委員会で行われており、本会議が秘密会とされた例はない。しかし、本会議中心主義であった旧議会時代の貴衆両院では、しばしば本会議が秘密会とされた。当時は法規上の定めはなかったが、現在同様に両院の本会議録は官報に掲載されていた。先に刊行された旧議会時代の秘密会議録集では、大部分が本会議の記録であるが、その際に官報掲載の前例は全く顧慮されなかったように見受けられる。

官報は政府が発行するものであるが、そこに国会の会議録を掲載することを衆議院が一院の内部規則において定めているという点については、これまでに批判がなかったわけではない(15)。ただ、これは明治二三年以来の委託関係の継続を衆議院では規則上に明記したものであろうが、もしも今後、本会議において秘密会が開かれ、その記録が非公開と議決された場合に、五〇年以上が経過した後、それを公開する際には、やはり官報に掲載することになるのかどうか。この点も考慮しておく必要があろう。

なお、前記のように、衆議院では旧議会時代の秘密会議録の公開に際して、懲罰事犯に関する記録は議員のプライバシーに関わるとの理由で当面非公開とすることを決定し、以後もそのままの状態が続けられている。旧議会では、懲罰事犯の会議はすべて秘密会とされていたから、委員会、本会議を通して議事の詳細は公表されなかった。従って、古くは田中正造の過激な言動に対する懲罰から、戦時中の齋藤隆夫の反軍演説に基づく除名騒動まで、速記が付されなかった初期議会のものを除くすべての懲罰事犯の審議記録（本会議三七件、懲罰委員会七五件）は、未だに密封保存の状態にある。田中正造の懲罰事犯は明治三一年の第一三回議会の出来事であり、そのときの速記原稿は実に一〇七年もの間、密封状態に置かれて来たことになり、紙質の劣化や文字の褪色で判読困難に陥っている懸念もある。

現在の国会では、懲罰事犯の審議も公開が原則で、その会議録も殆どが刊行されている。現代の議員のプライバシーについて格別の配慮が払われていないのに、過去の時代の議員のプライバシーを重視するというのは、不合理で無意味である。この部分の公開は、直ちに実施できるのであるから、国会の情報公開の趣旨に沿って、早急に処理が進められることを望みたい。

六　法規と慣行の乖離

(一) 議員発議案に対する会派の事前承認

前述のように発足当初の国会では、両議院の議員は単独でも議案を発議できたが、昭和三〇年の国会法改正以後、議案の発議には一定数の賛成者が必要となった。この改正に先立つ第一三回国会の昭和二七年四月二四日、当時の政府与党である自由党の増田甲子七幹事長から、衆議院事務局の議事課長・議案課長宛に一通の文書が提出された。内容は、爾今、自由党所属議員が提出する書類には、幹事長、総務会長、政務調査会長、国会対策委員長の承認を必要とすることにしたので、それらのサインのないものは受理しないように、との申入れであった。現在、各会派ともに所属議員に対し、議案の発議や動議等の提出には会派の機関承認を得ることを義務付けているが、その慣行はこのときの自由党の申入れから始まっている。

昭和二七年四月といえば、同月二八日にサンフランシスコ講話条約が発効し、わが国が独立を回復した時期である。それまでの占領期間中は、各議院に発議・提出される議案類は、すべて英文に翻訳してＧＨＱに提出し、そこで承認されたもののみが正式に受理できることになっていた。それは占領の全期間中、実に六年余にわたって実施されて来た。こうしたＧＨＱによる事前検閲がなくなる直前に、自由党が右のような申入れを行ったということは、占領下の桎梏から解放されて自由な国政運営を担う時期を迎えた政権政党が、少なくとも自分の党の所属議員の活動に対しては、ＧＨＱに代るチェック体制の必要を感じたためであったように思われる。

占領初期に衆参両院はそれぞれ渡米議事団を派遣して、アメリカの議会制度を視察させているが、そこで視察団は、単独発議が許されている米連邦議会では、年間数千件にも及ぶ厖大な数の法案・決議案が提出されることを見て来ていた。わが国も同様の権限を議員に与えている以上、独立後は発議件数の増加が避けられず、与党議員が政府の方針に反する法案を提出することもあり得ることを懸念して、自由党はこうした申入れを行ったものであろう。これを受けた衆議院事務局でも、恐らく議員発議案の激増による事務繁多は望むところではなかったので、格別の異論なく申入れに従ったものと思われる。こうした自由党の姿勢はやがて他の会派にも伝播して、程なくこれが日常的な慣行となって行く。

しかしこのことは、法規に定められている議員固有の権限を、所属会派が統制、制限することを意味した。前記のように、昭和三〇年の国会法改正で議案の発議には賛成者要件が付されるが、既にこのとき衆議院議員の発議権は、自由党その他の会派では機関承認なしには行使できない状態になっていた。つまり、国会発足当初には議員尊重、議員平等の原則に基づいて単独での行使が認められていたものが、昭和二七年に始まる所属会派の承認に加えて、昭和三〇年以後は賛成者要件の新設により二重の制約を受けることになったわけである。これにより、発議権の制約が賛成者要件のみであった旧帝国議会時代の議員に比べて、現代の議員の方が却って厳しい制約を受けることになってしまった。今にして思えば、議案の発議に賛成者要件が付加された際に、自由党からの申入れに始まった会派の事前承認は、必要性が軽減されたとして廃止するよう、事務局から各会派に提案すべきではなかったかという気がするが、その点は見過ごされた。

議会政治は政党政治であり、政党に基礎を置く会派が議院活動の推進体であり、事実上の主体であることは論を持たない。しかし、所属会派の承認がなければ議案の発議が許されないという慣行の中では、複数会派の議員が超党派で議案をまとめても、会派の一つが承認を与えない時は、その議案は受理されないという問題が生ずる。かつて佐藤内閣の末期に、衆議院では与野党の有志議員が「日中国交正常化に関する決議案」の提出を図ったが、成規の賛成者を具えていたにもかかわらず、与党執行部の不承認によって受理されなかったことがある。

その後の事例では、平成五年の第一二六回国会の衆議院で、社会党所属の上田哲議員外二名が「国政における重要問題に関する国民投票法案」を九二名の賛成者名簿を付して提出したところ、事務局が所属会派の承認がないことを理由に受理を保留したことがある。その四日後に衆議院は解散され、右の法案は不受理に終わったが、これを不服とした上田氏は、「法規に定められた要件をすべて充たしている法律案を衆議院事務局が受理しなかったのは、議員の発議権の侵害に当り、明白な違法行為であり、違憲の行為である」として、国を被告とする損害賠償請求の訴えを起した。結局この訴えは、議案の不受理は衆議院の自律権の範囲内の行為であり、裁判所の審査権が及ばないものとして棄却されている。

このときの一連の過程で衆議院事務局は、議案の発議の際の機関承認は議院において確立された先例である、と主張している。確かにそれはこれまで見てきたとおり、昭和二七年以降、全会派によって支持され継続されて来た慣行であり、事務局の主張は当然と思える。しかし、なぜか最新版(平成一五年版)の衆議院先例集にも、このことが記載されていない。その点は参議院先例録においても同様で、いずれも議案の発議の際の様式等について詳細に記しているものの、機関承認の必要には触れていない。先例集(録)は単なる事例を採録したものではなく、法規を補うものとして慣習法的なルールを列挙している文書であるから、司法の場で争うことのあるような問題については、主張の根拠を記載しておく必要があるのではないか。もしも、法規に抵触する疑いがあるために記載することを躊躇していたとすれば、それは「確立された先例」とは言えないことになるのではなかろうか。

最近は議員立法を促進する立場から、議案の発議要件を緩和し、単独発議を認める制度に戻すべきだとする意見が出ている。しかし、発議要件を軽減しても、会派による機関承認の慣行が続けられれば、議員発議の件数が飛躍的に増えることはないであろう。むしろ機関承認の慣行が全廃されれば、現行規定の下でも超党派の議員による発議案が増え、議員立法に新たな可能性が出て来ることは疑いない。

ただ、そうは言っても、国会では所属会派の方針に反する言動を議員が行った場合、他の会派がこれを問題視して攻撃材料にすることがある。かつて衆議院では、会派の方針に従ってある法案に賛成した所属議員が、その法案に反対する趣旨の請願を紹介していたことが明らかになった際、他の会派からそのような請願の紹介の仕方は道義的に不適当だという批判が出た。そのためこれ以後は請願の紹介までが、各会派ともに機関承認の手続を経ることにしている。会派と所属議員との関係において、与野党を通じてこうした観念が支配的な状況の下では、機関承認の慣行を廃止するのは容易ではあるまい。

いずれにせよ前記のように、現状では議員の発議権は、旧憲法下の帝国議会時代よりも一段と厳しく制限されているのが事実である。民主議会の議員活動がこのままでいいのかどうか、これは次に述べる発言時間の割当制とも関連するが、新国会発足の原点に立ち戻って見直す必要があるのではなかろうか。

(二)　委員会における会派別の発言時間割当

衆議院規則第四五条は「委員は、議題について、自由に質疑し及び意見を述べることができる。委員から発言を求めたときは、その要求の順序によって、委員長がこれを許可する」と規定されている。参議院規則第四二条もほぼこれと同文であり、これらは委員会における委員の発言権と、発言の手順について定めたものである。

本来、委員会は本会議とは異なり、小人数の委員によって構成され、審議対象に関して専門的かつ詳細な論議を交す場であるから、委員の発言は議題の範囲を超えない限り、自由であるべきなのは当然である。この「自由に」とは、表現・内容において自由であるのと同時に「時間的制約も受けない」というのが、基本的な理念である。予め制限された時間の中でしか物が言えないというのでは、そこに充実した論議は期待できない。

とはいえ、国会では限られた会期内に多数の案件を審議する必要があり、委員会においても時に個々の委員の発言時間を制限する必要も出て来る。そのため両議院の規則は、それぞれ委員長の権限として、「委員長は、委員会に諮り、質疑、討論その他の発言につき、時間を制限することができる」(衆議院規則第六八条、参議院規則第四七条)旨の規定を設けており、衆議院規則では更にこれに続けて「予め時間を制限する場合は、各委員に対して均等にしなければならない」（衆議院規則第六八条第二項）と定めている。これらの規定の意味するところは、発言時間の制限は飽くまでも例外的な措置であり、しかもそれは複数の発言者にとって不平等なものであってはならないというものである。ここで「各委員」というのは「全委員という意味ではなく、発言を要求した各委員という意味であって、要求のない委員にまで均等に割当てなければならないということではない」[16]という趣旨である。

翻って、現在、両議院で行なわれている委員会審議の実際を見ると、ほとんど全部の委員会が開会に先立つ理事会で、当日の会議の発言順位と発言時間を、各会派の所属議員数を基礎に比例配分し、その時間割り通りに議事を進行させる形をとっている。委員からの発言要求に関わりなく、例えばA党に二時間、B党に一時間、C、D党には各三〇分という具合に予め時間を割り振り、各会派は与えられた時間の範囲内で一人乃至は数名の発言者を立てるという方式である。発言がその会派に割当てられた時間を超過すると、委員長が申合せに反することを注意し、さらには発言を制止する。発言者の方もそれを承知で、言及できなかった点があっても残余の議論は断念して発言を終わらせる。かくして、余程の事態が起きない限り、委員会はすべて予定の時間内に終了する。これが今日の両院における委員会運営の常態である。

しかし、上記のように、両院の規則は委員に自由で平等な発言権を認め、特に衆議院では、発言時間の制限が各発言者にとって均等でなければならないことまで定めている。これらの規定に照らしてみると、今日の委員会運営では、明らかに法規無視、規則違反が、各党合意の名の下にまかり通っている、ということができる。

委員会における発言時間制限に関して、衆議院委員会先例集(平成一五年版)を見ると「予算その他重要議案を審査する場合等において、理事の協議により、全体の質疑時間を定め、これを各会派の所属議員数の比率に基づいて各会派に割当てることもある」(五七頁)と記されてある。予算は国会の審議対象として最重要の案件であり、かつ、原則として年度内に成立させる必要があるから、委員会審査に時間的制限を設けることは旧議会時代から行なわれていた。また予算以外にも、その国会の召集目的に掲げられたような重要議案の場合は、会期が限られている以上、審議時間の無制限な浪費は許されるべきではないから、委員会段階から発言時間を制限することは先例として認められてきた。衆議院委員会先例集の右の記述は、これらの例外的な取扱いについて記載したものである。参議院委員会先例録(平成元年版)も、同様に飽くまでも例外例として、過去の事例を記載している(一一七〜八頁)。しかし右に述べたように、現実の委員会運営では、衆参両院を通じて全部の委員会が発言時間の各会派割当を前提に当日の活動を行っており、それは議決案件の審査にとどまらず、期間に限定のない国政調査を行う場合にも当てはめられている。この点で衆参両院の委員会先例集(録)の記述は、法規に矛盾しない表現を心がけてはいるが、運営の実態を反映していない。逆に言えば、実際の委員会運営は、法規に加えて先例集(録)の記載にも、適合していない方法で行われているのである。

各委員会における委員の構成は、議院内の各会派の勢力の比例的縮図でなければならないから、国会法第四六条によって各派の所属議員数の比率によって割り当てられる。しかし、本来、所属議員数に応じた比例配分はここまでであり、選任された個々の委員の権限は、所属会派の如何にかかわらず均しく平等でなければならない。委員の権限として特に重要なのは、発言権と表決権である。従って現在のように、所属する会派によって当日の委員の発言時間に著しい格差が設けられていることは、あたかも表決権においても、大会派に所属している委員には二票あるいは三票を与え、小会派の委員には一票しか与えないのと同様に不合理、不公平というべきであろう。

国会ではしばしば「数の論理」ということが言われる。所属議員数の多寡がすべての面で重視され、大会派には有利に、小会派には不利に運営されることを指すのであるが、これが今日のように支配的になって来たのには原因がある。事の発端は、昭和三五年の安保騒動直後の時期に遡る。

第二九回総選挙は同年一一月に施行されたが、前年に日本社会党から右派系議員四〇名が離党し、年明けの一月に民主社会党を結成していた。このため、総選挙では労組票を中心とした革新票を巡って、社会党と民社党とが争奪戦を演ずることになった。当時の選挙制度は中選挙区制であり、一選挙区の定員は三名乃至五名であったが、保守対革新の得票比率は概ね固定化していたので、一〇七区の各選挙区で革新系候補の当選は一名かせいぜい二名にとどまっていた。その限られた指定席を狙って、社会党と民社党が骨肉の争いを展開したのである。

選挙の結果は、民社党が解散前の四〇議席から一七議席に後退し、その分社会党は微増したが、分裂前の前回選挙の当選者数一六六名よりも二一名減の一四五議席に終った。これに危機感を覚えた社会党は、翌年以降、院内における民社党の活動に、法規を超えた圧力をかけて行くことになる。マスコミの報道面から民社党の姿を極力消して、同党についての有権者の認識を低めるためである。

手始めは、昭和三六年度総予算の本会議審議に際し、民社党が前年同様に予算の組替動議を提出しようとしたところ、社会党がこれを阻止したことである。社会党は、国会法第五七条の二により、予算の修正動議を提出するには賛成者五〇人以上を要することになっているから、修正動議に類する組替動議を提出できるのは、五〇人以上の会派に限るべきだと主張した。実は前年の予算審議の際も、発足したばかりの民社党が提出した組替動議に対し、社会党は同じ論法で反対した。しかしこのときは衆議院事務局が、組替動議は修正動議とは異なり賛成者要件のない一般動議であるから、民社党も提出は可能との判断を示して、上程を認めていた。

だが、今回の社会党の抵抗は、執拗であった。当時の会議録を見ると、社会党委員は組替動議の提出権について「国会法上の解釈は民社党と同一であるが、議事は各党の合意の上で進められるべきものであり、この際、民社党は自発的に提出を控えるべきだ」と迫っている[17]。つまり、民社党に組替動議の提出権があることは認めるが、実際の提出行為は断念せよ、というのである。言い換えれば「法規上の権限保有は認めるが、その権限の行使は認めない」という主張であり、理論的には全く不当で、理不尽なものであった。

前記の議案発議権の場合も、法規上の議員固有の権限に対する会派の干渉であるが、それは一政党、一会派内の問題であって、いわば会派の内部規律に基づく制限ともいえる。だが、このときの社会党の主張は、他党の合法的な権限行使を法理を超えて阻もうとするもので、こうしたことが安易に許容されれば、議院内の法秩序は崩れかねない。

しかし当時、最大会派の自民党は、社会党の主張を傍観して、敢えて調停の労をとらなかった。安保騒動後に誕生した池田内閣は、「寛容と忍耐」をスローガンに掲げて、国内の対立感情を鎮静化させる政策をとっており、院内における「寛容と忍耐」は何よりも安保紛争の相手であった社会党に向けられていた。そのため、社会党を刺激しないように、同党による民社党抑圧を黙認したのである。衆議院事務局もそうした空気に影響されて、法解釈としては前回同様の見解を示したものの、結論は与野党の協議に委ねたので、孤立した民社党は提出断念を余儀なくされた。

このあと社会党は、主に議院運営委員会理事会の場で、次々に「数の論理」を強調し出す。この時期までは本会議における緊急質問は各党が独自のテーマで行い、発言順位についても会派の大小に関係なく実施されていたが、社会党は民社党の単独質問を許さなくなる。社会党が提起した緊急質問と同一問題での質問は、数回に一回程度の割合で許すが、その場合も発言順位は常に最後である事を要求する。更に、民社党の勢力は社会党の八分の一以下であるから、発言者数にもその比率を適用すべきだ、と言い出した。流石にそこまで徹底した抑圧はできなかったが、本会議における民社党の発言機会は、法律案に対する賛否の討論を含めて、これ以後、著しく減少した。

こうして始まった「数の論理」は、本会議から委員会の運営へと次第に拡大されたが、最初は専ら発言順位と発言者数に限られ、発言時間の割当までには及んでいなかった。この時期の委員会議録を無作為に選んで調べれば判ることだが、通常の委員会における各委員の発言に時間制限はまだなかった。特別の事情がある場合に、当日限りで時間制限を行うことはあったが、その事例としては次のようなものがある。

第四六回国会、昭和三九年六月九日の衆議院災害対策特別委員会では、冒頭に委員長が「これより災害対策に関する件について質疑に入りますが、先ほどの理事会の申合せにより、質疑時間はおおむね二〇分程度にお願いしたいと存じます」と発言して、順次質疑を許している。発言順序は自民、社会、社会、民社、社会、社会、共産、自民の順であり、各自が均等に割当時間に従って質疑をした。これは衆議院規則第六八条第二項に則った運営の適例といえる。しかし、ここにも「数の論理」が働いたことは窺える。この特別委員会の委員数は四〇名で、会派別の内訳は自民二五名、社会一二名、民社二名、共産一名であり、社会党と民社党の委員数の比率は六対一であったから、民社党の二名の委員がそれぞれ質疑をしたいと要求しても、社会党は自分たちが四名しか質疑しないのだから、民社党は一名しか認めないと応じたに違いない。この種の社会党による民社党その他の小会派圧迫は、この時期、各委員会で展開されている。小会派の発言が減ることは、与党の自民党にとっても好都合であったから、自社二大政党が協調してこの傾向を強めたと言ってよい。そしてそれは、公明党が衆議院に進出した第三一回総選挙後も継続され、後戻りすることはなかった。

昭和四二年の第五五回国会の頃になると、若干の変化が出て来る。同年七月五日の衆議院内閣委員会では、いわゆる防衛二法案について佐藤首相に対する質疑を行っているが、当日の首相の都合で時間制限の必要があるとして、委員長は「質疑時間を社会党委員については大体五〇分、民社党及び公明党委員については大体二〇分程度にお願いいたします」と述べている。時間制限が発言者から会派単位に移っており、このとき発言者は社会二名、民社・公明各一名であったから、実際上の一人当たりの格差は小さかったが、会派単位に時間を割当てる傾向が始まっている。ただこの当時は依然として時間制限は例外的措置であり、通常の委員会審査では時間超過を理由に発言が制止されるようなことはなかったのである。

委員会における発言時間が会派別の所属議員数又は委員数に比例して配分されるようになったのは、衆議院よりも参議院の方が先であったように記憶する。参議院規則第四七条は衆議院規則の規定とはやや異なり「委員長は、委員会に諮り、質疑、討論その他の発言時間を予め制限することができる」と定めており、時間制限は「予め」行うことが必要とされている。また、一旦発言が開始されると「途中から時間を制限することはできない。議事妨害のための長時間の発言は、世論の批判にまつほかない」[18]というのが、参議院の基本認識である。このため、冒頭に発言時間の制限を行わない場合、参議院の委員会では当日の会議が極端に長引くことがあり得た。加えて参議院の審議は、議案の多くが衆議院で先議される関係上、常に会期の後半に集中し、時間的制約が衆議院よりも一段と厳しい。政府提出議案の会期内成立を急ぐ参議院の自民党としては、できれば野党側の発言時間を最低限度に抑えたい。こうした事情が、予算等の重要案件に限られていた委員会の発言時間割当を、全部の委員会の慣行として普及させて行ったものと思われる(19)。そしてやがて衆議院の全委員会も、これに倣うことになる。

以上のように、昭和三六年当時の社会党による民社党圧迫は、運営の各般にわたって法規の定めよりも大会派の意思を優越させる先例を開いた。そこに始まった「数の論理」は、自社二大政党による五五年体制の下で次第に強化され、全委員会における所属議員数に比例した会派別発言時間割当制をもたらした。この慣行が両院を通じて定着したのは、昭和五〇年代の始めであったように記憶するが、マスコミから国会審議の形骸化が批判され出したのもその頃である。（国会審議の形骸化については、各党の国会対策委員長間の話合いで議案の修正問題等の決着が図られる、いわゆる国対政治が原因だとする見方もある。確かにそれも一因であるが、日常的な委員会のスケジュールを、発言時間制限によって調整している現在の慣行の方に、より大きな責任がある、と筆者は考える。）

そしてこの慣行は、定着から二〇年近くを経た平成五年に至って、遂に異常な事例を生んでいる。第一二六回国会の同年三月三日、衆議院予算委員会は野党側委員が欠席する中、与党の自民党委員のみで開会し、野党委員に予定されていた質疑時間を沈黙のまま過ごし、午後三時七分から午後一〇時二二分までの七時間一五分の間、無言審議という奇現象を演じたのである。この間、委員長はまず質疑通告のあった社会党委員の氏名を呼び「これより○○君の質疑時間に入ります」と述べ、予定時間が過ぎると「これにて○○君の質疑時間は終了いたしました」と宣告し、次々に社会、公明、民社、共産の各委員を指名して、同様の宣告を繰り返した[20]。質疑者不在のまま無言で時間を経過させ、当日の質疑を終了したことにしたわけであり、これ以上の審議の形骸化はない。

当日付けの衆議院公報には、委員会経過欄に予算委員会（第一八回）の経過として、予算三案について「集中審議（経済・政治改革等）を終了した」と記載されている。しかし、実際には一言の質疑応答も行なわれなかったにもかかわらず、審議を終了したと称することができるのであろうか。

鉄道会社は時刻表を作成して、列車の運行時間を公表している。だがそこに記載されているのは、飽くまでも運行予定時間であり、必要なのは実際に列車を時刻表通りに動かすことである。列車が動かされて、はじめて運行実績が記録され、それが運行時間になる。単に予定時間が経過しただけでは、列車を走らせたことにはならない。質疑の場合も、質疑予定時間が経過したからといって、それを質疑実績時間と見なすことはできない。

鉄道会社が実際には列車を動かさずに、本日の運行は終了したと発表したとすれば、人はそれを詐欺ではないかと非難し、その会社を信頼しなくなるだろう。衆議院予算委員会が、当日は誰一人質疑を行っていないのに、予定の審議を終了したと称するのは、これに類する行為ではないのか。

予算委員会では、翌日の三月四日に分科会を開いているが、そこでも同様の運営を繰り返した。八つの分科会の全部が二時間余りの間を無言の裡に過ごして、公報上は「審査を終了した」と表示している。

「質疑」とは、言うまでもなく委員会審議の中核をなすものであり、個々の委員にとっても権限行使の上で最も重要な活動の場である。それが現実には行われていないにもかかわらず、あたかも実行されたかのように処理され、記録されているのである。委員の発言権を軽視し、ひいては委員会の審議権を貶めること、これに過ぐる事例はないと思う。

遺憾なことに、こうした運営はその後も見られた。第一四五回国会の平成一一年二月一五日の衆議院予算委員会において、民主、共産、社民の三野党が欠席したまま、自民、公明の与党委員によって審議が進められ、民主党に割り当てられた時間の経過を以って、同党の質疑時間の終了が告げられた。このときの委員会議録を見ると、委員長は「これより民主党の質疑時間に入ります」、「これにて民主党の質疑時間は終了いたしました」と宣告しており、発言者の氏名さえ呼び上げられていない(21)。恐らく正式の質疑通告がないままに会議を進行させたものと推定されるが、これでは当日の議事の有効性にも疑問を持たれかねない。「無言審議」は、国会審議の形骸化そのものである。こうした運営は、会派別の発言時間割当の慣行がなかったならば、決して発想されることはなかったに違いない。その意味でこの慣行は、本質的に審議の形骸化を招くものと言えるのではないか。

平成一〇年七月に衆議院国際部国際会議課から「会派の地位」(各国議会制度比較調査報告書)」と題する小冊子が刊行されている。これは列国議会同盟会議（ＩＰＵ）の下部機関である各国議会事務総長会が、加盟各国の議会に対して行ったアンケート調査の報告書を、同課が翻訳・編集したものである。会派は今日、すべての国の議会で重要な役割を果たしているが、この小冊子はわが国の国会における会派の活動を、諸外国におけるそれと比較する上で、興味深い資料の一つとなっている。

その中に会派が議会内に与えている影響についての設問があり、日本からの回答は、「各委員会(参議院の調査会を含む)の委員及び理事は、会派の所属議員数に応じて選任されるほか、質疑又は討論の発言者数、発言の順序及び発言時間等についても会派の所属議員数が考慮される。」というものである。これはそのまま本文中に転載されているが(三〇頁)、前後に掲載されている諸外国の回答を見ると、所属議員数の比率が委員会における発言時間の割当にまで及んでいるのは、どうやら日本だけである。外国でも発言時間を会派に割り当てる例がないことはないが、その場合は、会派と認めた以上は一定の時間は保証する、という風な扱いに見え、かなり趣が違う。

国会は言論の府であり、徹底的な質疑・討論が行われ、その結果、多数決原理によって意思決定がなされる機関である。「数の論理」は、本来、その最終段階で機能するものであり、そこに至る過程では、少数意見の尊重こそが議会を議会たらしめている原則というべきであろう。少数会派が充分に発言し、批判し、代案を提出することが出来て、はじめて民主議会の運営といえる。そうした観点で見ると、わが国の国会運営は、大会派が多数勢力を誇示して、必要以上に小会派の活動機会を封じ込んでいる、と言われても仕方のないものであろう。委員会における会派別発言時間の割当制は、その代表例である。もともと国会法規は、議員平等、少数意見の尊重を基本理念に、立案、制定されているのであり、委員の発言が議題に関し自由であるべきことは、本節の冒頭に掲げた両院の規則により明白である。しかし、現実にはそれが実行されていない。

こうした法規と慣行の乖離を、長年にわたって両院は軽視して来たが、そろそろ見直しに入るべきではないか。日程的に制約のある議案の審議方式を直ちに改めることが難しければ、差し当たり期間に限定のない国政調査については、各委員会において発言時間割当を廃止して、小会派委員にも充分な質疑を行わせてみてはどうか。昭和四〇年代までの国会では、それが委員会活動の常態であった。そして、当時はどこからも審議形骸化の批判など起きなかったのである。

七　おわりに

最近、政府の行政改革の動きに対応して、国会改革も必要視され、衆参両院では事務機構の統廃合や、人員削減が検討されていると伝えられている。現時点において、そうした面での検討の必要性は否定しない。しかし、国会改革と言えば、何よりも審議形骸化の批判の解消こそが、第一に上げられなければならない課題であろう。

国会は本来会議組織であり、衆参両院の業務は、会議を通して国民の声を政治に反映させ、更には立法によって国政の基本施策を決定して行くことにある。国民の代表である議員が、会期中は各議院に参集して頻繁に会議を重ね、国政全般にわたって充実した論議を展開するのが、国会の仕事である。

ところが既に三〇年近くも前から、国民の間には国会審議の形骸化に対する不満の声が挙がり、マスコミは事ある毎にそのことを批判し続けている。また識者や研究者からは、諸外国の議会と比較して日本の国会の審議時間が著しく少ないことが指摘され、それは時に「間違いではないかと疑いたくなるほど少ない」(22)とさえ言われている。筆者の実感でも、昭和二〇年代から四〇年代にかけての両院の審議時間に比べて、明らかに近年の国会の審議時間は短い。それは会期毎に残されている会議録の分量に、如実に現れている。

審議時間は徒らに長ければよいというものではないかも知れない。また、国会は政争の場であるから、各党各派が様々な形で対立抗争を続け、ために審議が空白化することはあり得る。しかし前述のように、およそ先進国の議会では考えられないような「無言審議」の如き運営が行われ、しかもカットされた分の補充質疑さえ実施されないままに、忽ち事態が正常化されている様を見て、国民の多くはそれが対決を装った手抜き審議ではないかと、疑いの目で見ている。

国会改革は、まずこうした運営を重ねて繰り返さないためにも、五五年体制の負の遺産ともいうべき偏った慣行を見直すことから始めるべきであろう。法規の全面的な再確認、再検討も必要である。その上で、審議形骸化の批判を跳ね返すような充実した論議が両院で展開されるならば、そのために要する経費や人員について、誰も削減など求めはしないのである。

(1) 大石眞『議院自律権の構造』三一六～三二九頁、大山礼子『国会学入門(第二版)』二三七～二四二頁、松井茂記『日本国憲法』一七四頁、阪本昌成『憲法Ⅰ・国政クラシック』一七八～一八〇頁
(2) 『註解日本国憲法(下巻)』八八三頁、宮沢俊義＝芦部信喜『全訂日本国憲法』四四三頁、清宮四郎『憲法Ⅰ』四三三頁、水木惣太郎『憲法逐条講義』三〇〇頁
(3) 衆議院先例集(平成一五年版)一五頁
(4) 第六三回国会・衆議院予算委員会議録一三号二六～八頁
(5) 常置委員会については、拙稿「国会閉会中における委員会活動について・常置委員会構想の挫折と現行制度との関係」(『議会政治研究』五三号所収)を参照されたい。
(6) 西沢哲四郎述「国会法立案過程におけるＧＨＱとの関係」(憲法調査会事務局・昭和三四年)三一頁
(7) 鈴木隆夫『国会運営の理論』九八頁
(8) 鈴木隆夫・前掲書三二〇～九頁
(9) 佐藤吉弘『注解参議院規則(新版)』七九頁
(10) 第二二回国会・衆議院議院運営委員会議録一号追加一～六頁
(11) 参議院先例録(平成元年版)一五九～一六〇頁
(12) 同右・一五四頁
(13) 鈴木隆夫「会議録とその周辺の問題について」(日本速記協会・昭和三〇年)一頁
(14) 参議院先例録(平成元年版)四二五～八頁、参議院委員会先例録(平成元年版)二八五～六頁
(15) 河野義克「会議録についての諸問題」(日本速記協会・昭和三一年)一〇頁
(16) 鈴木隆夫『国会運営の理論』一七七頁
(17) 第三八回国会・衆議院議院運営委員会議録一〇号一～三頁

(18) 佐藤吉弘・前掲書一〇〇頁
(19) 小林秀行・東海林寿秀「参議院の発言――変遷と現状」（議会政治研究三〇号所収）一九～二〇頁
(20) 第一二六回国会・衆議院予算委員会議録一八号二頁
(21) 第一四五回国会・衆議院予算委員会議録一三号八頁
(22) 前田英昭「委員会における法案審査の活性化（下）」（議会政治研究七六号所収）八六頁

V　事務総長の職務権限と事務局職員のあり方

一三　議院事務総長による議長職務の代行の範囲

――特別会・臨時会では召集日に会期を決定しなければならない理由

一　はじめに

衆議院議員の総選挙又は参議院議員の通常選挙の直後に開かれる国会では、選挙によって構成を改めた議院は、召集日にまず正副議長を選出しなければならないが、その際は事務総長が議長の職務を代行することになっている(国会法六条、七条)。参議院では、選挙が半数毎の改選であるため、議長・副議長のいずれか又は両方が、非改選議員として引続き存在している場合があり、そのようなときには事務総長が必ずしも議長の職務を代行する必要はない(副議長が改選、議長が非改選で、その議長が辞表を提出した場合は、事務総長が議長席に着く)。しかし、衆議院では全議員が改選されるから、選挙後の特別会(任期満了による総選挙の場合は臨時会)の召集日には、必ず事務総長が議長・副議長の選挙を主宰することになる。正副議長の選挙が終ると、新任の議長が議長席に着いて、議席の指定を行い、会期の件を諮って決定したあと、内閣総理大臣の指名選挙に入る。憲法第六七条一項には、内閣総理大臣の指名は「他のすべての案件に先だって、これを行ふ」と定められているが、議院が有効な活動を開始するためには、その前にまず院の構成を整える必要があり、右のような手続が不可欠である。

ところで、議長と副議長にどの会派から誰を選出するかは、極めて政治的な問題である。そのため、人選をめぐって会派間の意見が対立して、召集日の当日中に正副議長の選挙が実施できないことがある。この場合、会期の決定を、いつ、どのような形で行うかが、重大な課題となる。

国会の会期は、常会については一五〇日間と法定されているが(国会法一〇条)、臨時会と特別会については召集の度に両議院一致の議決で決定し(国会法一一条)、両議院の議決が一致しないとき又は参議院が議決しないときは、衆議院の議決したところによることになっている（国会法一三条）。会期制度を採用しているわが国では、国会の活動は原則として会期中に限られており、従って国会における会期とは「その権限の行使の基盤となるもの」[(1)]といえるから、衆議院では特にその決定時期を重視し、「特別会及び臨時会の会期は、召集日に議決する」[(2)]ことを、先例上、堅守すべきものと考えている。国会の会期は、理論的には一日間で終ることもあり得るので、もしも召集日にそれが議決されないときは、翌日以降が法的に会期中といえるのかどうか、疑義が生ずる恐れがある。そうした危険を回避するために、会期決定は何としてでも召集日に行うべきだというのが、衆議院の認識である。

しかし前記のように、召集日当日に正副議長の選挙が行えない事態が起こり得る。その場合、衆議院では過去に次の二つの方法のいずれかの措置がとられて来た。

その一つは、正副議長の選挙に入れないことが明白となった段階で、事務総長が議長席に着き、動議により議事日程の延期と翌日の開会時刻を決定して散会するというものである。この場合、会期は未決定であるが、少くとも翌日は会期中であることを議院の意思として確認したことになり、右のような法的疑義は生じない。翌日以降も会派間の協議が進展しないときは、同様の措置を繰り返す。そして、実際に正副議長の選挙が行われたあと、新議長の下で正式に会期を決定することになる。この方法は、過去に第一回国会（昭和二二年）と第一二七回国会(平成五年)の二回の事例がある(3)。

いま一つは、召集日に議長・副議長の選挙には入れないものの、会期については各会派間の合意が得られている場合、事務総長が議事を主宰して、召集日中に会期を決定してしまうという方法である。これは国会法七条の「議長及び副議長が選挙されるまでは、事務総長が、議長の職務を行う」という規定を広く解釈して、右のような場合にも代行権の行使を認めるものである。この方法による事例は、第二九回国会(昭和三三年)、第三七回国会(昭和三五年)及び第四五回国会(昭和三八年)と、これまでに三回ある。

こうした衆議院の取扱いに関し、特に右の第二の方法については、第二九回国会における最初の事例の直後から、学界の一部と参議院の実務関係者の間から批判が提起された。批判の理由は、国会法七条による事務総長の議長職務代行は、飽くまでも正副議長の選挙手続に限定されるべきもので、会期決定の議事を事務総長が主宰するのは条文の趣旨に反し、越権ではないかというものである。この批判の前提には、当然のことながら、会期は正副議長の選出後に決定されるべきものとの判断があり、更には、一旦召集された臨時会又は特別会では、召集日を始期として会期は自動的に進捗して行くものであり、召集日に会期決定がなされなくても、二日目以降を会期中と考えて差し支えないとの解釈がある(参議院の実務者の間では、現在もこの解釈が持続されているようである(4)。この点で、衆参両院の実務者間には見解の相違がある)。

このような批判に対して、これまで衆議院側からは、特に反論乃至は見解の表明が公にされたことはないが、第二九回国会当時の衆議院事務総長で、最初に右の先例を拓いた鈴木隆夫氏(昭和五五年没)が、批判に応える趣旨で自説を記述した草稿が、氏の没後に発見された。この遺稿は、他の諸資料とともに国立国会図書館の憲政資料室に寄贈され、既に数年前から一般研究者の閲覧に供されている(5)。本来的には、この遺稿が印刷物として公開されるのが望ましいともいえるが、何分にも執筆者は故人であり、また執筆時期は三〇数年も以前の昭和三八年頃と推定され、内容的にも未整理な部分を残している草稿なので、重要な文献ではあるが、これを注釈や補訂なしにそのまま発表することには些か問題がある。そこでこの際、鈴木氏の論旨を生かす形で、事務総長の議長職務代行権と特別会・臨時会の会期決定時期に関する衆議院側の理論を、筆者が拙文でまとめてみることを思い立った。以下の文中で傍線を引いた部分は、鈴木氏の遺稿からの引用である。

二　過去における類似例

本題に入る前に、事務総長(旧帝国議会時代は書記官長)による議長職務の代行の範囲が問題になった、過去の二つの事例を紹介しておきたい。

〈一〉

その第一は、昭和六年一二月の第六〇回(通常)議会の召集直前に、衆議院で生じた出来事である。旧議会時代の衆議院の正副議長は、議院において選挙したそれぞれ三名の候補者の中から、一名が勅任されることとなっていた。任免権は天皇にあり、従って辞任の場合は議院の会議とは関係なく、勅許によって決定された。この年、前議会の終了直後の四月に、議長の藤沢幾之輔が貴族院議員に転ずるため辞職しており、その後、副議長の小山松寿も健康を害して、常会の召集直前に辞表を提出し、勅許された。そこで衆議院では、第六〇回議会の冒頭に正副議長候補者の選挙を行うことになったが、その場合、誰が議長の職務を代行するかが問題となった。

旧議院法にも第三条第二項に「議長副議長ノ勅任セラル、マテハ書記官長議長ノ職務ヲ行フヘシ」とあり、召集日に正副議長がいないときは、まずその候補者の選挙を行い、その際は書記官長が議長席に着くことになっていた。しかし、この規定は専ら総選挙後の特別会を想定して設けられた条文であり、従って特別会に限って適用されるものとの解釈が一般的で、常会、臨時会の場合では誰が議長席に着くことになるのか、定説がなかった。

そこで、衆議院事務局では幹部が協議した結果、召集日にはまず仮議長を選出して、仮議長の下で正副議長候補者の選挙を行うのが適当との判断を下した。その際、特別会と同様に、書記官長が議長の職務を代行してもよいではないかとの説を唱える者もいたが、少数意見として退けられた。

帝国議会時代の貴衆両院の書記官長は、いずれも勅任官であり、書記官以下の議会職員も身分はすべて政府に所属していた関係から、衆議院事務局では議事にかかわる新しい解釈については、政府側の内諾を得る必要があると考えた。当時、内閣には総理大臣の諮問機関として法制審議会が設けられていて、重要な法律制度の調査・審議に当たっていた。この審議会は総裁に平沼騏一郎、副総裁に花井卓蔵(後に原嘉道)を充て、三〇名以内とされた委員には、美濃部達吉、牧野英一、穂積重遠といった当時の法学界の権威を揃え、議会側からも馬場鍈一(貴)、松本烝治(貴)、浜田国松(衆)、松田源治(衆)等のベテラン議員たちが加わった機関であり、衆議院書記官長の田口弼一も臨時委員としてそこに名を連ねていた。

田口書記官長はこの審議会に出席して、右の議長職務代行者として仮議長を充てる案を提示したが、委員たちは一様に釈然としない表情である。そこで、少数意見ではあるが書記官長による代行説もあると付け加えたところ、「それがいい」と衆議は忽ち一決した。議院法三条二項の規定は、特別会に限定せず、常会・臨時会にも適用されるべきものとの解釈が、その席で確定したわけである。

このとき、錚々たる顔ぶれの委員たちが、なぜ仮議長案を不適当とし、書記官長案を是としたのか、具体的な説明は伝わっていないが、それは次のような理由からではなかったかと推定される。一つは、旧議院法一六条の規定では、仮議長を選出して議長の職務を行わせるのは「議長副議長倶ニ故障アルトキ」と定められており、そこには倶に欠位となった場合が規定されていないから、これは仮議長を充てる場合に該当しないのではないかという、条文解釈に基づく疑問である。二つには、議長・副議長が共に欠けたときは、直ちにそのための選挙を実施するのが原則であり、その前に仮議長の選挙を行うというのは、屋上に屋を架するようなもので、手続が余分ではないかという運営面での疑念である。筆者は、どちらかといえばこの後者の運営面への配慮が、強く働いたのではないかと推察する。

当時の衆議院規則二五条には、仮議長の選挙も無名投票によることが明記されていて（同条四項によって議長の指名によることも可能ではあったが）、前例も投票によって行われており、このため、正副議長候補者の選挙を仮議長に任せる場合には、投票による選挙を一回余計に行う必要があると考えられた。また同二六条により、仮議長の選挙の際は全院委員長か又は出席議員中の年長者が議長席に着くことになっていて、常会の冒頭では全院委員長も欠けていたから、この時はまず年長議員が議長席に着いて仮議長を選出し、次いで仮議長が正副議長候補者の選挙を行うという手続が予定された。法制審議会の委員たちは、こうした手順を甚だ煩瑣なものと感じたのではないか。

本来、議会の議事手続は、簡潔で無駄のないことが求められる。議会は、数一〇〇名にも及ぶ議員たちが一堂に会して審議に当たる場であるから、そこでの討議内容が詳細で多岐にわたるのは当然であるが、それだけに意思決定に至る手続は可能な限り判り易く、簡明であることが望ましい。仮議長を選ぶことなく、書記官長が特別会同様に直接正副議長候補者を選出すれば、それだけ手続は簡略化される。この際、書記官長の権限を制限的に考えるよりは、会議の能率的運営を優先すべきだとの判断が、審議会の大勢を占めたのではないかと、筆者には思える。

この結果、第六〇回議会では召集日に書記官長が正副議長候補者の選挙を行い、その後第七九回(通常)議会(昭和一六年)においても同様の事例が重ねられた。そして、このような書記官長の議長職務代行権についての考えは、新国会に移行する際、事務総長の権限として更に拡大された。すなわち現行の国会法では、召集日に限らず会期中のいかなる時点であっても、議長・副議長が共に欠けたとき、又は議長・副議長のいずれか一方が欠け、他の一方に事故が生じた場合には、すべて事務総長がその際の選挙を主宰することになり(国会法二四条)、また、正副議長に共に事故がある場合の仮議長の選挙も、事務総長によって行われることになった(国会法二二条二項)。これに伴い、旧議会時代には議長の職務を代行することもあり得た最年長議員は、制度が廃止された全院委員長とともに、その役割から除外された。

〈二〉

第二の事例は、昭和二五年の第八回国会の冒頭に、参議院でとられた措置についてである。同年六月に、参議院では最初の半数改選期を迎えて、第二回通常選挙が実施され、翌七月一二日に臨時国会が召集された。このとき、副議長は任期満了によって欠けていたが、議長は非改選議員としてそのまま在任していた。国会法の規定では、議長・副議長の任期は各々議員としての任期による（一八条）と定められているから、非改選の議長は新構成の下でも留任することが法的には認められているが、半数議員が一新されたことを重視して、それまでの佐藤尚武議長は、臨時会の召集直前に事務総長に辞表を提出した（以後これが先例となり、参議院では通常選挙直後の国会で正副議長は辞任するのを例としている[6]）。

前記のように、旧議会時代の正副議長の辞職は勅許によっていたが、国会になってから役員の辞職は議院の許可によって決定されることになったから（国会法三〇条）、参議院では召集日の冒頭に、最優先の議題として議長辞職の件を処理することとした。その際、誰が議事を主宰すべきかが、召集日前の議院運営委員会で協議された。

召集日に議長・副議長が共に欠けている場合ならば、当然に事務総長が議長の職務を代行することになるが、この場合は議長はまだ在任しており、単に事故があるという状態に過ぎない。こうした場合に、事務総長が最初から議長席に着いて議長辞職の件を諮るというのは、国会法七条及び二四条の規定の趣旨から見て疑義がある。一方、議長自身は辞職が許可されるまで議長職に留まってはいるが、自らの進退の議事を主宰するわけには行かない。そこで仮議長を選出して、議長辞職の議事と後任議長の選挙とを仮議長に委ねる方法も考えられた。これらを勘案して、参議院事務局では次の二つの方法を提案した。

一、冒頭に事務総長が議長席に着き、仮議長の選挙を行う。次いで仮議長が議長の辞職許可の件を諮り、引続き議長の選挙を主宰する。

二、事務総長が議長席に着き、そのまま議長辞職の件を諮って決定したあと、議長の選挙を行う。

第一の方法では、国会法二二条に規定されている仮議長を選出する場合とは若干事情が異なっており、また仮議長によって議長の辞職が許可された瞬間に、国会法二四条の事務総長が選挙を主宰する状況が生まれ、法規上の取扱いと相違して来る。第二の方法では、事務総長が議長辞職の議事を処理するという点で、法的根拠に疑念が生まれる。議院運営委員会では右の二案について協議した結果、第二の案の採用を決定した。つまり、前記の旧議会時代の衆議院の例と同様に、仮議長案が退けられ、事務総長案が採用されたのである。その際、委員の一人は「やはり僕は簡単の方がいいと思う。ですから少くとも議長の選挙までずっと事務総長がやってしまった方がいいのじゃないか」と述べている(7)。ここでも、事務総長の分限にこだわって議長の職務代行を制限的に考えるよりは、会議の能率性の方が重視されたものと見てよいであろう。

これにより参議院では、第八回国会の召集日の冒頭に事務総長が議長の辞職許可と議長の選挙を主宰し、新議長によって副議長選挙が行われ、以後、この方式が先例となった。因みに、議長が任期満了のために欠けていて、副議長が非改選議員として在任している場合は、右の取扱いとは異なり、副議長の辞表提出を遅らせ、冒頭に副議長が議長席に着いて議長の選挙を主宰し、新たに選出された議長に辞表を提出し、新議長が副議長の辞職許可の議事と副議長の選挙を行うこととしている。従ってこうした場合には、事務総長が議長席に着くことはない。

(以上のような参議院の先例に対し、同種の事態が衆議院で生じた場合、これとは異なる手続をとることが予想されるが、その点についてはここでは触れない。)

三　第二九回国会における事例とこれに対する批判

第二九回(特別)国会は、昭和三三年五月に実施された第二八回総選挙の結果を受けて、同年六月一〇日に召集された。この時の選挙は、前回の任期中に左右両社会党の統一と、民主・

自由両党による保守合同が実現し、後に五五年体制と称される自社二大政党対立の構図が生まれて、最初のものであった。総選挙による両党の獲得議席数は、解散前と殆ど変りがなかったが、優位を維持した自由民主党は、それまで社会党に譲って来た副議長のポストをはじめ、議席数に応じて比例配分して来た常任委員長のすべてを独占する方針を樹てて、国会に臨んだ。そのため特別国会は冒頭から両党が対立し、召集日中に正副議長の選挙が行えない事態が生じた。

そこで衆議院事務局では、従来、特別会の会期は第一回国会を除いて毎回召集日に決定しており、今回もその必要性のあることを説明して両党に協議を要請した。当初、自民党は会期三週間、社会党は一ヵ月間を主張していたが、双方が歩み寄って会期は二五日間とし、正副議長選挙に先立って、事務総長の議長職務代行によりその決定を行うことを了承した。これによって、召集日の午後一〇時過ぎに漸く開かれた本会議で、会期二五日間が全会一致で決定された。

以上が事務総長の議長職務代行による会期決定の最初の例であるが、これに対する批判は、その当日と翌日の参議院の議院運営委員会で早速提起された(8)。その後、いくつかの論文がこの問題を取り上げ、衆議院における会期決定時期の認識と、事務総長による議長職務代行のあり方について、疑問を投げかけている(9)。これらの批判を総合すると、指摘された問題点は、概ね次の三点に要約することができる。

一、衆議院では、臨時会及び特別会の会期について、召集日にそれが決定されない場合、翌日以降の活動に疑義が生ずるとしているが、国会は一旦召集されれば、召集日を始期として会期は自動的に進行して行くものと解してよいのではないか。会期の決定は、事実上その国会の終期を定める行為であるから、極論すれば、法律的にはその最終日になって会期を決定しても差し支えないのではないか。

二、選挙後の国会では、新たな院の構成を決めるのが第一の要件であり、会期の決定はその後に行うべきものである。旧議会時代の貴衆両院では、毎回議院成立の手続をとった後に開会されたが、国会になってからは、会期が召集日から起算され、各議院は即日活動が可能になったため、その手続は不要になった。しかし、議院の構成が整わなければ有効な活動が開始できないのは、旧議会時代と同様であって、実体的に「議院の成立」は必要な措置であり、これを前提に各般の手続は進められるべきである。従って正副議長が選出されない以前に、会期決定が行われるのは妥当ではない。

三、国会法七条によって事務総長が議長の職務を代行するのは、飽くまでも正副議長の選挙に限って認められている権限であり、会期決定のような議事にまで及ぶものとは予想されていない。国会では、一般に選挙と議事とは区別されている。選挙は、特定の地位につけるために一定の有資格者の中から、ある人物を選択する行為であり、これに対し議事とは、議題となった案件について出席者の意思を諮い、その可否を議決する行為をいう。事務総長が議長の職務を代行するのは、前者の選挙の場合に限られており、後者の議事の主宰にまでわたることには問題がある。議事においては可否同数となった場合、憲法五六条二項によって議長は決裁権を行使して意思決定に関与できるが、議院の役員とはいえ非議員である事務総長が、それを行使し得る立場に立つのは行き過ぎである。従って、事務総長による会期決定の議事の主宰は、代行権の範囲を超えたものというべきである。

以上が批判の要点であるが、これに対する衆議院側の見解は、次のようなものになろう。

四　特別会・臨時会の会期決定時期

まず、右の批判の一について。

特別会・臨時会では召集日に会期を決定する必要があるか否かの議論は、昭和二二年五月二〇日に召集された第一回国会の冒頭で、衆参両院が早くも直面した問題である。当時は旧憲法から新憲法への移行に伴い、国会の制度も大きく変化した時期であり、占領下という特殊な事情もあって、両院ともにその運営は困難を極めた。政治的には連合国軍総司令部（GHQ）による公職追放等の措置があり、旧議会時代とは政界の分野が一変した。その上、総選挙の結果は絶対多数を占める政党が出なかったため、政権の見通しが立たず、衆議院では召集日を迎えてもどの会派から正副議長を選出するかも決まらなかった。会期についても話合いが進まず、各派交渉会では召集日当日の本会議をどうすべきかが協議された。その結果、取り敢えず事務総長が議長席に着き、日程の延期と翌日の開会時刻を議決しておくこととした。もしそれを行わないときは、翌日の本会議を開くことができるのかどうか、法的に疑義が生ずるという意見で各派が一致したからである。本稿の始めに紹介した一日刻みに会期を確認して行く方法は、このように、新国会の出発に際して、その早々から運営に疑義を残すようなことがあってはならないという、緊迫感の中で選択されたものである。

衆議院では二日目に議長・副議長の選挙を行ったが、会期については依然として話がつかなかったので、議長は前日同様に日程延期と翌日の開会時刻を諮って決定し、三日目に至って会期五〇日間を議決した。一方、このとき参議院では、多少の遅滞はあったものの召集日に正副議長の選挙が実施できたが、新議長は本会議の散会間際に、衆議院と同様に日程延期と翌日の開会時刻を諮って決定している。二日目も事務総長の選挙を行ったあと、同様の決定を繰り返し、三日目に会期を決定した。そして、わが国の憲政史上初めての国会における内閣総理大臣の指名は、両院揃って四日目に行っている。こうした経緯を見ると、第一回国会では会期決定の時期と方法について、衆参両院はほぼ同様の認識を以て対処していたということができる。また、衆議院では右のような方法を特殊な状況下の例外として、特別会と臨時会の会期は、必ず召集日に決定すべきものとの見解を、このとき固めたのである。

国会は国政審議の場であると同時に、政争の場でもあり、議事の有効無効が政党会派間の争点となる事態は珍しくない。その後の一例を挙げると、第一九回国会(昭和二九年)では衆議院における会期延長の議事に関連して、野党側は延長後に行われた警察法案の審議を不当とし、同法の成立を無効とする訴えを裁判所に起こしたことがある。もしも特別会の召集日に会期決定を行わず、右のような日程延期の決定もせずに二日目を迎えて、そこで正副議長の選挙等を行った場合、その有効・無効の論議が起きないという保証はない。議長・副議長等の役員の選任や内閣総理大臣の指名について有効か無効かが論ぜられるようでは、国の威信にかかわるのではないか。そうした事態に陥らないためにも、衆議院としては最初に会期を確定しておく必要があると考えている。

論者のいうように、国会の会期決定は事実上その終期を決める行為であることに間違いはないが、何よりもそれは具体的な日数、期間を定めるものである[10]。旧議会以来わが国では会期制度を採用しており、国会の活動は原則として会期中に限られているのであるから、その活動可能な期間は、冒頭に確定しておく必要がある。内閣からの議案提出権も、国民による各議院への請願権も、確定されている会期を前提に行使されているといってよいであろう。

憲法第五〇条は議員の不逮捕特権を規定して、両議院の議員は国会の会期中は逮捕されずと明記しており、国会法規には会期に関連する幾多の規定があるが、すべて会期というときは当然その終期が確定せられており、終期が未確定の場合など予想されていないといってよい。

論者の一人は、極論と断わりながらも、法律的には最終日になって会期を決定しても差支えあるまいと述べている(11)。これは、一旦国会が召集されれば二日目以降も自動的に会期は進行するとの解釈に立った場合、当然に行き着く議論であろう。しかし、こうした見解は論外である。なぜならば、国会法一二条には「国会の会期は、両議規一致の議決で、これを延長することができる。会期の延長は、常会にあっては一回、特別会及び臨時会にあっては二回を超えてはならない」との規定があり、会期は延長可能を前提にしている。もしも終期を確定しないままに活動を続け、頃合を見計ってその会期の終了を議決すればよいということになれば、特別会・臨時会での会期延長はあり得ないことになる。あらかじめ終期が確定されていればこそ会期の延長は可能であり、終期が未確定のままでよければ、延長の必要性は全く生じない。従って右のような論者の見解は、法律的にも実際的にも、従来からの会期制度に不適合な説というべきであろう。

なお、会期の議決については、国会法はまずその議決が、両院において同日になされることを予想しているといわなければならない。もしそうでないとすれば、国会法第一三条の「両議院の議決が一致しないとき又は参議院が議決しないとき」とは、いつの時点において一致しないのか又は議決しないのか、会期の終了を待たなければ判明しないことになる。これでは会期を決定するのに、その会期の終了を待たなければ決まらないという結果になって、この条文は無意味な規定とならざるを得ない。それ故、会期について、召集日に衆議院が議決し参議院が議決しなかった場合、翌日以降は既にその会期は確定していると解すべきであって、それを、参議院が議決するまでは未確定の状態と見なすのは、妥当ではない。

五　院の構成と会期の関係

次に批判の二について。

議院の構成と会期決定との前後関係であるが、論者は、旧議会時代の議院成立手続との関連を挙げて、今日においても役員の選任等が行われて初めて議院は有効な活動に入り得るのであり、会期はその後に決定されるべきものだという[12]。尋常な運営においては、それでよいであろう。しかし問題は、召集日に議長・副議長の選挙が行えないという異常事態での運営にある。

旧議会においては、議会活動は召集、成立、開会という三段階を踏んで開始されたが、では、会期はいつ決定されていたのか。常会については旧憲法四三条に三箇月と明記されていたが、臨時会と特別会の場合は、召集と同時に勅命によって示されていた。すなわち、臨時会の会期は召集詔書の中に期間が書き込まれており、特別会の場合は召集詔書と同日に発せられた別の詔書で指示されていた。つまり帝国議会にあっては、確定された会期を前提に、貴衆両院は成立手続をとり、活動を開始したのである。これを言い換えれば、会期の確定なくして議会の開会はあり得なかったのであり、その意味で、会期決定もまた議会活動の開始要件の一つであった。

新憲法によって国会の制度には様々な改革が施されたが、活動の時間的枠組みを意味する会期制度は維持された。このため各議院の組織・構成とともに、会期もまた「その権限の行使の基盤となるもの」との認識は変らなかった。会期の決定権が政府にはなく、国会が自らそれを行使するものとして獲得したという点は大きな変化ではあったが、手続的には、詔書の発布から両議院における議決へと移行したものであり、衆議院では、それが国会の活動を開始する際の基本的な要件の一つであるという点では、旧議会時代と変るものではないと考えた。特別会の召集日に正副議長の選挙が行えない場合、会期について各派の合意がなされているならば、その要件だけでも整えておくことが緊要であり、事務総長がその議事を主宰することは国会法七条の規定に照らしても許される、との衆議院の判断は、以上のような旧議会以来の会期認識に根差している。

これに対して参議院では、右のような旧来の会期認識は重視せず、却って議院成立手続の存続を必要視した。発足当初の参議院規則の第一章は「議院の成立及び役員の選挙」とされ、その第一八条には議院成立の宣告と、これを衆議院及び内閣に通知するための規定が設けられていた(この規定は昭和三〇年の改正で削除された)。衆議院では同様の規定を規則に設けなかったが、これは、新制度では召集日当日から国会活動が開始できるようになり、従来のような政府への議院成立の通知等が不要になったからであり、必ずしも成立手続に規定されていた諸要件を軽視したわけではない。いや、むしろ、成立の概念に代るものとして、議院が正常な活動を行うためには優先的に処理・決定しなければならない案件を洗い直し、これらを「議院の構成に関するもの」として列挙し、先例上、議事日程では上位に掲載することを明確にした。その際、「会期の件及び会期延長の件」をその中に加えている(13)。

通常、会期は衆参両院に共通するものとして、国会活動の基本をなすものとは認識されても、これを一院の構成要件と見なすことには違和感があろう。しかし、前記のように会期もまた議院活動の前提となる要件であり、「議院の構成」というときに、それを役員の選挙等と切り離して別種のもののように扱うのは適当でないと、衆議院では判断したものである。

この点、参議院の判断は違っていた。参議院でも議事日程上に優先して扱う案件として「議院の構成に関するもの」を先例録に列記しているが、最初から「会期に関するもの」は別項とした[14]。これは用語の一般的な定義に従って、会期は国会活動の基本的要素ではあっても、一院の構成要件とはいえないという点にこだわったのかも知れないが、先に参議院規則に規定した成立手続の内容を、単純に「議院の構成」として先例録に転記したかのようにも見える。

いずれにせよ参議院では、議事の優先順位としては飽くまでも役員等の人的構成を第一とし、会期はそれに次ぐものと考え、そのために召集日に会期決定が行えなくてもやむを得ないとの原則に立っている。但し、その参議院にも次のような事例がある。

昭和四〇年の第七回通常選挙直後の第四九回(臨時)国会において、参議院は、任期満了のため欠員となっていた副議長の選挙を行う前に、非改選議員として在任していた議長によって、召集日に会期二一日間を議決している。このときは副議長の座をめぐって与野党間の対立が続き、また与党内の議長人事の調整も遅れ、召集日から九日目に至って、漸く先例通りの議長の辞職許可と、正副議長の選挙が行われた[15]。このように参議院においても、選挙後の臨時国会の冒頭で、新たな院の構成を整える前に会期を議決した例を残しているのであり、正副議長の選挙が行えないという異常事態の下では、こうした措置がとられても不思議ではないのである。

六　決裁権行使の可否

批判の第三点は、議院の会議において事務総長が議長の職務を代行するのは、正副議長及び仮議長の選挙に限るべきで、会期決定のような一般の議事に当たる会議を主宰するのは、代行権の範囲を超えているのではないかという問題である。通常、会議の運営において選挙と議事とは区別されており、例えば投票による意思決定の場合、選挙の際は議場を閉鎖せず、また得票数が同じときは、くじで当選人又は決選投票を行うべき二人を決めることになっているのに対し、議事の際には議場を閉鎖し、可否同数のときは議長が決裁権を行使する等の相違がある。論者は、事務総長がこの決裁権を行使する立場に立つことに疑問を呈している(16)。

しかし、実際の運営を子細に見ると、選挙と議事とはそれ程厳密に区別できるものではない。選挙手続の中にも、議事は存在する。参議院規則一〇条には「選挙について疑義が生じたときは、事務総長は議院に諮りこれを決する」と定めてある。選挙についての疑義とは、例えば被選人の氏名の一部が誤記されていたり、氏名以外の文字が記入されていたときに、これを有効票と見るか無効票と見るか意見が分かれる場合や、選挙中に生じた手続上の疑問等を指す。衆議院規則一一条も同様に「すべて選挙に関する疑義は、議院がこれを決する」と規定しており、事務総長が主宰する選挙においてこの規定が適用された例は、衆議院では珍しくない(17)。その場合、決定が投票に持ち込まれて可否同数のときは、憲法第五六条第二項によって決裁せねばならないことはいうまでもない。そのほかにも一旦会議が始まれば、日程延期の動議や休憩・散会の動議が提出されることは大いにあり得るのであり、それらが投票に付され、可否同数になる場合も、理論的には起こり得る。先に紹介したように、参議院では第八回国会の冒頭で事務総長が議長辞職の件の議事を主宰し、以後同様の例を重ねている。この場合も、辞職を許可すべきか否かが投票で争われて可否同数となれば、事務総長が決裁権を行使する立場に立つのである。このように、事務総長といえども議院の会議において議長の職務を代行するからには、場合によって決裁権を行使することもあり得るのであり、それが一切許されないとすれば、選挙の主宰さえも十全には果たせないことになる。

但し、現実に事務総長が会期決定の議事を主宰したのは、これまでにも述べて来たように、会期について各派間の合意がなされている場合であり、かつ、事務総長がその議事を行うことについても、各派の了承が得られている場合に限られている。憲法四三条によって、両議院は全国を代表する選挙された議員によって組織されているのであり、従って議院の意思を決定する主体は飽くまでも議員であり、非議員である事務総長には基本的にその権限はない。そのため、あらかじめ決裁権の行使が予測されるような、言い換えれば、相当数の反対者が見込まれるような議事を、事務総長が独自の意思で主宰するというようなことは、あり得るわけがない。たゞ上述のように予想し得ない突発的な事態、例えば選挙における有効・無効の争いや、緊急の動議などの採決で、可否同数となる場合が絶無とはいえない。その場合、衆議院では、議長の決裁権は消極に決するのを例としている[18]ので、事務総長は自己の主観によることなく、消極に決することになろう。

繰り返すようであるが、衆議院の事務総長が特別会の召集日に会期決定の議事を主宰したのは、飽くまでも正副議長の選挙が行えない状態のまま召集日を終るときは、翌日以降が会期中であるのか否か、重大な疑義が生ずると考えられたからである。そこで会期の決定に時間的余裕を持たせる意味で、例えば「臨時会及び特別会の会期は、召集日から三日以内にこれを決定しなければならない」というような規定を、国会法に設けることが検討されてもよいように思える。こうした規定があれば、召集日に正副議長の選挙が行えなくても、会期決定を急ぐ必要はなくなる。召集日から三日間は会期中であり、その期間内に正副議長の選挙を行い、新議長により会期決定の議事が行われればよいわけであり、運営に少なからぬ余裕が生まれる。

しかし、政治の世界には対立が付きものであり、右のような規定が設けられた後も、正副議長の選挙が三日以内に実施できない事態が起こるかも知れない(上記のように第四九回国会の参議院では、正副議長の選挙は召集日から九日目に行われた)。その場合、会期についても何らの決定がなされないときは、四日目以降は閉会となり、その国会の召集は無為に終る。そうした事態に立ち至った際には、三日目に事務総長が議事を主宰して会期を決定するのも、やむを得ないのではないか。この場合も、一日毎に会期を確認して行く方法がないわけではないが、それでは三日以内に会期を決定することとした規定の趣旨に合わず、やはりその段階では事務総長が処理するしかあるまい。この論理が認められるならば、右のような規定が国会法に設けられていない現在、特別会の召集日に事務総長が会期決定の議事を主宰した衆議院の先例は、肯定されて然るべきであろう。

七　議院の役員であることの意義

鈴木氏の遺稿では、正副議長の選挙や仮議長の選挙のほかに、事務総長が議長の職務を代行する主なる場合として、次のようなものが挙げられている。

イ　国会の休会中、正副議長がともに欠けた場合に、休会を解いて会議を開くため他院の議長と協議すること（国会法一五条）

ロ　閉会中、正副議長がともに欠けた場合に、役員の辞任を許可すること（国会法三〇条）

ハ　閉会中、正副議長がともに欠けた場合に、議員の辞任を許可すること（国会法一〇七条）

ニ　閉会中、正副議長がともに欠けた場合又はともに故障がある場合に、議員の派遣を決定、承認したり、公聴会の開会を承認したりすること

ホ　正副議長がともに欠けているとき、又は総選挙後、国会の召集日前に、議員に欠員が生じたときは内閣総理大臣に通知すること（国会法一一〇条）

ヘ　正副議長がともに欠けているとき、補欠選挙で当選した議員の委員の指名をすること（衆議院規則四〇条、参議院規則三〇条）

ト　正副議長がともに欠けているとき、議院警察権を行使し、警察官の派出を要求すること（国会法一一四条、一一五条）

これらの中には、ホやトのように、旧議会時代にも書記官長によって執行されていたと見られるものもある。しかし、その他の事項は、現行憲法によって国会の権限が強化され、各議院の自律的な活動範囲が広がり、閉会中も委員会審査が行われるようになったこと等から、万一、正副議長がともに欠けたような場合には事務総長が措置しなければならない事項として、新たに付け加えられたものということができる。

各議院の事務総長の基本的な職務は、議長の監督の下に、議院の事務を統理し（国会法二八条一項）、参事その他の職員を議長の同意及び議院運営委員会の承認を得て任免すること（国会法二七条二項）にある。この点では旧議会時代の書記官長と表面的には大差ない。だが国会が国権の最高機関となり、国の唯一の立法機関となったことに伴い、両院の事務局もまた政府の管理下から離脱し、旧議会時代とは比較にならぬほど広範囲な業務を担当・処理することになった。こうした点が考慮されて、新制度では各議院が事務総長を国会議員以外の者から選挙によって選び、議院の役員に加えることにした。

このように、事務総長は議院の職員であると同時に役員でもあるという特殊な地位に立ち、旧時代の書記官長とは大きく立場を変えたが、これは右のような重い職責に加え、一党一派に偏せず、政権からの影響も排して、公正中立に議院の運営に当たることを期待されているからでもある。

しかし事務総長を議院の役員としたことについては、国会法の制定過程でも一部の議員から異論が出[19]、また国会発足後も、例えば憲法学者の故黒田覚教授等から、これを不適当とする意見が述べられて来た[20]。黒田教授は特に事務総長による議長職務の代行を取り上げ、「召集日に議長副議長がいないときは、最年長議員に議長職務を代行せしめる『年長者議長』の方法をとった方が、議院の自主的運営という点からいえば、もっと合理的である。議長副議長の欠けたときの選挙や仮議長の選挙についても『年長者議長』の方法による方がよい。議院の自主的運営とは、議員による議院の運営であるから、たとえ議院から選挙された者であるにしても議員でないところの事務総長に議長職務を代行せしめることは適当でない」と主張している[21]。だが、こうした説は、右に述べたような書記官長から事務総長への変化が、旧議会から新国会へと権限が拡大され、各議院の自律的活動が強化されたことに対応したものである点を見落し、現行制度下の事務総長を、政府から任命されていた旧議会時代の書記官長と殆ど同一視している結果のように思える。

議長職務の代行を最年長議員に委ねる方法は、前記の第六〇回帝国議会における衆議院の事例の中でも述べたように、旧議会では仮議長の選挙に際して全院委員長が不在の場合にのみ採用されていたが、その実例は極めて少く、新国会への移行の際にこの制度が廃止されたのは、自然な推移であった。現在の国会で年長者が起用されるのは、各議院が会期毎に設置する特別委員会において、最初に特別委員長を互選するまでの間、年長委員が委員長の職務を代行する場合（衆議院規則一〇一条四項、参議院規則八〇条二項）等であるが[22]、それは委員会段階に限られている。

鈴木氏も遺稿の中で黒田教授の説に反論して、最年長者が議員の経歴が古いという意味なら意義があろうが、単に年齢が多いというだけでは余り意義がなく、当選一回の者の中にも最年長者がいないとは限らない。国会は先例を重んずるところであるから、議長の職務を代行する者が法規・典例に明るいことが議院の権威を保ち、運営を円滑ならしむる所以である。議員であっても議院全体の意思を尊重しなければ、それは自主的運営の真の趣旨から遥かに遠いものになる。むしろ事務総長であればこそ、公平無私、一党一派の意思に偏重することなく議院全体の円滑なる運営ができるのではなかろうか、と記している。その通りであろう。

以上のような理由から、事務総長を議院の役員としたことには、十分な必然性があったと見るべきである。また、議長職務の代行に際しては、事務総長が良識を欠いて単独にその権限を行使することはあり得ないのであり、その場合は必ず各党派の協議会を設けるか、あるいは各党に相談して事を決している。従って、これについての心配は杞憂に過ぎないのである。

(1) 佐藤達夫「会期制・点描」(ジュリスト一七〇号)二三頁
(2) 衆議院先例集(平成六年版)二頁
(3) 第一回国会では、本文中に述べたとおり日程延期と翌日の開会時刻を動議によって決定しているが、第一二七回国会の場合は、出席者の意思を諮うことなく、それを議長宣告で行っている。この措置は会期決定に代るものであるから、議長の一方的な宣告ではなく院議の形をとることが望ましく、やはり第一回国会の例に倣うべきであろう。
(4) 佐藤吉弘『註解参議院規則(新版)』三六、三七頁
(5) 国立国会図書館憲政資料室・鈴木隆夫関係文書一五二―四、五「その後(第二一回国会昭和三〇年以降)における国会法の改正の要点について」
(6) 参議院先例録(平成一〇年版)六六頁
(7) 第七回国会(閉会中)参議院議院運営委員会(継続)会議録第三号六～七頁
(8) 第二九回国会参議院議院運営委員会会議録第一号二頁、同第二号一～二頁
(9) 参議院法制局第二部第三課長「特別国会と議院の構成」(時の法令二八五号)三一～五頁、黒

田覚「議院規則・先例の問題点」（ジュリスト一七〇号）二九頁、松沢浩一『議会法』三一三～七頁

(10) 参議院では先例録に「会期及び会期の延長は、日数をもって議決する」と明記している（平成一〇年版）二二頁

(11) 参議院法制局第二部第三課長・前掲論文三三頁

(12) 松沢浩一・前掲書三一四～六頁

(13) 国会になって最初の衆議院先例集は昭和三〇年版であるが、その一三九頁には、「議事日程の記載は、おおむね次の順序によるのを例とする。

一　議院の構成に関するもの

1　議長、副議長の選挙

2　議席の指定

3　会期の件及び会期延長の件

4　常任委員長の選挙及びその辞任

5　事務総長の選挙

6　特別委員会の設置

（以下略）」

とある。その後の先例集（最新版は平成六年版、二一五頁）においても、右の1から3までの順序に変更はない。

(14) 自第一回国会・至第一二回国会参議院先例録一〇二頁。この取扱いは、その後の先例録でも同様である。

(15) 参議院先例録（平成一〇年版）四八頁

(16) 参議院法制局第二部第三課長・前掲論文三四頁

(17) 衆議院先例集（昭和三八年版）四三～四六頁

(18) 衆議院先例集(平成六年版)三六一頁
(19) 第九一回帝国議会衆議院国会法案委員会議録(第一回)一〇～一二頁、同(第二回)三〇～一頁
(20) 黒田覚『国会法』八一～二頁、憲法調査会第二三回総会議事録(昭和三三、一二、一七)一二～三頁の小沢佐重喜委員の発言
(21) 黒田覚・前掲論文(ジュリスト一七〇号)二九頁
(22) 特別委員長のほか、参議院の調査会長、両院協議会が設けられた場合の各議院の議長、各議院の政治倫理審査会長等の互選の際に、年長者が起用される。

一四　昭和の議会を支えた蔭の功労者
——鈴木隆夫・元事務総長のこと

〈一〉

衆議院事務局に在職中、友人知人の誰彼から、国会の事務職員は日頃どういう仕事をしているのか、と訊かれることが度々あった。

衆参両議院は、全国から選出された国会議員が、国政について意見を戦わせ、国の施策の基本である法律を定めることを第一義とする会議組織である。両院の事務局は、それぞれの法制局と並んで議員の活動を補佐するための機関であり、特に事務局は会議の適正で円滑な運営を主たる業務として担当している。当然のことながら会議の主役は議員たちであり、それを補佐する事務職員は、しばしば「国会の裏方」と称される。裏方の仕事は、どこの世界でも外からは見えにくく、判りにくい。それ故、君たちはそこでどんな仕事をしているのかと訊かれるのも、無理からぬものがあると私は受け止めて来た。

国会の制度、運営の基本は、憲法に定められており、これを受けて国会法や公職選挙法、各議院の議院規則その他の関連法規がある。事務局ではこれらの諸法規と、積み重ねられて来た先例を駆使して、本会議や委員会の運営に当たる。会議の主役は議員たちだが、しかし彼らは法規や先例のすべてに通じているわけはなく、またそれらに常に忠実であるとも限らない。政党や議員たちの目的は、政治活動を通して政権を獲得することにあり、そのためには時々の党利党略によって従来の法解釈を歪曲したり、先例を無視したりすることがよくある。そうした場合に、事務局は中立公正な立場で適正な運営の指針を示し、制度の運用に誤りのないことを心掛けなければならない。

この意味で、事務局は裏方と見られていても、実は憲法に定められた国会制度の真の護り手であるとも言える。議会制民主主義の理念に基づいて定められた諸法規を正しく解釈し、その理念から逸脱しないように運用する、という点で、事務局の果すべき役割は極めて大きい。ただこう書いても、それでその仕事とは具体的にはどんなものなのか、と重ねて訊き返す人もいるかと思う。そこでこの機会に、衆議院事務局に二九年間在籍し、その間に傑出した仕事ぶりを示した一人の先輩の足跡を紹介することにしたい。その人のことを語れば、それがそのまま国会議員の職務の神髄を説明することになる、と私には思えるからだ。その先輩とは、戦後の衆議院で二代目の事務総長を勤めた鈴木隆夫さんのことである。

私は昭和二五年（一九五〇）に衆議院事務局に入り、いきなり委員部長室に配置された。当時の部長が鈴木さんであり、以後、昭和三五年（一九六〇）に鈴木さんが退職するまでの一〇年間、私は先任の宇野平生氏とともに秘書の役を勤めた。鈴木さんはその後昭和三六年春から四年にわたって国立国会図書館長の重責を果した後、請われて味の素株式会社の経営陣に加わった。昭和五五年（一九八〇）二月、同社の要職に在るまま急病で他界されたが、あとに少なからぬ量の原稿等の文書が残されていた。大半が衆議院時代のものであるそれらの文書は、御遺族の手で国立国会図書館の憲政資料室に寄贈され、現在「鈴木隆夫関係文書」として一般研究者の閲覧・利用に供されている。

以下の記述は、鈴木さんの身近な部下として勤務した私自身の見聞と、それらの遺された文書資料に基づくものである。

〈二〉

鈴木隆夫さんは、明治三七年（一九〇四）二月、宮城県伊具郡角田町の医師の家に生れた。その後、一家の移転に従い、福島県伊達郡桑折町で幼年期を過ごす。長じて出生地に近い宮城県立白石中学校に学び、弘前高等学校を経て東北帝国大学法文学部に進んだ。在学中に高等文官試験の司法科（昭和四年・一九二九）と行政科（昭和五年・一九三〇）の両方にパスし、特に行政科ではトップの成績で合格したと伝えられている。

昭和六年（一九三一）、東北帝大卒業と同時に内務省に就職し、警視庁に配属された。当時、鈴木さんの官吏としての将来に大きな期待を寄せていた御両親は、警視庁の巡査からのスタートと聞いて落胆の色を見せられたというが、御当人は頓着なく、役人は与えられた職務に精励すればおのずから道は開けるものと、意に介さなかった。だが、この人事が、思いがけなく鈴木さんと帝国議会とを結びつける契機になる。

昭和四年に始まった世界大恐慌の波は忽ち日本にも及び、昭和恐慌となって社会を不安と混乱に陥れていた。当時の議会では民政党と政友会の政権争いが激しく、この年（昭和六年・一九三一）の二月には、衆議院予算委員会で幣原外相の答弁をめぐって両党が激突し、一週間もの間、院内で乱闘、流血が繰り返されるという事態を招き、世論の厳しい批判を浴びた。国民の間には議会不信、政党不信が広がり、これに乗じて一部の軍人たちが三月事件、一〇月事件といったクーデター未遂事件を起し、九月には満州事変も勃発している。

こうした騒然たる世情の中で、陳情団の増加や右翼の襲撃などを懸念した衆議院事務局では、緊急に警備体制の強化を図った。守衛（現在の衛視）の人員増はもとよりであるが、彼らの質の向上も欠かせないと考え、それまでは書記官である課長を除いて、いわゆる叩き上げの経験者で占めていた警務課の幹部に、法規に明るい少壮官僚を充てて守衛の教育に当たらせることにした。そこで、同じ警察職に籍を置いていた鈴木さんに白羽の矢が立ち、鈴木さんは同年一二月、半年足らずの巡査生活を切り上げ、衆議院の守衛副長に迎えられた。

旧憲法下の帝国議会は、通常議会の会期が僅か三ヶ月であり、臨時議会は滅多に開かれず、開かれても数日で終わるのが常態であった。このため、警備に当たる守衛の大半は臨時雇用者であり、議会が召集される度に近郊の農村から徴募された。当然、法知識は薄い。彼らに憲法を説き、議会政治の意義を伝え、短期間に議院警察の業務の基本と心構えを教え込むのが、鈴木さんに与えられた仕事であった。

高文合格者が守衛副長に就けられるのは全くの異例で、その後も事例はなくこの時限りに終わっているが、鈴木さんは非常な熱意を持って職務に取り組んだ。学究肌の鈴木さんは着任早々から内外の文献を渉猟し、三年後には「議院警察論」(「鈴木隆夫関係文書」一一四)と題する長文の試論を書き上げるという勉強ぶりである。会期ごとに繰り返された鈴木さんの講義は、今日の衛視教育につながる知的、精神的指導方法の基礎を、この時期に確立したと言えると思う。

〈三〉

守衛副長になって五年目の昭和一一年(一九三六)二月、首都を震撼させる大事件が発生した。二・二六事件である。当時の仮議事堂は内幸町(現在の経済産業省の辺り)にあり、叛乱部隊が占拠した首相官邸や建築中の現在の議事堂とは離れていたため、直接の襲撃は受けなかったが、事件発生の翌二七日の午後二時頃、三人の軍人が突然衆議院の正面玄関に現れ、責任者との面会を要求した。時が時だけに守衛たちが顔を見合わせて躊躇していると、リーダー格の将校はいきなり軍刀を抜いて振り上げ「早くしろ」と怒鳴った。仰天した守衛の一人が、警務課の幹部室に注進する。居合わせた鈴木副長が玄関に出てみると、殺気立った将校が抜身を右手にして立ち、他の二人もこちらを睨みつけている。鈴木さんはすぐさま自分の名を名乗り、冷静な口調で次のように言った。

「この議事堂には天皇陛下が行幸された折に使われる玉座がある。玉座のある建物で軍人であるあなた方が抜刀するというのは穏やかでない。まず、その刀を鞘に納めなさい。」「玉座」と聞いて軍人たちは動揺した。彼らは日頃から天皇に忠誠を尽くすのを最大の本分と叩き込まれており、一般国民以上に天皇尊崇の念が強い。自分たちの行為が玉座を汚すことになりかねないと知って、急いで将校は刀を鞘に入れた。鈴木さんは続けて自分の名刺を出し、「あなたの名刺をいただきたい」と言う。リーダー格が「名刺は持っていない」と言うと、鈴木さんは更に一枚自分の名刺を出し、ペンを渡してその裏に姓名を書かせた。見ると「陸軍歩兵大尉　山口一太郎」とある。

山口一太郎大尉は、事件後軍法会議にかけられて無期禁固の判決を受けた人物である。彼は叛乱軍の同志の一人で第一歩兵聯隊に所属し、二六日の早暁は週番司令として部隊の出動を黙認する役割を演じた。襲撃には直接参加しなかったものの、当時の侍従武官長本庄繁大将の女婿である立場を利用し、事件発生後は陸軍の首脳たちの間を奔走して、叛乱部隊を擁護して廻っている。衆議院に来たのは、議事堂を叛乱軍側の休憩所に確保する考えからであった。

用件を聞いた鈴木さんは、彼らを待たせて幹部室に戻り、その日の早暁に設置されたばかりの戒厳司令部に電話をかけ、事情を説明して判断を求めた。電話口に出た軍人は困惑した口調で「この際、事を荒立てないように、彼らの言うことを聞いてやってほしい」と言う。鈴木さんが「しかし、議事堂は玉座のある建物だ。それでも貸してやれと言うのか」と返すと、「ともかく彼らを刺激しないでくれ」との一点張りである。「あなたの名前を聞きたい」と言うと、「名前は言えない。陸軍の一参謀だ」との逃げ腰の返事に、鈴木さんは怒りを覚えながら電話を切った。

この間、四、五分の時間はかかったかと思われるが、玄関の将校たちは鈴木さんの毅然とした態度に気圧されたかのように、無言で待っていた。これからあとの経緯は、当日不在の書記官長に代って彼らに面会した大木操主席書記官（後の書記官長）の回顧録『激動の衆議院秘話』（昭和五五・第一法規出版、一八七頁以下）に記述がある。山口大尉は約七〇〇名の部隊の宿泊と、それに伴う食事の用意を要求したという。乱暴な申し出に呆れながら、大木氏が事務局の一存では確答出来ないと告げると、彼らは夕刻にまた来ると言って去り、その後は現れなかった(彼らは翌日、今度は貴族院に現れて同様の要求をしたと、近藤英明著『国会のゆくえ』に記されている)。

大木氏の著述には、山口大尉が最初に抜刀して威嚇したことや、鈴木さんがそれを制して彼らを軟化させた事実は書かれていない。しかし、この出来事はそれを直接目撃した警務課員の証言で忽ち院内に広がり、白刃の前に平然と対峙した鈴木さんの豪胆ぶりは、その後も長く語り草になった。

二月二七日は、奇しくも鈴木さんの誕生日であった。この日、三二歳を迎えた鈴木さんが、凶暴な軍人たちを「玉座」の一言で鎮静化したのは、咄嗟の機転だったと言えるかも知れない。しかし、私はそれだけではないと思う。守衛副長に就いて四年三ヶ月の間、議事堂警備の日々を重ねるにつれて、鈴木さんの中には議事堂を守ることは議会を守ることであり、それは立憲国家の根幹を守ることになるという信念が、確固として育まれて来ていた。警備の仕事は日常的には議事堂という建物と、そこに出入りする人たちを対象にしているが、実は、議会の運営全般と議会制度そのものを身体を張って守護することにほかならないという思いが、そこで働く誇りとともに鈴木さんには備わっていたのだと思う。議事堂を不法、不当に侵害しようとする者は、いかなる場合にも断固排撃しなければならないという覚悟を、鈴木さんは既に持っていた。それが軍人たちに伝わり、彼らを沈黙させたのである。そして、鈴木さんはその後の在職中も一貫してこの姿勢を維持し続けた。

〈四〉

これより先、昭和七年(一九三二)に起きた五・一五事件で犬養首相が暗殺されたあと、それまで八年にわたって続いて来た政党内閣の慣行が打ち切られた。それを議会政治の危機ととらえた各政党は、議会の信頼回復のため急遽衆議院に議会振粛各派委員会を設け、改革要綱を作成した。この議会振粛要綱の立案には、出向して来て日の浅い鈴木さんは関与出来なかったと思われる。しかし当時の田口弼一書記官長は、幹部候補の鈴木さんを早くから守衛副長の立場のまま法規問題を検討する書記官会議には陪席させて、勉強する機会を与えていた。そうした処遇に応えるように、鈴木さんは議会改革にも独自の考察を試み、二・二六事件から五ヶ月後の昭和一一年七月には「議会制度の改革について」(「鈴木文書」一一五)という論考をまとめている。この原稿は、天皇の立法権の下での協賛機関である議会の特質を強調していて、今日から見ると時代的限界を感じさせる面はあるが、議会振粛要綱では触れられていない事務局に一大調査機関を設置する必要性や、大政党中心の運営により小会派議員の発言機会が圧迫されていることへの批判なども記述されていて、当時の鈴木さんの問題意識の鋭さが窺えるものになっている。

昭和一二年(一九三七)六月、鈴木さんは晴れて書記官に昇進し、まず速記課長に、続いて秘書課長に任ぜられる。この時期、田口書記官長は、それまでの帝国議会が専ら欧米の議会文献に頼って議事運営を行ってきたことに飽き足らず、わが国独自の議会理論を確立すべきだと考え、そのための著述を構想していた。その協力者として、他の先任書記官たちを差し置いて鈴木さんが選ばれた。この著書『委員会制度の研究』は、田口書記官長退職後の昭和一四年(一九三九)に完成し、その上梓は当時の新聞にも報道され、わが国の議会史に特筆すべき功績とまで高評されているが、草稿のかなりの部分を鈴木さんは執筆し、田口氏の期待に応えた。この経験が、理論家としての鈴木さんを更に磨き上げ、議会職員としての自信を深めさせたことは疑いない。

二・二六事件以後、軍部は次第に独裁的傾向を強め、議会・政党に対して抑圧的姿勢をとるようになる。これに対し、衆議院では斎藤隆夫の粛軍演説(第六九回議会)や、浜田国松の腹切り問答(第七〇回議会)に見られるような軍部批判の声も挙るが、時代の波は忽ちそれらを呑み込んで、昭和一五年(一九四〇)には近衛文麿を中心とした新体制運動が起り、全政党の解党、大政翼賛会の結成へと進んで行く。この頃から敗戦までの五年にわたる戦争の期間中は、議会の無力化の時代、暗黒時代とされているが、この時期を事務局の幹部たちはどんな思いで過ごしていたのか。鈴木さんの遺した原稿やメモ類を見ると、その間にも、鈴木さんはいかにして議会の権限を維持するか、衆議院の存在を高からしめるかに心を砕いていた。

昭和一五年暮から翌一六年初頭にかけて執筆されたと見られる「新体制と議会制度」（「鈴木文書」一二四）と題した論考が残っている。これはタイプ刷りで一五〇頁、四〇〇字詰の原稿用紙にすると約一二〇枚に及ぶ長文のものだが、時局の現状を肯定したうえで、なおかつ議会制度を改革し整備して行く方策を論じている。その中には、選挙資格を二五歳から二〇歳に、被選挙権も三〇歳から二五歳に引き下げ、兵役従事者にも投票権を与え、更には女子にも選挙権を認めるべきだとの主張も書かれている。「高度国防国家建設のための国民再組織」という新体制運動のスローガンを逆手にとって、広く参政権を認めさせ、議会制度の意義を国民の間に普及浸透させようとの意図が見られる。特に婦人参政権は、この時代に民間の運動家から要望されることはあっても、官側の内部でそれを提唱した者はいなかったのではないか。周知のように、こうした選挙制度改革は昭和二〇年（一九四五）の敗戦後に漸く実施されており、とりわけ婦人参政権はマッカーサーの指示に基づいて実現したものであった。鈴木さんの主張は、それらを先取りしていたと言える。

更に驚くことに、このタイプ刷りの原稿の目次の頁には、赤鉛筆で「近衛公に（朝日、大塚君から）」との書き込みがある。近衛公とは、言うまでもなく時の首相で大政翼賛会総裁の近衛文麿公爵を指す。大政翼賛会には議会局が設けられ、衆議院議員の大部分がそこに所属することになったため、本来の衆議院が有名無実化する虞れが取り沙汰されていた。そうした懸念もあって、鈴木さんは事態の進行を黙視出来ず、議会側から何らかの提案をすべきだと考えてこれを書いたのであろう。この論考を鈴木さんは単なる内部資料としてではなく、一課長の立場を超えて外部に向け発信するつもりで書いている。それに共鳴した朝日新聞の大塚記者が、直接近衛首相に献策することをすすめ、伝達役を買って出てくれたものと思われる。

〈五〉

大政翼賛会の発足以後、議会側からの厳しい軍部批判は急速に影をひそめて行くが、陸軍内部では反議会的気運が根強くくすぶり続けていた。先に昭和一三年（一九三八）の第七三回議会の衆議院国家総動員法案委員会で、陸軍省説明員の佐藤賢了中佐が、委員に向って「黙れ」と暴言を吐く事件が起きた。この佐藤中佐はその後大佐に進級して、昭和一五年には軍務局軍務課長に就任しているが、その在任中のことである。軍務課員の間から、帝国議会の開院式に天皇が臨席して直接勅語を朗読する慣行を廃止させようという動きが出た。

開院式への天皇の行幸は法規に基づくものではないが、帝国議会開設当初からの慣例であり、貴衆両院はその勅語拝承後に活動を開始し、会期も当日から起算されるという点で、法的な効果を伴う重要な行事であった。議会は会期終了の翌日に閉院式も行っていて、この場合は天皇は臨席せず、内閣総理大臣が代って勅語を朗読する形式がとられていた。軍務課員の主張は、閉院式の勅語が総理大臣の代読で済ませているのだから、開院式でも代読でよいではないか、という論法である。天皇と議会との直接関与を廃止し、それにより議会の地位と権威を失墜させようとするもので、当時の軍部の陰湿な意図が見てとれる。

この情報を伝えたのは、議会に好意的な新聞記者ではなかったかと思われるが、衆議院事務局は直ちに反応した。既に軍部に協力的な政治家や官僚が次第に勢力を増して来ており、軍務課の意図が表沙汰になると、火の手がどこまで拡がるかわからない。そこで、陸軍に対する火消し役に鈴木さんが選ばれた。

当時の秘書課は事務局の渉外事務一切を担当していたから、これは鈴木課長にとって当然の役回りとも言えたが、鈴木さんは早速、主だった中佐、少佐級の軍務課員の数名を酒席に招いて意見を交わした。鈴木さんは、王朝時代の天皇がたびたび詔勅の中で君臣一体、民意採納を強調していた故事から説き起こして、明治維新の際の五箇条の御誓文、明治一四年（一八八一）の国会開設の詔勅、更には明治憲法の前文を引いて、法解釈を加えながら天皇と議会との密接な関係を力説した。その上で、立憲国家における議会の存在の意義を、説得というよりは啓蒙的に話したという。もともと軍人たちには確たる理論があるわけではなく、軍の行動を批判する議会や政党に対する単純な反感から言い出したことであり、正面からの議論に勝ち目はない。しかし彼らは、簡単に降参するのも口惜しいので、自分は了解したが同僚の誰某が強硬だと称して、次々に仲間を紹介する。やむなく鈴木さんは軍務課員の大半を相手に説得を続け、遂に鎮火には成功したものの、連日の接待とストレスとで胃を壊すに至った。

戦前、戦中の軍部には様々な面で専横があり、官民各層で軍の干渉に譲歩を強いられた例は無数にあったと思うが、陸軍の中枢部に位置する軍務課の意図に一人で立ち向かい、議論でそれを撤回させたような例は極めて稀ではなかったかと思う。興味深いことに、こうした軍部との接触を重ねながら、鈴木さんは軍人たちと対立関係に陥るのではなく、むしろ彼らの間に議会への理解者を増やしている。その中の何人かとは、敗戦後も交際を続けていた。

昭和一六年（一九四一）一二月八日未明、胃病の療養のため熱海に逗留していた鈴木さんに、書記官長から大至急帰京せよとの電話がかかった。待っていたのは、真珠湾攻撃によって対米英戦争の火蓋が切られた事態を受け、衆議院議長が国民向けに発表する談話文起草の仕事であった。これ以後帝国議会は、戦争目的遂行のため否応なく政府に協力する機関となり、本来の機能を発揮できない暗い時代を過ごすことになる。

〈六〉

昭和一七年（一九四二）四月、東条内閣の手で悪名高い翼賛選挙が行われた。この選挙は本来ならば一年前に行われるはずであったが、当時の第二次近衛内閣が「緊迫した時局下での選挙は、国民の注意を散逸させる」との理由で、任期延長を実施したものである。この任期延長の話が出た際、鈴木さんは猛然と反対論を唱えたことがメモに残されている。

選挙は議会制度の基本であり、任期ごとに民意を問い直すことで議会の正統性が保持される。時の政権の思惑で議員の任期を安易に延長するようなことは、国民の選挙権を不当に制限し、制度の根幹を崩すものである。非常時の時代にこそ堂々と選挙を行って、国家体制の堅固さを示すべきだ、との主張である。鈴木さんは、延長法案に関与していた内務省の官僚と激論を交わした。しかし、第七六回議会の冒頭に政府から提出された「衆議院議員の任期延長に関する法律案」は、貴衆両院でいずれも全会一致で可決され、成立した。審議過程で、将来乱用の恐れはないか、再延長の可能性はどうか等の質疑がなされてはいるものの、選挙を恐れる議員心理が任期延長を歓迎する面もあったのではないかと思われる。鈴木さんのメモは後年に書かれたもので、末尾に「激論を交わしたが容れられなかった。これは今でも残念である」と記してある。「今でも残念」というのは、当時もう少し早く問題視して衆議院内から反論を提起していれば、延長の意図は阻止できたかもしれないとの思いであろう。任期延長がなければ、昭和一六年春には衆議院議員選挙が行われ、当然、翌年の翼賛選挙は存在せず、その後の政治史は違った展開を見せた可能性がある。こうした思いの蔭には、こと議会に関する法律の制定、改廃に関しては、事務局にも発言権があり、その内容を決定付けるのは事務局の理論であるべきだとの鈴木さんの信念が見て取れる。

翼賛選挙は、東条内閣が陸軍と内務省とに命じて、衆議院議員の定員四六六人について適格と思われるものを選定し、これを翼賛政治体制協議会の推薦候補者として立候補させた選挙である。東条首相が議会を意のままに支配することを狙ったもので、政府の激しい選挙干渉の下、推薦候補の八割以上が当選した。この推薦候補者の選定が行われている時期、東京憲兵隊の情報将校である塚本誠中佐が鈴木秘書課長を訪れ、議員候補者の適格性について事務局の意見を訊ねている。塚本中佐は当時の陸軍には珍しく親議会派の人で、かねてから鈴木さんとは親交があった。そこで鈴木さんは早速大木書記官長と相談のうえ、写真・経歴付きの名簿に事務局が尊敬し政治家としての活躍を期待している議員たちに○印をつけて、塚本中佐に渡した。そこには尾崎行雄、鳩山一郎、安藤正純といった反東条の人たちを「大政治家」として推奨してあった。塚本中佐は、鈴木さんの了解を得てこれをそのまま首相官邸に届けた。その際、中佐は「いたずらに現議員を無視して推薦者が選ばれることを恐れたので、大木、鈴木両氏に頼んで作ってもらった資料である」と説明したという。この経緯は、塚本氏の回想録『或る情報将校の記録』（昭和四六・中央公論事業出版、三〇〇頁）に記述されている。結局ここに挙げられた政治家たちは、政府の推薦を受けずに立候補し、いずれも当選したが、当時の事務局幹部も翼賛選挙には反対し、ささやかではあるが東条政権に抵抗の姿勢を示したことを、この逸話は物語っている。

〈七〉

開戦当初の勝利も束の間、昭和一七年(一九四二)六月のミッドウェー海戦での敗北を境に、戦局は次第に悪化して行き、やがて昭和二〇年(一九四五)の敗戦を迎える。昭和四四年(一九六九)に朝日新聞社から刊行された『大木日記、終戦時の帝国議会』は、終戦前後約一年半の衆議院内の動きを、大木書記官長が日を追って克明に記録したもので、当時の政治状況を知る上での貴重な史料となっている。その中に「鈴木書記官」「鈴木秘書課長」「鈴木君」という文字は、他の誰よりも頻繁に出て来る。この時期、鈴木さんは陸海軍をはじめ官界、報道界の知友と連絡をとり、情報を集めては書記官長に報告している。

旧憲法下の帝国議会は、現在の国会に認められているような国政調査権を持たず、そのうえ閉会中の活動も許されていなかったから、限られた会期が終わったあとは、戦局の推移はもとより内政、外交の実情についても、軍や政府から報告や説明を聴く方法がなかった。その欠陥を補うために、鈴木秘書課長は公私の人脈を通して大車輪の活躍をしていた。表向きは、政府から提出される議案を短時日で成立させるための機関と化していた議会・衆議院ではあったが、蔭では軍部内閣の独走を牽制し、戦争の長期化に疲弊した国民の不満、不安を何とか政治に反映させるように、有力議員たちが集まっては様々な企てを画策していた。議長、書記官長を中心としたそうした動きは『大木日記』に詳述されているが、鈴木秘書課長はそこで、いわば衆議院で唯一人の情報将校として奔走していた。

昭和二〇年八月、広島、長崎への原爆投下、ソ連の対日宣戦布告の事態を迎え、遂に聖断による終戦が決定される。開戦の際は、軍事機密保護の必要もあってのことであろうが、内閣から議会への通告はハワイ攻撃決行後にもたらされた。しかし戦争の終結は、交戦国との外交行為にとどまらず国民全体に関わる重大問題であるから、議会を無視して事前通報なしに公表されるようなことがあってはならない。そう考えた鈴木さんは終戦決定が秒読みとなった段階で、偶々来院した岡田忠彦厚生大臣にこのことを話した。岡田厚相は前の衆議院議長で、鈴木秘書課長を大変信頼しており、その場で鈴木貫太郎首相への進言を約束してくれた。首相もこれを諒として、八月一〇日に島田俊雄議長を招き、ポツダム宣言受諾の方針を直接伝えている(『大木日記』三三七頁)。

八月一五日正午の天皇の玉音放送を、衆議院では正副議長、書記官長以下在庁の職員全員が予算委員室に集合して聴いた。終わるや否や、鈴木秘書課長は島田議長を促して、予め正面玄関に待機させていた乗用車に乗せ、皇居に向った。有史以来の敗戦を決断した天皇に対し、真先に伺候するのが国民の代表である衆議院議長のなすべき勤めだと考えたからである。

幸いに先行者はいず、終戦の日の午後、皇居で最初に天機奉伺の記帳をしたのは島田衆議院議長であった。

終戦決定の連絡といい、皇居での記帳といい、これらは些末な手続の問題だと人は見るかも知れないが、私は当時の鈴木さんの行動から二つのことを痛感する。一つは、敗戦という未曾有の事態に遭遇して、軍官民のすべてが悲嘆慟哭か茫然自失か、いずれにせよ大混乱に陥っているときに、鈴木さんは冷静さを失わず、進言すべきことを進言して衆議院の体面を保ち、権威を守ることに腐心していた。その平常心には、敗戦時の混乱を記憶する一人として強い感銘を受ける。二つには、旧憲法の下で政府よりは一段低く見られていた議会の、それも貴族院に比べ事実上は劣位にあった当時の衆議院の存在を、あたかも新憲法によって国権の最高機関となった国会の第一院であるのと同様に認識して、行動している点である。当時から鈴木さんには、衆議院の正当な地位と、そのあるべき姿とが、時代の通念を超えて良く見えていた、と言うことが出来ると思う。

〈八〉

『大木日記』には、終戦の日から僅か五日後の八月二〇日の日付で、次のような記事がある。「鈴木君の話。マッカーサーが日本の為非常に尽力、グルーも然り。二二日に使節帰る。月末に進駐。」(三四一頁)

これは、鈴木秘書課長が陸軍省か外務省に連絡し、マニラで行われた降伏交渉の経緯を聞きとり、早速書記官長に報告したものであろう。ここで、マッカーサーが敗戦国日本に苛酷な姿勢で臨むつもりのないことが伝えられ、衆議院内にはひとまず安堵の空気が流れる。

ポツダム宣言には、日本の非軍事化と民主主義の復活強化が明記されていたから、それを受諾した以上、長年にわたって議会に対し抑圧的だった軍部と国家主義的政府は解体され、民意重視の統治機構が生まれて、その中心に議会が位置することになるのは確実と見られた。特に衆議院は民主主義を直接体現する機関であるから、権限が拡大されることは疑いなく、その意味で衆議院事務局では敗戦による不安の中にも前途に希望を見出していた。

敗戦後の最初の議会は、東久邇内閣により九月一日に召集され、同月四日から二日間、貴衆両院で終戦の経緯の報告と承詔必謹決議が行われて終わる。鈴木さんはその直後に早速「議会制度改革論攷」(「鈴木文書」一三一)を書き始めている。この時期、憲法改正はまだ必須のものとは考えられていず、従って鈴木さんの立論も旧憲法体制を前提にしているが、従来の改革論に比べ、より根本的、本質的問題を論じており、新時代に向けての鈴木さんの改革意欲の高まりを感ずることが出来る。

一〇月半ば、大木書記官長の退職に伴う人事で、鈴木さんは委員課長になる。同じ頃、GHQ(連合国軍総司令部)からの指示を受けた幣原内閣によって憲法問題調査委員会が新設され、貴衆両院の書記官長もその委員の中に加えられた。このため、同委員会の討議では最初から鈴木さんをはじめとする衆議院事務局幹部の改革意見が、検討材料の一つとして提示されたものと思われる。

昭和二一年（一九四六）の憲法改正案の成立に続く国会法規の整備に、鈴木さんは大池眞書記官長、西沢哲四郎議事課長と共に力を発揮する。昭和二二年五月の新国会発足に伴う改組で書記官長が事務総長に変り、委員課も委員部に拡大され、鈴木さんはそのまま部長にとどまる。これから昭和三五年（一九六〇）の安保騒動で鈴木さんが衆議院を退職するまでの一〇数年間は、日本の議会史上空前の嵐の時代であり、国会が開かれる度に「暁の国会」「乱闘国会」という表現が新聞紙上を賑わせた。会議は法規に定められた手続に従って進められなければならないが、政府案の成立を急ぐ与党と、これを阻止しようとする野党が、秘術と体力と時には腕力まで駆使して激突するのであるから、中立公正に議事を捌く事務局も容易ではない。しかし、鈴木さんの法規・先例を熟知した上での確信的な対応は、事態の正常化に常に有効に作用した。

憲法改正によって国会制度は組織・運営の両面で大きく改変された。国会が広く国民から支持され、その信頼を保ち続けて行くためには、制度の内容と運用の実際とを、充分に国民に理解してもらう必要がある。そう考えた鈴木さんは、激務の間にも新国会紹介の執筆活動に努め、「国会法解説」「国会法の三大特色」等の論文を雑誌に発表している。更に昭和二六年（一九五一）には、現在でも戦後の議会文献としては最重要視されている『国会運営の理論』の著述にとりかかる。

旧憲法下の貴衆両院が本会議中心に運営されていたのに対し、新国会の衆参両院は委員会中心の運営形態に改められた。先に田口弼一氏の著述『委員会制度の研究』によって、旧議会時代の委員会については一定の理論化がなされていたが、委員会中心主義の下での国会運営に関しては、新たな法理の形成が必要であった。鈴木さんは先の田口氏の著述に協力した経験を踏まえて、拡大強化された国会の権限、機能を詳細に論じ、これを理論的に体系化して昭和二八年（一九五三）にこの著書を刊行した。衆参両院の議事運営担当者は、現在でもこの書を実務の参考に利用しているが、しかし、鈴木さんがこれを書いた第一の狙いは議会知識の普及であり、一般国民の中への議会理論の浸透であった。そのことは、同書の「まえがき」の中で鈴木さん自身が述べている「国会に対する正しい知識を欠くがために、国会の運営を正しく批判できずに、国会無視の風潮が、もし抬頭するが如きことあって、再び国家の進運や国民の幸福を阻害することがあってはそれこそ一大事である」という言葉に現れている。

戦前、戦中の軍や政府による議会軽視の時代を体験した鈴木さんにとって、国会が軽視、無視されるような時代の再来は、何としてでも防がなければならない最大の関心事であった。そのためには、一般国民に国会のことをよく知ってもらう必要がある。自分の著述はそのためのものであり、同様の研究書が更に多数刊行されて、国会についての正しい知識が広まり、この制度が揺るぎないものとして国民の中に根を張り、支持されて行くことが望ましい。そう考えて、鈴木さんはこの著書を書いた。

亡くなる数年前の鈴木さんに、私はこの著書の改訂版の刊行を頼んでみたことがある。国会法や衆参両院の議院規則はその後の二〇数年の間に何ヶ所か改正されており、新たな先例も加わっていて、この理論書も細部では訂正の必要が生じていた。「改訂される際にはお手伝いさせていただきますから」という私の言葉に、鈴木さんは一寸驚いた様子で「まだあの本は読まれているのか」と言ったあと、急に不機嫌な表情を見せ、「わたしはもう民間人で仕事も持っている。二兎を追うわけには行かない」と、にべもない答えが返って来た。予想外の厳しい拒絶に遭って、私は黙るしかなかったが、この時、鈴木さんが私に言いたかったのは、必要があれば自分たちで新しい理論書を書けばよい、いつまでも私の本に頼るより、あの時期にあの本を書いた私の意志を継承してくれた方が自分は嬉しい、ということではなかったかと思う。

当時の鈴木さんの反応を思い出しながら、私は今、私を含む後輩の多くが『国会運営の理論』を権威ある文献と尊重しながら、折々に必要な部分を瞥見するだけで可しとしているのは、著者の意図に充分に応える態度とは言えないように感じている。鈴木さんは、後輩たちの間で新たに総合的な理論書が書かれることを、泉下で期待していると思う。

〈九〉

『国会運営の理論』には、当時の大池事務総長も序文を寄稿している。そこで大池さんは鈴木さんの人となりを「常に読書に傾倒し、真理を求めてやまぬ篤学者」であり、「しかも整然たる理論家であって正しいと信じたことについては一歩も譲らない硬骨の士である」と紹介している。

元来、衆議院事務局の議事運営に携わる者の姿勢には、二つの流れがある。一つは、法規・先例を可能な限り厳格に適用して、会議の公正さを保とうとする考えである。国会法規は長い伝統の上に形成された原理原則に則って定められており、先例もまた歴史的経験の集積であり、これらがルールとなって会議の合理性と効率性を保障している。従って、安易にルールを緩めるような運営は行うべきではないという立場である。

これに対して第二の姿勢は、会議は能率的かつ円滑に進行させるのが望ましく、議事手続を定めた法規もそうした目的に沿って制定されていると言ってよいから、その運用は弾力的であってもかまわない、というものである。もしも対立する会派間で意見が一致するならば、法規の適用に多少問題があってもその点は重視せず、議事の円滑化を優先させるという立場である。これら二つの姿勢のうち、鈴木さんは勿論第一の立場に立ち、法規の厳守を日頃から主張し、実践する人であった。

国会は政争の場であるから、審議内容について白熱した論争が行われるだけでなく、議事手続をめぐっても会派間が鋭く対立することがよくある。その場合、法規を厳格に適用しようとすれば、結果的に主張が通る会派と通らない会派とが出てくる。主張が通らない会派は、当然そうした解釈を示した事務局をも攻撃する。しかし、鈴木さんは常に臆することなく法理を説いて、正しい運営の方向に導いた。

会議の進行が出来るだけ円滑であるべきなのはその通りであるが、その運営を会派間の協議に委ねてしまうと、必ず大会派の言い分が通り、小会派の要求はそれが法規に適っている場合でも抑えられることが多い。こうした例は、鈴木さんが旧議会時代に書いた改革論の中でも指摘していた問題点であった。議会は最終的には多数決で意思決定がなされるが、そこに至る過程では少数意見を極力尊重すべきものとして制度が作られている。大会派の言い分だけが大手を振ってまかり通るのでは、議会とは言えない。

更に、国会には行政監督権がある。この権限は、国会が制定した法律を、行政府が立法の趣旨に従って正しく執行しているか否かを監督するものである。そうした権限を行使する国会が、自らの内部法規については弾力的な運用を認め、時に違反することがあっても許容しているというのでは、行政府に対して厳しい監督が出来なくなるのではないか。国会の権威、議院の権威は、内部法規を厳しく運用する姿勢とも無関係ではない、と鈴木さんは信じて行動していた。大池さんによる鈴木評は、こうした鈴木さんの日常の姿を伝えたものである。

委員部長時代の鈴木さんを語る上で、見過ごせない出来事がある。それは第一回国会で臨時石炭鉱業管理法案の審議が紛糾した際、秩序維持のため警察官を院内に出動させよとの声が出たのに対し、断固反対して実現させなかったことである。この法案は戦後復興の原動力である石炭の増産を計画的に推進する必要から、時の片山内閣が最重要議案として成立を図ったものである。占領下の立法は、すべてGHQの指示、あるいは了承の上に行われており、GHQはこの法案の成立も当然必要視していた。しかし、政権党の社会党は衆参両院を通じて比較第一党であるに過ぎず、連立を組んでいる民主党の中には企業の国家統制に反対する者も多く、彼らは野党の日本自由党と連携して審議を妨害した。結局この法案は難航の末、両院ともに委員会可決、本会議逆転可決という経過を辿って辛うじて成立を見ているが、衆議院に警察官を導入しようとしたのは、いつ、誰が言い出したのか、定かではない。当時、GHQは新憲法下の最初の国会に異常な関心を持ち、運営の細部にまで一々干渉して来たと伝えられているから、院内での乱闘騒ぎに驚いたGHQが、成立を急がせるために言い出したことではなかったか、と私は推測している。GHQのウィリアムズ国会課長は、この国会の最終日に参議院で法案を成立させるため、深夜一二時前に時計を一時ストップさせたという秘話も伝わっており、警察官利用の話もその口ではなかったか。

しかし、その策を打診された事務局では、鈴木さんが真向から反対した。議院には自律権が与えられており、院内の秩序は議長が独自の警察権を行使して保つことになっている。議院規則では、議長が特に必要と認めたときは警察官を議事堂内にも入れることが出来ることになってはいるが、それは外来者による集団的騒擾などの万一の場合に備えたものである。委員会や本会議の議事がいかに混乱しようと、それを整理、収拾するのは議長の命を受けた衛視の仕事である。審議の場にまで外部の行政権力である警察官を介入させるのは、自律権の放棄であり、議院にとっては自殺行為に等しい。帝国議会時代にも見られなかったそうした措置は断じて執るべきではない、と鈴木さんは主張し、その動きを封ずるのに成功した。

それから七年後の昭和二九年(一九五四)六月三日、第一九回国会の終盤で、会期延長をめぐる与野党の激突に際し、衆議院は遂に禁を破って二〇〇名の警察官を議事堂内に導入した。鈴木さんは、前年の昭和二八年に事務次長兼議事部長に昇進していたが、この第一九回国会での警察官派遣要請の際、事務総長からは事前の連絡、指示がなく、事態の進行を知らされていなかった。それは第一回国会当時の鈴木さんの反対姿勢から、今回も強硬に反対するに違いないと考えた大池事務総長が、議長の命令を緊急に実行するために幹部への連絡を省略して直接担当者に命じたからである。

この国会は政府提出の重要法案が目白押しだったうえ、保全経済会事件、陸運疑獄、造船疑獄と不祥事が相次ぎ、早くから緊迫した状態が続いていた。当時は会期延長に回数制限がなかったので、与党側は小刻みに会期を延長して法案を処理して来たが、最終的に警察制度を抜本改正する警察法案が残った。そのため更に二日間の会期延長を図ったが、これに反対する左右社会党は議長室前の廊下を埋め、議場内の議長席まで占拠して抵抗した。堤康次郎議長は午後一一時過ぎに警察官による排除を命じ、警官隊と野党議員が廊下で揉み合う中、議場入口から半身を入れて開会を宣告し、会期延長の採決は時間切れ僅か一〇分前という混乱ぶりであった。

事前に連絡を受けていなかった鈴木事務次長は、この議会史上前例のない大混乱の事態を憤懣やるかたない思いで見たが、散会後、野党議員の激しい抗議を受けたあと、直ちに議事の有効性についての調査に着手し、ひとまず会期延長の議決は有効との結論を出した。一日置いた六月五日の朝、鈴木さんは新聞の片隅に、堤議長が三日深夜の乱闘事件で暴力を振るった野党議員に対し、公務執行妨害で検察権を発動するよう法務大臣に要請したとの記事を見出す。登庁するや事務総長室に出向いた鈴木さんは、「総長はこの記事が事実かどうか御存知か」と訊ね、肯定した大池事務総長に次のような趣旨のことを厳しく申し入れた。

「国会の両院には憲法によって自律権が与えられ、問題を起こした議員には懲罰を科すことができる。議長は自らの判断で懲罰に付せばよいものを、行政権や司法権の行使を要請するのは議院の特権を侮辱するもので、議長の能力、識見さえ疑われる。警察官導入のことも含め、こういう話は、議長の指示に従う前にわれわれの意見も徴して欲しい」(「鈴木文書」四六―一)。

大池事務総長としては議長の命令を急いで処理したつもりなのだが、鈴木さんの正論の前には返す言葉がない。改めて鈴木さんの硬骨ぶりを見せつけられてしまった。

このときの議長要請に対しては、法務省側も非公式な話として介入しないことを決めている。議長は議院運営委員長と協議し、本会議開会を妨害した野党議員四六名を、与党議員発議の動議で懲罰委員会に付して処理した。その後衆議院では、大混乱を反省する全員協議会が開かれ、自粛決議を行って、この国会は幕を閉じている。

〈一〇〉

昭和三〇年(一九五五)は、保守、革新両陣営で政党の合同、統一が行われ、自由民主党と日本社会党のいわゆる五五年体制が成立した年である。まず一〇月に左右社会党が統一し、翌一一月に民主、自由の両党が合同して、保革二大政党対立の時代が始まった。この政界再編を機に、衆議院では大池事務総長が退職し、第二三回国会(昭和三〇、一一、二二召集)の冒頭、鈴木さんは二代目の事務総長に選任された。

五五年体制については、近年は自社二大政党間の癒着と馴れ合いの面で批判されることが多いが、当時は東西冷戦構造を反映して国内のイデオロギー的対立を両党が代弁する形となり、国会運営は事毎に緊張した。

自民党は結党時から、占領下諸制度の是正と憲法改正を目標に掲げていたが、憲法改正には両議院でそれぞれ三分の二以上の議席を占める必要がある。そのため、まず衆議院の選挙制度を中選挙区制から小選挙区制に改めることを狙い、鳩山内閣は第二四回国会(昭和三〇、一二、二〇召集)に公職選挙法改正案を提出した。社会党は小選挙区制そのものには必ずしも反対ではなかったが、この法案の別表の選挙区割が甚だしく自民党に有利に策定されていたことから、絶対阻止の方針を立てあらゆる戦術を駆使して審議を妨害した。委員会段階での難航に業を煮やした自民党は、本会議で中間報告を求める作戦に出たが、社会党は担当大臣のほかにも他の閣僚に対する不信任決議案を次々に提出して、引き延ばしを図った。

そうした社会党の抵抗を見て、鈴木事務総長は同党の浅沼稲次郎書記長に電話を掛けた。浅沼議員は鈴木さんとは旧議会時代から懇意で、選挙で当選する度に事務室に顔を見せるような間柄であった。鈴木さんは「社会党は全部の閣僚に不信任案を出すそうですが、本当ですか」と問う。「そうだ」との返事に、「それは無茶です。そんなことをするなら、私は自民党に内閣信任決議案を出させます。内閣信任決議案は最優先議案だから、これが可決されたら個別の大臣不信任案は全部上程できませんよ」「それはひどいじゃないか。君は与党の味方をするのか」「そうではありません。法案の中味についての議論ならいくら時間をかけてもかまいませんが、議事手続は出来るだけ簡潔に、無駄のない手順で運ぶのが事務局の仕事です。法案に直接関係のない大臣たちにまで不信任案を出すのは行き過ぎです。どうしても全閣僚に不信任案を出されるなら、私としてはそれを排除する手段を講じねばなりません」

こうしたやりとりで浅沼書記長は鈴木さんの立場を理解はしたが、党内強硬派からの突き上げもあって、不信任決議案の連発は止められない。そこで、自民党から鳩山内閣信任決議案が提出された。衆議院に内閣信任決議案が出された最初の例である。

かくして与野党の対決は泥試合の様相を呈したが、事態を打開したのは当時の益谷秀次議長の調停であった。議長は双方の決議案をすべて撤回させることで、運営を軌道に戻した。益谷議長については、毎日新聞社の政治部記者だった中正雄氏による伝記『益谷秀次』(昭和四二・益谷秀次伝記刊行会)があり、その中に当時の経緯が克明に記されてある。そこでは益谷議長を名議長と称えながら、このときの成果を「益谷の身辺にあって、絶えず益谷の相談相手をつとめた、副議長の杉山元治郎と、衆議院事務総長の鈴木隆夫の働きも見逃すわけには行かない」とし、特に「鈴木は表面柔和に見えながら、内心はねばり強く、しかも自己の信念に頑固で、この鈴木の影の存在が、益谷に大きな影響を与えた」とも書かれている（同書三八四頁）。

国会の紛争が議長による調停、斡旋によって打開されるという慣行は、この益谷議長時代に始まったが、鈴木さんは議院運営委員長や各党理事とも連繋をとり、議長が行動を起すタイミングや調停案の内容など、綿密に作戦を練っては議長に進言していた。先に引用した『大木日記』の序文には、「議長と書記官長という間柄は、単に事務的処理では済まされない。夫婦といっていい程のつながりなしには仕事にならない」と言う記述があるが、益谷議長と鈴木事務総長の間は、まさしくそのような関係であった。議長は深く鈴木さんを信頼していたし、鈴木さん自身も益谷議長の見識と手腕に高い尊敬を払い、この時期は最も高揚した気分で仕事に取り組んでいたように思う。

結局、この時の公職選挙法改正案は、議長の度重なる斡旋の結果、衆議院を正常な運営で通過したが、参議院では教育二法案をめぐる混乱で警察官導入の事態まで招き、その影響で審議未了に終っている。

〈一一〉

鳩山内閣は日ソ国交回復の成功を機に総辞職し、後継の石橋内閣は首相の急病によって短命に終わり、昭和三二年(一九五七)二月に岸内閣が誕生する。この内閣は翌昭和三三年四月に衆議院を解散し、五月に第二八回総選挙が行われた。選挙結果は自民党の微減、社会党の微増に終わったが、危機感を抱いた自民党側は却って対決姿勢を強めて、それまで与野党間で配分していた正副議長、常任委員長のポストをすべて独占する挙に出た。

このため第二九回特別国会では冒頭から与野党が対立して、召集日に正副議長の選挙が行えない状態になったので、通常は新議長が執り行う会期決定の議事を、鈴木事務総長が代って主宰する、という異例の措置をとった。これは臨時会、特別会では召集日に会期を決めなければ、翌日以降が会期中であるのか否か法解釈上の争いが生ずるという観点から、鈴木さんが与野党に働きかけて、会期についての合意を取り付けた上で実行したものである。法理を尊重し、議院の活動には些かも法的疑義を残さないよう万全を期する、という鈴木さんの日頃の信条に基づく運営であったが、この議事については外部から事務総長の越権行為ではないかとの批判が出た。しかし、鈴木さんはそうした声を歯牙にもかけず、後日になって、自身の判断の理論的根拠を詳述した文章を書き残している(「鈴木文書」一五二―五)。それを読むと、国会の法秩序を守るために自分の立場で出来ることは、一〇〇％実行しようとしていた鈴木さんの強い意志を感ずる。

この国会で、星島二郎議長、椎熊三郎副議長という自民党コンビが誕生し、常任委員長についても全員を記名投票で選出し、自民党は役員の独占体制を整えた。続いて九月に召集された第三〇回臨時国会で、岸内閣は事前には予定していなかった「警察官職務執行法改正案」を突如提出した。この法案は警察官の職務権限を、公共の安全と秩序維持の面で拡大強化することを目的としていたが、野党側は戦前の治安警察法、治安維持法の復活と見て激しく抵抗した。与野党の衝突が繰り返される中、当初定めた四〇日間の会期では到底不足と見た政府与党側は、更に三〇日間の会期延長を図った。自民党は警戒する社会党の裏を掻いて、会期終了日の三日前の一一月四日に、高齢の星島議長を院内幹事長室に隔離したうえ、椎熊副議長を本会議場の議席側から入場させ、議事進行係の席に立って議事を主宰するという異例の方法で会期延長を議決した。この奇襲戦法は、事務局にも事前の連絡はなく、鈴木事務総長も議場には入ったものの席に着くことが出来ず、混乱を眺めるしかなかった。

この日、散会を宣告して退出した正副議長は二人とも自宅に戻らず、行方がわからない。一方、激昂した社会党は事務総長室に詰め掛け猛抗議を行ったあと、議事を無効として以後の審議をボイコットする態勢をとった。当夜、徹宵して連絡を待っていた鈴木事務総長は、翌五日の午前五時にようやく正副議長の所在を掴み、直ちにその場所に赴いて椎熊副議長に昨日の会議の経緯を訊ねた。議長としての発言内容、賛成者の認定、宣告等を確認し、不正常な議事ではあったが会期延長の議決は有効と判断して、参議院と内閣にその旨を正式に通知する。しかし、野党の社会党は当初の最終日一一月七日以後は既に会期は終了したとして、自民党からの党首会談等の呼びかけに一切応じず、政府与党を非難攻撃するための全国遊説に散ってしまった。そのまま数日が過ぎて行く。会期は延長されたと認めている鈴木さんとしては、全くの開店休業状態にある院内の光景を見て、憂慮に堪えられない。何とかしなければ、との思いに駆られた。

自民党の本会議強行も乱暴である。しかし、社会党の抵抗も度が過ぎている。こうした対立は議会の本来の姿からは逸脱している。この異常な状態の深刻さを認識して、事態を打開してくれる有力な議員はいないか。そう考えて、鈴木さんは当時社会党の顧問の立場にいた西尾末広議員に当たってみることにした。西尾氏とは昭和二四年(一九四九)に同氏が昭和電工事件で起訴された際、弁護側の証人として国会議員の職務権限について若干の証言を行った以外は、特に親密な関係にはなかった。しかしこの場合、他の誰よりも議会人として話の通ずる人物に思えた。

鈴木さんが目黒の西尾邸を訪ねたのは確か一一月一〇日で、例の会期延長の議事からは一週間近くが過ぎていた。通された部屋には先客として元議員の浅原健三氏がいたが、鈴木さんは遠慮せずに口を切り、次のように言った。

「現在の国会の姿は、新国会始まって以来の危機的状況にあると思います。二大政党が互いに一歩も譲らずに睨み合い、相手と話し合わないまま一週間が経とうとしている。こうした状態を続ければ、当然国民の間から国会に対する不満、不信が出て来ます。戦前の議会が国民から不信の目で見られ、その結果、軍部が力を得て戦争になった歴史を思い出して下さい。あの歴史を二度と繰り返さないためには、一日も早く国会の空白状態を元に戻すべきです。それには、不服があっても社会党が登院して来て、自民党との交渉のテーブルに着いて下さい」

西尾議員は「しかし君、あのような議事で会期が延長されたというのは乱暴ではないか」と言う。鈴木さんは「確かに正常な議事とは言えませんが、しかし社会党の方も先日来、実力行使を続け議事妨害を重ねて来ました。議長は正規の席に着けないと判断して議席で議事を進めたのです。あの議事は好ましい形ではないが、法律的には有効と認めざるを得ません」と答える。それを聞いて西尾議員は暫く沈思していたが、「わかった。それでは今回の会期延長は、法律的には有効だが、政治的には無効にするという方向で党内をまとめて、自民党と交渉することにしよう」と応じてくれた。

翌一一月一一日の社会党中央執行委員会で、西尾顧問は「社会党に対する世論の支持は今が絶頂で、今後収拾の努力をしなければ社会党は孤立化する虞れがある。与党との話合いを進める時期に来たと思う」と発言したことが新聞に報道されている。この発言を機に、社会党は軟化に向けて動き出す。当時、読売新聞の記者として活躍していた宮崎吉政氏は、後に著書『実録・政界二五年』（昭和四五・読売新聞社）の中でこのときの経緯を記したあと、国会正常化に導いた西尾氏の言動を「東京高裁で昭電事件について無罪判決をうけ、青天の身となった西尾氏のカムバック第一号のヒットであった」と賞讃している（同書二一一頁）。しかし、このヒットの蔭には、鈴木さんの熱誠を篭めた要請があったのであり、真に賞讃されるべきは鈴木事務総長の行動であった。

昭和35年、退職直前の頃の鈴木事務総長

もしも鈴木さんが何もせずに手を拱いていたら、西尾議員が単独の意思で党内説得に動き出すことはなかったのではないか、と私は思う。その結果、鈴木さんが憂慮したように国民の国会不信は異常な高まりを見せたかも知れない。だが鈴木さんは、このとき即座に自分の申し出に理解を示し、党人の立場を超えて事態打開に動いてくれた西尾議員を高く評価し、最も優れた議会政治家の一人として、終生敬意を抱き続けていた。

結局この国会では、自社両党首の会談で正常化の申合せが行われ、延長後の会期は事実上自然休会となり、警職法改正案は審議未了に終った。この間に鈴木さんが走り書きしたメモが残っている。そこで鈴木さんは、本来、政党間の話合いで運営すべき議会政治が、相互に妥協のない対立に終始し、特に正副議長が中立的立場を離れて与党に加担し、野党もまた労組等の外部団体の意向を優先させて譲歩しない姿は、議会制度の前途を危うくするものだ、と憂えている。その上で、議長、副議長はこの際率先してその職を去るべきで、自分もその責任の一端を負って辞職する、と決意を書き留めた(「鈴木文書」五九―三)。

実際に鈴木さんは辞表を提出したが、誰も事務総長の責任を問う者はなく、辞表は返却され、一方、正副議長の方は次の第三一回国会の冒頭に辞職し、代って加藤鐐五郎議長(自)、正木清副議長(社)が選出された。副議長ポストについてのみ旧に復したわけであるが、全員一致で選出された正副議長は、不偏不党の立場を示すため揃って党籍を離脱した。これから暫く、与野党は世論の批判を警戒して変則的な審議を避ける姿勢をとっていたが、それも長くは続かなかった。安保騒動の嵐が、すぐ目の前に迫って来ていた。

〈一二〉

サンフランシスコ講和条約と同時に締結された日米安全保障条約は、敗戦国と戦勝国という当時の両国関係を反映して、わが国にとって不平等性が強く種々の問題を残していた。これを改定して日本の独立性を強めることは、歴史的に見て必然の道筋ではあったが、同時にそれは日米間の軍事同盟を強化することでもあり、冷戦下でアメリカと敵対していたソ連、中国の反撥を招いた。こうした国際間の対立の構図がそのまま国内に影響して、安保条約改定の是非は国論を二分する大問題に発展した。

岸内閣は昭和三三年(一九五八)八月から対米交渉に入り、一旦中断のあと、翌三四年二月に再開して条約改定の方向と内容を公表する。これを見て社会党をはじめとした野党、労働組合、学生団体等の革新陣営は、日米軍事同盟の強化は再び日本を戦争に巻き込む危険があるとして、激しい抗議運動を起した。同年秋、社会党内で安保改定に柔軟な姿勢をとっていた西尾末広議員のグループが離党し、自社二大政党体制が崩れる。このグループは翌昭和三五年(一九六〇)一月、民主社会党を結成した。

第三三回臨時国会(昭和三四、一〇、二六召集)では、伊勢湾台風の災害対策やベトナム賠償協定等が審議されたが、その最中にも安保反対運動は全国的な拡がりを見せ、議事堂周辺は日を追ってデモ行進の数が増えた。昭和三四年(一九五九)一一月二七日、衆議院では前夜からの徹夜の審議で、ベトナム賠償協定を早暁にようやく通過させたが、当日は安保反対第八次統一行動の集団請願デモが予告されていた。デモの動員数は七万人を超えるとされ、その一部は議事堂構内に突入する計画という噂も伝えられた。

午後四時頃、二万七千人に及んだデモ隊の一部が議事堂正門前に集結した。彼らの先頭には社会党の浅沼書記長がいて、これから代表三〇名を連れて議長のところに陳情に行くと言い、他の議員数名と共に門扉を閉ざしている衛視に向って開門を要求した。衛視が拒否すると、「議員であるわれわれを入れないとは何事か」と言う。やむなく衛視が僅かに門扉を開いたところ、議員に続いてデモ隊の人波が押し寄せ、忽ち正門を突破して構内に乱入した。その数は約九千人に上り、中央玄関前の広場で赤旗を先頭にジグザグ行進を繰り返して気勢を挙げた。

この状況の報告を受けた鈴木事務総長は、直ちに警務部長に対し、建物内への侵入の警戒と火気に対する注意を指示したうえ、正副議長と協議して警察官五千名の派遣要請を決めた。但し、警官隊による実力行使は極力避けることとし、当面は様子を見ながら待機させるよう命じた。これら一連の事務総長の行動は、後日の参考のために鈴木さん自身が書きとめた覚書として、警務部の記録の中に残っている。それによると、当日はデモ隊の代表者が議長に直接陳情する予定になっていたが、その際の条件に構内への不法侵入はしないとの約束が交わされていた。その約束が破られたので、議長は面会しない旨を、鈴木さんはまず仲介の副議長に伝え、了承を得ている。

続いて鈴木さんは実際の状況を見に、玄関の扉を開けさせて外に出た。デモ隊はシュプレヒコールを叫び、荒れ狂ったように騒いでいる。少し離れた所に荒船清十郎議院運営委員長と数名の理事が、事態を憂慮しながら傍観していた。どうやらデモ隊のリーダー・グループは、中央玄関前の階段辺りで屯している様子である。鈴木さんはすぐさま彼らに退去を要求するため、そちらに向った。議運委員長や理事たちは「総長、危ないから行くな、踏み殺されるぞ」と大声で止めたが、鈴木さんは聞かない。自分としてはこのような不法侵入を放置しては置けないと、宇野秘書一人を伴って人垣の中に分けて入った。階段下に着くと、デモのリーダーたちの中には数名の社会党議員も混じっている。鈴木さんは彼らに即刻退去するように求め、応じないときは警察官の実力行使もやむを得ないことを申し渡した。鈴木さんの威厳に満ちた態度に、議員もデモ隊側も反駁する者はなく、黙ってそれを聞いた。

乱入したデモ隊側は、この時、恐らく警官隊との正面衝突を予想していたのではないかと思う。議事堂構内で乱闘状態を惹き起せば、それはそれで安保反対の宣伝にはなると期待していたのではないか。しかし予想に反して、背広姿の小太りの紳士が僅か部下一人を従えて現れ、厳しい表情で不法侵入は許されないとの道理を説き、退去を求めるのを見て、呆気にとられたのであろう。彼らは何か抗し難い風圧のようなものを、鈴木さんから感じたはずである。二・二六事件当時、抜刀する軍人を制して鎮めた鈴木さんは、この時もまた、乱入者側に自分たちの非を覚らせ、彼らの気勢を殺いで退去に同意させたのである。

しかし、リーダーたちを納得させても、九千人からの集団を全員退去させるには時間がかかった。彼らの侵入に手を貸してしまった社会党議員も、事の重大性を知って懸命になったが、労働組合員たちは退去したものの、全学連約三千人がなかなか出て行かない。焦って来た社会党議員たちは事務総長室に来て、全学連が言うことを聞かないから警官隊の実力で排除してくれと言う。それに対して鈴木さんは「あなた方が連れて来たものは、あなた方で処理しなさい。実力は行使しない」と冷たく言い放った。五千名の警察官で三千名の全学連を排除するのは困難ではないだろうが、万一、流血の事態にでもなると、却って解決が遅れる。ここはもう少し忍耐すべきだと鈴木さんは判断した。

この間、議運理事会の秘密会が開かれ、政府側からも官房長官、総務長官が同席して実力行使の断行に意見が傾きかけた。自民党の中には議長は何をしているのだと息巻く者もいたが、デモ隊の侵入から約二時間後の午後六時一〇分頃、ようやく全員退去の報告がもたらされた。正副議長は今日の事態を遺憾とする議長声明を発することにし、鈴木事務総長が案文を書いて、議運委の了承を得たうえで午後九時頃それを発表した。

翌日の新聞各紙は、この事件を「暴徒国会を蹂躙」といった見出しで報道し、揃ってデモ隊側の行き過ぎた行動を非難した。しかし、安保反対世論の後押しを背にした社会党は、簡単に引き下がれない。デモ隊を先導した浅沼議員ら四名に対する懲罰に対しては、議長不信任案や安保改定交渉の打ち切り要求決議案などを出し、抵抗を続けた。加藤議長は国会周辺のデモ規制の立法化を各党に要求し、この法案の作成も事務局が担当することになり、鈴木さんが自ら筆をとって「国会の審議権確保のための秩序保持に関する法律案」の要綱を書き、法制局と協力してA、B二案をまとめた。このうちのA案が自民党の単独審議で参議院に送られ、同院で継続審査に付されたうえ、次の国会で再び衆議院に送り返されたが、その後の衆議院解散により廃案に終わっている。

社会党議員の懲罰をめぐる紛糾で、正木副議長は辞表を提出し、後任に中村高一議員が選出され、続いて加藤議長も辞任して清瀬一郎議長が誕生した。この交替劇は、年末に召集された第三四回国会の自然休会明けの、昭和三五年(一九六〇)一月三〇日から二月一日にかけて行われた。通常の例で言えば、正副議長の一新は紛争の一段落を意味し、事態は正常化に向けて大きく動くはずである。しかしこの時はそうはならず、安保条約をめぐる正面衝突を前に、国会運営は更に緊迫の一途を辿って行った。

〈一三〉

昭和三五年の年頭早々、日米安保条約と新行政協定の交渉が妥結し、岸首相を団長とする条約調印全権団は、一月中旬に渡米して調印を済ませた。同時に行われた日米首脳会談で、日本側はアイゼンハワー大統領の訪日を要請し、合意を見た。

新安保条約と新行政協定は二月五日に衆議院に提出され、これらを審査するための特別委員会が設置された。社会党は冒頭から審議引き延ばしのため、条約に対する国会の修正権の有無を取り上げ、憲法論争を展開した。国会の条約修正権については、学説上も可能説と不可能説の両論がある。特別委員会ではこうした法律論議に時間をとられることを嫌い、小沢佐重喜特別委員長が問題を議運委に移すことを考え、同委に文書で検討を申し入れた。これに対し、鈴木事務総長はすぐさま「国会における条約の承認権をめぐる諸問題について」（「鈴木文書」一五六）と題する論稿を書いている。その中で鈴木さんは、国会の条約承認権についての憲法上の意義を強調し、承認権の性質、対象、行使の態様に加え、条約審議のあり方、条約承認の効果等を詳細に論じたうえ、署名調印前の条約案（提出例あり）については修正可能と結論付けている。

議運委では「条約承認権に関する小委員会」を設け、前後四回ほど鈴木稿に基づいて協議を行ったが、その後の混乱状態の中でこの小委は結論を出せずに終った。従って鈴木さんの理論は活版刷りにはされず、書き込みのあるタイプ刷りの原稿のまま鈴木隆夫関係文書の中に残されているが、私は条約の修正権についての国会側の見解を総合的に示した貴重な論稿であり、今後も参考にされて然るべき文献の一つと考えている。

二月一九日に審査入りした特別委員会で、野党側は条約修正権問題に続いて新条約の性格、極東の範囲、事前協議の対象等について次々に論戦を挑んだ。これに答える政府側では統一見解に何度か乱れも生じて、審議は遅々として進まない。この時期、鈴木さんは青い布表紙の小型の手帳を常時手元に置き、折々の行動と感懐をそれに書き留めている。国会図書館の憲政資料室では特にこの手帳を重視して、「総長所感日誌」(「鈴木文書」二一七)という資料名を付し、当時の緊迫した国会事情を伝える貴重な資料として、平成二年(一九九〇)の議会開設一〇〇年記念の議会政治資料展にも出陳、展示している。ただ、これは日誌といっても、二月二〇日から五月二七日までの約三ヵ月間に、記録されているのは僅か七日分に過ぎない。鈴木さんとしては、日を追って緊張の度を加えて行く議院内外の情勢を見て、これまでに経験しなかったような重大事態の発生を予感しながら、局面々々での自分の判断、行動を後日に検証する必要を感じて、記録をとり始めたものと思う。

星島、加藤の両議長に続いて、同じ任期中に早くも三人目の議長となった清瀬議長もまた、並々ならぬ決意を抱いて就任していた。清瀬議長は、鈴木さんが衆議院に入る以前の昭和初期に、既に副議長を経験しているベテラン議員であった。同時に、敗戦直後の東京裁判では弁護団副団長として活躍し、特に開廷早々ウェッブ裁判長に対し忌避を申し立てるという、大胆な法廷戦術を駆使して見せるような練達の法律家でもあった。就任するや否や、清瀬議長は国会法や衆議院規則を通覧して、法規上の議長の職権を確認し、これらを積極的に行使して安保条約案件の審議促進を図ろうとする。そうした清瀬議長の意欲は、当初、正副議長の党籍離脱に同意しなかったことにも現れていた。

しかし、このような議長の積極姿勢は、鈴木さんにとって好ましいものとは思えなかった。国会運営は何よりも与野党間の協議が第一であり、話合いを重ねて妥協点を探り、双方が合意した上で会議を進めて行く、というのが国会運営の基本である。法規上、議長の権限と定められているからといって、協議に充分な時間をかけないまま議長が先を急げば、却って紛糾を招く。「総長所感日誌」には、鈴木さんが懸命になって議長にブレーキをかけている様子が窺える記述がある。

この国会の当初の会期終了日は五月二六日であったので、自民党では条約案件の参議院での審議日数を考慮し、四月二〇日頃から衆議院通過を急ぎ始める。特別委員会での参考人質疑を自民党が単独で決めたことに反撥して、四月二一日、野党側が実力で委員会開会を阻んだため、政府与党は次の二三日の本会議で条約案件の中間報告を求め、一気に突破する作戦を立てた。二二日の朝、菅家喜六議員（議運理事）が事務総長室に来てその方針を告げたのに対し、鈴木さんは、議長がまだ何も動いていず議運も決裂したわけでもないのに、中間報告で処理するのはどんなものか、会期延長を考慮してもいいではないか、ここで本会議を強行するのは、議長自身が対決に火を注ぐことになりかねないと言って、自重を求めている。しかし、その後議長室に行き、議長に「どうなさるお積りか」と訊ねると、「大政党の言う通りにしなければならんだろう」との返事である。そこで鈴木さんは、この際、議長が斡旋案を出し、一度調停を試みることを進言する。

当時、隣の韓国では李承晩政権が末期を迎え、三月一五日に繰り上げ実施した大統領選挙では大掛かりな不正行為が発覚した。これに怒った学生、市民が四月一九日にソウルで十万人の抗議デモを起し、鎮圧に当たった警官隊の発砲によって、死者一八六名、負傷者六千名余りという大惨事が発生していた。鈴木さんはこの事件を重視し、日本でも安保反対デモが国会を取り巻いている今、政府与党側が強硬手段をとれば韓国の二の舞になりかねないと警告している。

議長も与党もこれには同感を示し、民社党が議長による調停を希望したこともあって、取り敢えず二三日夜に議長斡旋を行うことにした。斡旋の内容は、中間報告を断念する代わりに、安保案件の審議に期限をつけるという考えのもとに、「（一）五月一〇日までに安保関係諸議案は議了する。（二）議院の秩序を乱す行為は今後一切行わない。（三）中間報告を求める動議は取り下げる」というものであった。だが、清瀬議長が三党に示したこの案は、期限設定が厳し過ぎたうえに語調が最後通告的だとして、野党側が揃って拒否したため、斡旋は不調に終った。自民党では、社会党は拒否するにしても、民社党が応ずれば事態は展開すると期待していたが、思惑は外れた。鈴木さんは所感日誌に「一応斡旋の形を取ったものであるが、議長自身は斡旋に乗り出すことに賛成しなかった」し、中村副議長も「この問題は平行線の問題で妥協の余地がない」と匙を投げていたことを記している。斡旋の当事者である正副議長が、最初からともに乗り気でないのでは、成功は覚束ない。しかし、翌日の新聞各紙は、与党の性急さを批判し、議長に一層の調整努力を求めていた。

五月一日のメーデーの催しが終れば、安保反対運動も徐々に鎮静化するのではないかとの見込みも空しく、国会を取り巻く請願デモの渦は、その後も一向に衰えを見せない。政府はアイゼンハワー大統領の来日を、六月一九日に予定していた。それまでには新条約を成立させておく必要がある。その日から逆算して一ヵ月前の五月二〇日前後が、衆議院通過のリミットであるとの見方が支配的になって来た。そして、遂にその時期がやって来る。

〈一四〉

鈴木さんは事務総長に就任以後も、議事運営がどれほど混乱しようと院内の秩序維持に外部の警察官を利用してはならない、と言い続けて来た。行政権力である警察官には建物の外の警備は任せるが、議事堂内の秩序は飽くまでも衛視によって保つというのが、自律権に基づく議院警察権行使の本来の姿である。逆に言えば衛視によっても整理できないほどの混乱を、議員たちは院内で起してはならない、ということである。国会は言論を戦わせる場所であり、暴力で争う場所ではない。暴力と暴力が衝突して、衛視によっても秩序が維持出来ず、行政府の警察力に援助を求めるようでは、国会の権威は失墜する。国民はそんな国会を信頼しない。この点をよく認識して与野党ともに自制を働かせてほしい、と機会を見ては議員たちに説いていた。議運委員長や理事たちは、こうした鈴木さんの持論に一定の理解を示し、先の中間報告の話が出た折も、菅家議員は警官導入までは考えていないと、わざわざ付け加える気配りを見せていた。しかし、それも次第に怪しくなる。

与野党激突の様相が深まる中、五月一七日に至って清瀬議長は突然党籍離脱を表明し、中村副議長もこれに同調した。安保審議の最終段階を迎え、正副議長が不偏不党、公平無私であることを強調しようとしたものであるが、いささか遅きに失した感があった。続いて正副議長は、三党の党首を個別に招いて、次のような四項目の覚書を渡して協力を要請した。

一、衆議院は近く国家の将来のため重大な議案を審議することになっております。秩序を重んじ冷静に審議を尽くし、国会の品位を保持し、以て国民の国会に対する信頼を高めるよう致さねばなりません。

二、国会内部の秩序保持は国会自身の措置に依るべきである。そのため警察力に頼る如きは国会の威信のため避けねばなりません。それが為にはその必要を生ずる事態の起ることを極力避けなければなりません。

三、議事は国会法、衆議院規則、並びに先例に依るのでありますが、従前両院で経験したようなミスミス議事妨害と認められるような行為は避けるべきであると考える。その代り問題の本体に関する質問や討論は十分にこれを尽し、殊に各党の代表的意見の表明には、互いに敬意を表すべきである。

四、右の外来るべき重要議案の審議につき国会の気品ある運営について御心付の点を承りたい。

ここには、鈴木事務総長の日頃の主張が盛り込まれており、特に警察官導入は国会の威信を守ために避けるべきだということを、初めて議長の言葉として各党に示した意義は大きかった。だが、時既に遅し、三党首はいずれも議長の要請を了承したものの、それは表向きのことで、与野党は当夜から臨戦態勢に入った。

一日置いた五月一九日の午前一〇時過ぎ、自民党は清瀬議長に五〇日間の会期延長を申し入れる一方、特別委員会で強行採決の構えを見せる。議長から会期延長についての諮問を受けた議運委では、理事会を断続的に開いて協議したが、午後二時四〇分に決裂。委員長職権で開かれた委員会は怒号が飛び交う中、本会議を午後五時から開くことを決めた。議長室前の廊下には、本会議の開会を実力で阻止するため社会党の議員や秘書団が続々と詰めかけ始める。議長の方もこうした事態を予想して、室内から外に向けて呼びかけるための放送設備を前夜のうちに用意させていた。それを使って議長は午後八時頃から、廊下に座り込む社会党議員たちに再々退去を求めたが、もとより効果はない。

一方、鈴木事務総長も社会党議運理事の柳田秀一、下平正一両氏を招いて、事態打開を懇望したことが所感日誌に記されている。「民主主義と議会主義を守る為には、外部のデモと議員は相呼応してはならぬ。政権の交替は議場を通じてなさるべきことが原則であり、それでなければ革命である。このために両君は善処して欲しい。……今日は会期の延長だけで、それ、実力行使を止してくれるなら、自分は身を投げ出しても警官導入はしないよう議長に申し入れ、安保の採決もしないよう保証する、といったが、……二人からは返事がなく、そのままとなった」とある。両議員は鈴木さんの要請に反論出来ず、さりとて受け入れるわけには行かず、暫く俯いていたが、やがて気まずい表情を残して出て行った。

当時、社会党の国会対策委員長であった山本幸一氏が、後に『山幸風雲録』(昭和五八・日本評論社)と題する回想録を書いている。その中で山本氏はこの時の体験を「清瀬議長を脅す」

「ワナにはまった議長――警察官導入」といった小見出しをつけて解説している。それによると同氏は、会期延長はどうせ阻止できないだろうから「それならば政府・与党の責任で警官導入の不祥事にいたらせれば、その後の政局はわれわれに有利に働くに違いない」（同書一三一頁）と考え、議長と面談の際、「院内外の状況を一層誇大に説明」して、警官導入に踏み切るよう仕向けたのだという。警官導入を非難する立場の野党が、むしろそれを誘導していた事実を、山本氏は得々とした語調で記述している。

政党や議員たちにとっては、国会の品位を守り、権威を保つことよりは、目の前の案件の成否の方が遥かに重大な関心事なのである。正常な運営では多数決によって敗北せざるを得ない野党側が、与党による強行採決をむしろ誘発して、混乱の責任を相手側に転嫁することでケリをつけようとする。政府与党側も、論議に時間をかけ、説得に精力を費やすよりは、野党の作戦に調子を合わせて一定時間の経過後は安易に審議打切りを策す。こうした運営方式は、残念ながら今日の国会でも時折見受けられるが、それはこの安保国会の頃に生まれ、次第に定着して来たもののように思う。

議運委の決裂以後、自民党側は議長に対し警察官を入れて妨害を排除し、速やかに本会議を開くよう再々要請していた。午後一一時近く、議長も遂に議事堂内への警察官導入を事務総長に命令する。鈴木さんとしても、もはやこれ以上は制止できない。かねてからの持論に反する行為、国会の権威を傷つける行為に、鈴木さん自身が手を染めることになってしまった。鈴木さんは断腸の思いで命令を伝達すると同時に、事態終結後の辞職を決意する。

警官隊五〇〇名は午後一一時六分に議事堂内に入り、議長室前の廊下に座り込んだ一五〇名を超える社会党の議員や秘書たちの排除を開始したが、議長が議場に入ることが出来たのは午後一一時四五分を過ぎていた。議長も事務総長も、その時点までは五〇日間の会期延長の議事だけで散会する予定でいた。しかしそこに、安保案件は先刻特別委で議了したから、直ちに上程したいとの自民党の意向が伝えられる。鈴木さんはそこでも事態が更に悪化するのを懸念して、よく相談した上でのことかと念を押した。だが、自民党は是非にと言い、議長もやろうと言う。そこで、延長議決後に日付が変わった午前零時五分から本会議を開くことにし、議長、事務総長は着席したままでその時刻を迎え、安保案件を緊急上程して、討論なしで採決し、議了した。

その国会の最重要議案を通過させた時は、事務局内にも肩の荷を下した安堵感と、なにがしかの達成感が広がるのが常だが、この時は大混乱の余波がいつまでも残り、異様な緊張感が院内に漂っていた。その中で執務室に戻った鈴木さんは、直ちに辞表を書いて議長に提出した。

〈一五〉

五月二〇日付の朝日新聞朝刊は、「自民党、新安保を単独可決」「警官隊、国会内に入る」との見出しの下に、前夜から未明にかけての経過を報じている。その一角に「鈴木衆院事務総長は一九日深夜清瀬議長あて辞表を提出した。同夜の国会に警官導入の事態を招いたことに対して責任を感じたものとみられる」との記事がある。身近にいた宇野氏と私は、この辞表提出を当然の事として受け止めたが、清瀬議長や議運委の各党代表にとっては、抗議の辞意表明のように思えたかも知れない。警察官の導入について、鈴木さんに直接の責任はない。それは議長が命じたことであり、それ以前に自民党が求め、野党もまた先の山本氏の回顧録にあるように密かに期待したことでもあった。責任があるのは与野党双方である。事務総長がその責めを負うことはないと議長も各党議員も思い、この時期に面倒なことを言い出したものと感じた向きもあったのではないか。

しかし、鈴木さんには抗議の意思など全くなかった。所感日誌には、走り書きで次のように書かれている。「自分は何という運命の者であるかと思う。星島、加藤、清瀬の三代の議長に亘って、両党の話合のつかぬ議事を主宰して貰う羽目になるとは。」「この日は誰がやっても傷つくのであるなら、どうせ一度退職を決意した自分が当ってやることが、せめて、野党との摩擦も、新しい総長よりは少ないことと思い、それは、後任の総長に対する思いやりでもあるとして、決意して今日に至ったのである。その仕事が終了したのであるからここで辞表を提出する」。

ここには、長年反対し続けて来た警官導入を実行させせられたことへの、恨みがましい文言など一片もない。逆に困難な立場に立った議長に同情する心情さえ窺える。与野党激突の「議事を主宰して貰う羽目に」陥らせた責任の一端は、自分にもあると言わんばかりである。そして厄介な仕事は自分の手で済ませておくのが、後任者への思いやりだと、自身に言い聞かせるように書き残している。

鈴木さんが無念でなかったわけはない。日頃から国会の権威を守るため越えてはならないと主張して来た一線を、越えるのに手を貸してしまった。それを避けることが出来なかった以上、もはや自分はこの職に留まることは出来ない。鈴木さんは、そう考えたのである。宇野氏と私は、これまでにも鈴木さんが度々辞表を書き、その都度慰留されるのを見て来たが、今度こそは慰留に応じないだろうと感じていた。

所感日誌の最後の日付は五月二七日であり、辞表提出から一週間が過ぎていた。この日、鈴木さんは改めて清瀬議長に辞職の許可を求めたが、議長からはいずれ岸内閣は総辞職するだろうから、その時まで待つようにと指示された。

六月に入り安保条約の自然成立とアイゼンハワー大統領の訪日予定が近づくにつれ、国会請願デモは倒閣運動に形を変えて益々激しくなって行った。一〇日のハガチー事件、一五日の樺美智子死亡事件と異常な事態が続き、議長から非公式に辞職の内諾は得たものの、事務総長には緊張の日々が続く。そして六月一七日、衆議院の議員面会所で請願団体の代表と応対していた社会党の河上丈太郎顧問が、暴漢に肩を刺されるという事件が起きた。

河上議員は救急車で芝の慈恵大病院に搬送されたが、その報告を受けた事務総長は即刻見舞いに行くと言う。乗用車で門を出ようとしたが、デモ行進に遮られて進めない。すぐに車を降りた鈴木さんの前に立って、私はデモ隊の列を掻き分け、首相官邸の前に出た。当時は官邸の西側に溜池方面に向う急坂があった。その道を鈴木さんは転がるように駆け降りる。日頃から頑健というには程遠く、スポーツにも縁のない暮し方をしている肥満体の鈴木さんが、息せき切って走っている。それに従いながら、私にはその姿から、自分が管理する区域内で傷害事件の発生を防ぐことが出来なかった責任感と、高齢の河上議員の安否を気遣う思いとが、鈴木さんの胸の内には渦巻いているが判って、私の頬もひとりでにこわばっていくのを覚えた。

タクシーで辿り着いた慈恵大病院では、幸いに河上議員の傷は浅く手当ても既に終えていて、警備の不行き届きを陳謝する事務総長に、議員は笑顔で応えていた。続いて清瀬議長も到着した。議長もこの出来事が今後の運営に更に悪影響を及ぼすの怖れていた。『山幸風雲録』

によると、当日、この事件に激昂した社会党議員約二〇名は、院内の総理大臣室に押しかけ、居合わせた岸首相を取り囲んで「こづいたりした」という（同書一三八頁）。社会党では自民党が右翼を使って乱暴させていると見ており、その怒りを総裁である首相にぶつけたものである。首相も突然の議員たちの乱入に驚いたであろうが、当時の国会がいかに異常な混乱状態にあったかを、この挿話は思い出させる。

樺美智子事件直後から、内閣の引責退陣と米大統領の来日中止は、不可避の形勢となった。六月一八日の深夜、安保条約と行政協定は自然成立し、関連法案は同月二〇日の参議院本会議で自民党の単独審議により可決され、成立を見た。二三日、藤山外相と米国駐日大使との間で批准書交換が行われ、岸首相は同日総辞職を表明する。国会を取り巻くデモは次第に下火となり、会期終了日の七月一五日に三党の党首会談が開かれ、臨時国会の召集、新首相の指名、衆議院の解散が申し合わされた。一八日に召集された第三五回臨時国会で池田内閣が成立し、二二日の衆議院本会議でようやく鈴木事務総長の辞職は許可された。

本会議に先立つ議運委では、辞職許可に関して各党が意見を交しているが、いずれも異例とも言える讃辞を述べて鈴木さんの退職を惜しんだ様子が、会議録に残っている。この年の九月には日本で初めて列国議会同盟会議が開かれることになっており、また一一月には議会開設七〇周年の記念行事が催される予定であった。これらはいずれも鈴木事務総長の発案、提唱から実施が決定され、準備が進められて来たものである。議運理事たちは、せめてこの二大行事を済ませるまでは職に留まるように要請したというが、鈴木さんはそれは後任者に任せるとして翻意しなかった。会議録には「その出処進退は天晴れであり」「感激した」との言葉さえ見られる。

このような議員たちからの讃辞を背に、鈴木さんは晴々とした表情で、通い慣れた衆議院を去って行った。

〈一六〉

鈴木さんを国立国会図書館長に推す話は、鈴木さんが正式に退職する前から出ていた。それを言い出したのは、三月の党大会で社会党中央執行委員長に就任していた浅沼議員であった。浅沼議員と鈴木さんとの関係については先に触れたが、鈴木さんの辞意表明を聞きつけた同議員が来室して、図書館長への就任を勧めた。しかし、鈴木さんはその場で辞退している。

国会図書館長のポストは、初代館長の金森徳次郎氏が昭和三四年(一九五九)五月に辞職して以来、一年以上も空席になっていた。戦前から法制官として活躍し、戦後の新憲法制定時には担当大臣として中心的役割を果し、著名な法学者であり、知識人としても名を成していた金森氏の後任者となると、衆参両院が一致して承認する人物はなかなか現れず、人選は難航していた。鈴木さんは金森館長ともかねがね親交を結んでおり、その学識や人柄に敬意を抱いていたので、自分がその後任に就くことなど全く考えていなかった。他にもいくつかの個人的な理由があり、鈴木さんはその後もこの話を固辞し続けた。

浅沼委員長は一〇月一二日に日比谷公会堂での演説中、右翼少年によって暗殺されたが、鈴木さんを館長に推挙する意思は、議運委のメムバーに引き継がれていた。金森前館長の退職当時、国会図書館では数件の不適正な会計処理が問題視されていて、館長の辞任もその責任をとる形でなされたものであった。このため後任の館長には、図書館の機構改革と事務管理の厳正化を断行する手腕が求められていた。衆議院側の各党は、その点で鈴木さんを最適任者として推し、年が明けて新年度を前に、参議院側もこれに同意した。鈴木さんもそこまでの推挙には感謝し、固辞の姿勢を改めて、就任した。

館長に就任して程なく、鈴木さんは『国会運営の理論』を母校の大学に提出して、学位を取得した。それを聞いた私が祝意を述べると、「今更ら、とも思ったが、外国の中央図書館長は大抵が学者だというし、何かと付き合いも多いと聞いたから」と鈴木さんは言い、珍しく照れ臭そうな顔付きをした。だがそのことは、常に組織の体面を重んじ、自らもその時々の地位に最も相応しい存在であるべきことを心掛けて来た鈴木さんにとっては、当然の配慮だろうと私は感じた。

鈴木隆夫関係文書の中には、国会図書館長時代の資料も多少は含まれているが、私はその後の鈴木さんの身近にはいなかったので、これ以後の足跡については正確に紹介する資格を持たない。

昭和五五年（一九八〇）は、わが国が明治二三年（一八九〇）に議会制度を創設して以来、満九〇年に当たっていた。国会では一一月二九日にこれを記念する式典が挙行され、同時に議会資料の展示会が開催された。式典に来賓として出席した鈴木さんは、日を置いて一二月三日に資料展にも姿を見せた。当時、私は会場である憲政記念館に所属していたので、解説に当たる図書館の専門家と共に案内に立った。その日、久方ぶりに旧部下たちに囲まれて鈴木さんは満足気であったが、明らかに体力の衰えが目立ち、玄関で見送ったあと懸念が残った。帰宅後、鈴木さんはそのまま床に就いた。四、五日過ぎても体調が戻らないので検査のため入院したが、そこで心筋梗塞を起し、一二月一六日に七六歳で帰らぬ人となった。あっという間の出来事であった。葬儀は一二月一八日に衆議院事務局、国会図書館、味の素社の三者の協力により、自邸で盛大に営まれた。当時は事務総長時代からの旧知の議員が、まだ一〇数人は現役で活躍していた。しかし折悪しく予算編成期に当たっていたため、それぞれが地元からの陳情団の応接などに忙しく、葬儀当日に顔を見せた現職の衆議院議員は一人もいなかった。誰も来られない事情は理解していたものの、私にはそれが物足りなく思えた。

この年の大晦日の夕刻、喪中のため早々と門を閉していた鈴木邸を、一人の弔問客が訪れた。ブザーの音に長女の隆子さんが出てみると、薄暗い門灯の光の中に思いがけない人物が佇んでいた。田中角栄元首相であった。田中元首相は鄭重に弔意を述べ、「御葬儀に参列したかったが、私は今、御存知のような立場なので遠慮していた。遅れ馳せながら焼香させていただきたい」と言い、通された仏間で鈴木さんの遺影、遺骨に合掌して、静かに帰って行った。

当時、田中元首相はロッキード事件の被告として一審係争中の身であったが、依然として自民党内最大派閥の盟主として、政界に絶大な影響力を保持していた。その動静はマスコミの注視の的であり、目白の田中邸の門前には報道陣が常駐して、訪問客の出入りに目を光らせていた。その記者たちも、さすがに大晦日の宵闇迫る時刻ともなると、すべて退散した。その時を待って、元首相はわざわざ弔問に出向いて来たものであった。

生前の鈴木さんと田中元首相との間には、格別の交流はなかったと思う。元首相は衆議院議員に当選して以来、議員立法や予算措置による政策実現に専念していて、国会対策委や議運委に関わることがなく、従って、事務局の幹部とは日常的な接点がほとんどない人だった。三九才の若さで岸内閣の郵政大臣に抜擢されたことは有名だが、池田内閣時代に大蔵大臣に就任して、政界に重きをなし官界にも深い繋りを持つようになったのは、鈴木さんが衆議院を退職した後のことである。

その後、昭和四七年(一九七二)に田中内閣が誕生して暫くした頃、首相の意を受けた人物が鈴木さんのもとに現れ、田中首相のブレーンに加わってくれないかと申し入れて来たことがあった。旧知のその元高官もブレーンの一人になっていて、首相は特に国会運営の面で鈴木さんの知恵を借りたい意向だと伝えた。しかし、鈴木さんは言下にそれを断わった。「自分はもはや陸に上がった河童同然だ。水の流れは川の中にいる河童にしか判らない。国会のことは現役の連中に訊いて欲しい」というのが、その時の返事だったというが、本音は「今更ら政府側に立って国会を掻き回すような真似は出来ない」という辺りにあったのではないか。この時の経緯以外に、鈴木さんが田中元首相のことを話題にしたのを、私は聞いた記憶がない。

しかし田中元首相の方は、昭和二二年(一九四七)の初当選以来、衆議院事務局の中核で活躍する鈴木さんを、どこかで意識的に見ていたのであろう。元首相は最初は旧吉田派に所属していたから、同派の重鎮である益谷氏の議長時代に、議長を支える事務総長の働きぶりを耳にしていて、記憶に留めていたのかも知れない。貧困の境涯から身を起した田中元首相は、戦後の新憲法により議会制民主主義が確立され、新たな国会制度が整備されたことによって、自身の政治家への道が開かれたことを、強く自覚していたと思う。戦後の国会制度こそが政治家田中角栄の生みの親である、そういう思いが常に胸の底にあって、その思いから、民主国会の健全な発展に全精力を傾け、一貫して「私は議会主義者であり、議会至上主義者でさえある」と公言して憚らなかった鈴木事務総長の姿に、密かに共感を抱いていたのではないか。

この大晦日の話を隆子さんから聞かされた私は、金権政治家という世評の蔭に見落とされていた、田中元首相の人間的素顔に触れた思いがして、感動した。同時に、政界の闇将軍とまで呼ばれ畏怖された人に、人目を避けながらも弔問せずにはいられない気持ちを抱かしめた鈴木隆夫さんは、やはり偉大な議会人であり、忘れられてはならない大先輩だと、改めて思った。

あとがき

今年は、わが国の議会制度が明治二三年に開設されて以来、一二〇年目に当たっている。恒例によれば、国会では一一月二九日にこれを記念する式典が営まれ、併せて議会資料の展示会等も催されるはずである。

一二〇年に及ぶ歴史の前半五六年間は、明治憲法下の帝国議会時代であり、議会回次は九二回を数えた。この時期の貴族院と衆議院の活動を通して、議会における会議手続は基本的に整備され、議事慣行の多くが形成されたと言ってよいであろう。

昭和二〇年の敗戦に伴い、旧憲法は改正され、新たに日本国憲法が誕生した。それまでは天皇の立法権の協賛機関であった帝国議会は、国会と改称されて国権の最高機関となり、国の唯一の立法機関と定められ、権限が飛躍的に拡大された。当然に、議会法規にも全面的な改定が施された。

しかし、その際、衆議院の関係者は、全く新たな法規を創出するのではなく、帝国議会の組織、運営の基本法であった議院法を全文改正して、これを新憲法の趣旨に適応した国会法に書き改める道を選んだ。このため、議院法は廃止されたものの、その骨格・内容は、国会法に色濃く反映されている。

この点を踏まえて、昭和二二年の第一回国会を前にした衆議院の各派交渉会では、「帝国議会における先例で憲法、国会法に反しないものは、なお効力を有する」と決定し、旧議会時代からの慣行を基本的に継承する姿勢をとった。

これに対し、貴族院に代って新設された参議院では、全く異なる対応をした。貴族院は華族議員、多額納税議員、勅選議員等の特権階層の代表によって構成されていたから、民主憲法の下では廃止されるのが必然であった。代って公選制による参議院が誕生したが、その際、貴族院事務局の職員は、そのまま引き続き参議院事務局を組織し、その業務を担うことになった。従って当時の職員の多くは、貴族院以来の慣行に習熟した人たちであったが、参議院では敢て旧議会時代の先例の一切を失われたものと見なし、新たに制定された国会法と参議院規則の条文のみを尺度として、その後の運営に当たる態勢をとった。これは恐らく、国民の直接選挙によって参議院を構成した新議員たちが、旧貴族院のイメージを一掃する目的で、事務局職員に強く指示した結果であったと思う。

このように、新国会の発足に際して、衆議院と参議院とでは、旧議会時代の慣行をめぐり、継承するか排除するかで正反対の態度がとられた。その影響で、当初から両院間にはそれぞれの運営面で微妙な相違点が生れ、その一部は国会法の解釈にも及んでいる。

憲法五八条は、衆参両議院にそれぞれ自律権を与え、各院が独自に会議手続や内部規律に関する規則を定める権限を認めている。従って、両院間に運営の細部で異なる点が生ずるのは、憲法の認めるところではある。

しかし、国会法は、各院がそれぞれの規則を制定する以前に、両院に共通する事項や内閣を拘束するような事項については法定しておくことが望ましいと考えて、制定されたものである。衆参両院は、この国会法という単一の法律に依拠して、各々の組織を作り、運営の基本形態を定めて来た。そうである以上、この法律の条文解釈に関しては、両院間で見解が統一されている必要があるのではないか。一個の法律について、これを共管する二つの機関が、たとえ二、三の条文についてであれ、互いに異なる解釈・運用を行っているというのは、極めて異例のことと思える。

私は昭和二五年から平成元年までの三九年間、衆議院事務局に在籍した。在職中の半ば頃から、右に述べたような両院間の運営の相違点が気になっていた。

退職後、閑暇を得たので、主にそれらの点を中心に、年に一編のペースで小論文を執筆して来た。本書に収録した拙稿が、そのすべてであり、いずれも雑誌に既発表のものである。

これらの論稿のいくつかで私が提起した問題点は、必ずしも緊急に解決を必要とするものばかりではないが、わが国の議会が二院制度を維持する限り、いずれは当面せざるを得ない来た。

事柄を含んでいる。その意味で、機会があればこれらを一冊にまとめて置きたい、と願って来た。

最近、学界では憲政史研究の一環として、議会制度全般についての幅広い調査研究の体制が整えられ、平成二〇年から組織的な活動が開始された（平成二一年度〜二三年度科研費基盤（A）「衆議院事務局の未公開資料群に基づく議会法制・議会先例と議院事務局機能の研究」）。この研究者グループは、まず衆議院事務局に協力を要請した。衆議院ではこれに応え、従来は公開していなかった旧帝国議会時代以来の各種の資料類を、調査対象として開示することに踏み切った。

研究者グループがはじめに着目したものの一つに、昭和五四年に事務局が内部資料として印刷した『逐条国会法』全七冊があった。これは昭和三八年当時の委員部員によって行われた研修会の成果であり、国会法の全条文について、逐条的に制定趣旨、改廃理由、関連する先例、学説等を網羅的に集大成したものである。私はこの時の研修会に短時日ながら参加し、また、印刷する際の編集作業にも携わっていた。そのため、研究者グループの広島大学准教授赤坂幸一氏、京都大学准教授奈良岡聰智氏のお二人から、作成当時の事情を知る者として取材を受けた。この『逐条国会法』は、必要な「補遺」が加えられたうえ、研究プロジェクトの最初の結実として既に出版社によって公刊されており、議会制度研究の基礎的資料として、国会に関心を持つ人々の間で好評を得ているとのことである。純然たる内部資料と考えられていたものが、広く世に知られ活用されるのを見るのは、その作成に関与した一人として、感慨深いものがある。

右の取材を受けている間に、たまたま既発表の拙稿について話が及んだところ、両准教授は強く出版刊行を薦めて下さり、その仲介の労をとることを約束された。本書はこうした経緯から誕生したものであり、赤坂、奈良岡両准教授の御紹介、御推挽なくしては実現しなかったものである。ここにお二人の御厚意に対し、心から御礼を申し上げる次第である。

目下、第一七四回国会の会期中である。国会開会中の両院事務局は、繁忙を極める。その御多忙裡にも拘らず、衆議院の鬼塚誠事務総長からは御鄭重な推薦の辞を頂戴した。退役後、二〇年余を経た老兵への暖かな労いのお心遣いと受け止め、御配意に深謝するとともに、今後益々の御活躍をお祈りしてやまないところである。

更に思いがけないことに、当代を代表する憲法学者のお一人で、なかんずく議会法学の権威であられる京都大学教授の大石眞先生から、序文の御寄稿を賜った。無学短才の私にとって、身に余る光栄であり、感激のほかかない。これは一実務経験者の未熟な論述について、法学上の存在意義を認め、光を当てて下さったものであり、私ひとりの喜びにとどまらず、後進の事務局職員の学習にも、大きな励みとなることは疑いない。先生の御懇情には、お礼の言葉もない思いである。

本書の編集過程で、衆議院議事部長の白井誠氏には何かと御支援を仰いだ。また、出版に際しては、信山社の袖山貴氏、稲葉文子氏、今井守氏から格別の御配慮、御尽力をいただいた。ここに深く謝意を表するものである。

最後に、私が衆議院事務局に採用されたその当日からの上司であり、以後一〇年にわたって、日々御教導をいただいた第二代事務総長の鈴木隆夫先生との御縁を想わずにはいられない。先生は、国会の法規、先例に精通されていただけではなく、自らを議会至上主義者と称したほどに、衆議院を愛し、国会を尊び、日夜、議会制度の健全な発展に心を砕かれた。その足跡は、国会職員にとっての鑑であり、先生の御薫陶がなければ今日の私はなかった。

その御恩に対するささやかな感謝のしるしとして、本書を鈴木先生の御霊前に捧げたいと思う。

平成二二年三月二五日

今野彧男

初出一覧

Ⅰ 会期制度

1 会期不継続の原則についての一考察（ジュリスト一〇〇三号、一九九二年六月）

2 国会における立法期の認識の変遷——会期不継続の原則の緩和に向けて（議会政治研究四六号、一九九八年六月）

3 国会閉会中の委員会活動について——常置委員会構想の挫折と現行制度との関係（議会政治研究五三号、二〇〇〇年三月）

Ⅱ 両院協議会

4 両院協議会の性格——審査委員会か起草委員会か（ジュリスト八四二号、一九八五年八月）

5 両院協議会の性格・再論
——第一二八回国会における政治改革関連法案の取扱いを顧みて（ジュリスト一〇四五号、一九九四年六月）

6 両院協議会（法学教室二一七号、一九九八年一〇月）

Ⅲ 一事不再議の原則

7 国会審議における一事不再議の問題点——保革伯仲時代に改めて考える（ジュリスト九五三号、一九九〇年四月）

8 一事不再議の原則の適用に関する考察（議会政治研究三九号、一九九六年九月）

◈ Ⅳ　特殊な議事運営についての解釈

9　衆議院における予算組替え動議の取扱いについて
（ジュリスト九七三号、一九九一年二月）

10　内閣に対する信任・不信任又は問責の決議案について
（ジュリスト一〇二三号、一九九三年六月）

11　議員辞職勧告決議と対象議員への対応——院議不服従は懲罰事犯である
（議会政治研究六四号、二〇〇二年一二月）

12　国会の法規・慣例において検討を要する問題点——審議形骸化の起因と経過
（議会政治研究七七号、二〇〇六年三月）

◈ Ⅴ　事務総長の職務権限と事務局職員のあり方

13　議院事務総長による議長職務の代行の範囲
——特別会・臨時会では召集日に会期を決定しなければならない理由
（議会政治研究五七号、二〇〇一年三月）

14　昭和の議会を支えた蔭の功労者——鈴木隆夫・元事務総長のこと
（議会政治研究八六号、二〇〇八年六月）

中村睦男・大石眞 編集

立法の実務と理論

上田章先生喜寿記念論文集

上田 章 著

議員立法五十五年

衆議院法制局開設時より職を奉じた上田章元衆議院法制局長による、議員立法55年の歴史の記録。衆議院法制局創設と戦後10年、55年体制の時代に入ってなど、全4章。

【目次】1 衆議院法制局創設と戦後十年（議員立法に携わった経験を通して 衆議院法制局の前身時代から ほか）／2 五十五年体制の時代に入って（五十五年体制と議員立法／野党法案の特色 ほか）／3 三木内閣から宮沢内閣まで（薬事法違憲判決の波紋／三木内閣時代の議員立法―私学振興法と育児休業法 ほか）／4 五十五年体制の崩壊と連立政権時代（細川・羽田内閣時代／政治改革四法律の成立とその内容 ほか）

信山社

〈著者紹介〉

今 野 彧 男（こんの　しげお）

1928年　中国東北部（旧満州）公主嶺市に生まれる。
1945年　海軍兵学校1学年修業。
1950年から衆議院事務局勤務。事務総長秘書、憲政記念館企画調査主幹、同資料管理課長、議事部副部長となり、1989年退職。
1997年から2003年まで、議会政治研究会理事を委嘱される。

国会運営の法理
――衆議院事務局の視点から――

2010（平成22）年4月30日　第1版第1刷発行

著　者　今　野　彧　男
発行者　今井　貴・今井　守
発行所　信山社出版株式会社
〒113-0033 東京都文京区本郷6-2-9-102
電　話 03（3818）1019
FAX　03（3818）0344
info@shinzansha.co.jp
製　作　株式会社信山社
出版契約 No.6034-0101　printed in Japan

印刷　亜細亜印刷／製本　渋谷文泉閣
ISBN978-4-7972-6034-2　C3332
6034-012-080-020：P3800E. 015-010-005, P448
NDC 分類323.400　憲法・政治学

事項索引

あ　行

か 行

さ　行

た　行

な　行

は　行

ま　行

わ　行